恋する日本史

『日本歴史』編集委員会［編］

吉川弘文館

はじめに

人が社会のなかで生きていくうえで、実際にだれかと恋愛関係になるかはともかく、「恋に恋する」という表現があるように、恋愛とまったく無関係に過ごすことは、おそらくはありえないであろう。また、個人の恋愛感情（あるいは好悪の情）が歴史の流れのなかで無視しえない役割を果たしうることは、源頼朝と北条政子の恋愛が鎌倉幕府成立に帰結する歴史過程における一つの不可欠な要素であったろうことからも、理解されよう。

日本史学においても、これまで女性史学やジェンダー論による研究が蓄積されており、男色に関する研究も行われてきた。一方、政治史・人物史叙述のなかで一つのエピソードとして扱われるに過ぎなかったり、逆に出来事の背景を個人の恋愛に還元してしまったりするような言説もみられないわけではない。史料という根拠に基づいて語られなければならない歴史学において、こうした個人の心情の絡む問題をきちんと論じることは、必ずしも容易なことではない。

ところで、近年大きく論じられるようになってきたＬＧＢＴをめぐる議論にみられるように、恋愛のあり方は個人の指向として個人の数だけ多様でありうる。一方、個人の恋愛を取り巻く社会の状況、あるいは他者からの視線のあり方には、その属する社会や時代のあり方に規定される部分があり、そのなかで「恋する」個人の振る舞いや葛藤のあり方もさまざまな影響を蒙ることになろう。

こうした問題関心から、『日本歴史』では、「恋愛」にまつわる日本史の諸相を考察するという趣旨で、第一線の研究者の方々にご寄稿いただき、二〇二〇年一月号に新年特集「恋する日本史」を掲載した。

その後、『日本歴史』編集委員会では、この特集の成果を学界・会員にとどまらず、広く社会に発信することを考え、より多くの読者が気軽に手に取ることのできる書籍としてまとめ、刊行することを企画した。企画に際しては、新たに多くの研究者に執筆を依頼し、より読みやすいものとするため、特集号の執筆者にも、史料の現代語訳化や注の示し方の修正をお願いした。執筆・修正にご協力いただいた執筆者の方々に、お礼を申し上げる次第である。

恋愛という超時代的・超歴史的に存在する人間感情とその表現が、どのように時代の制約を受け、またそのあり方を歴史的に変化させてきたのかを振り返り、現在の恋愛やそれをめぐる言説について、広い視点から見つめる手がかりとしていただければ幸いである。

二〇二〇年十二月

『日本歴史』編集委員会

〔カバー〕夕霧（源氏物語絵巻）
落葉宮からの恋文と勘違いした雲居雁（夕霧の妻）が、夕霧から手紙を奪おうとする場面。

目次

古代

中　世

近　世

近現代

古代

万葉びとの「恋力」

――『万葉集』にみる非貴族階級の恋――

大谷　歩

一　『万葉集』における恋

筆者に与えられた課題は、「『万葉集《まんようしゅう》』に現れる庶民の恋」である。この「庶民」はいわゆる非貴族階級、すなわち下級官人層や郡司《ぐんじ》階級層をも包含するものとし、本稿では主として下級官人たちの恋や結婚にまつわる作品から、万葉びとがどのように恋に向き合っていたのか、その一端を捉えてみたい。はじめに、本稿があえて庶民（いわゆる農民）ではなく、下級官人を対象としたかのゆえんを述べておく。『万葉集』を紹介する文章においてよく目にするのが、天皇から農民（庶民）までの幅広い階層の人びとが詠んだ歌が収められている、というものである。たしかに、『万葉集』には農耕社会や農民たちの労働と密接に結びついた素材が詠み込まれている歌があるが、農民（庶民）が詠んだ歌を明確かつ的確に抽出するのは、案外難しい作業である。ゆえに、安易に農民（庶民）の歌として万葉歌を掲出することに、筆者は慎重な立場である。しかしながら、『万葉集』には非貴族階級であるところの下級官人や、律令制度の外にある女性たちの歌が多く収録されている。また、防人歌《さきもりうた》や東歌《あずまうた》は、なんらかの形で中央官人たちの手が加わっているとはいえ、東国の名もなき人びとの歌声がその基盤となっていることには違いないであろう。このことについて、『常陸国風土記《ひたちのくにふどき》』筑波郡《つくばぐん》条《じょう》所載の、筑波山における歌垣《うたがき》の記述をみておきたい。

そもそも筑波の岳は、高く雲に抜きんでて聳《そび》えている。（中略）足柄《あしがら》の坂から東にある諸国の男も女も、春の花の開く時、秋の葉の色づく頃には、手をとりあい連なって、飲食物を持って、馬に乗ったり歩いたりして登り、楽しみ憩《いこ》うのである。彼らの歌う歌にこんなのがある。

①筑波嶺《つくはね》に　逢はむと　言ひし子は　誰《た》が言《こと》聞けばか　嶺《みね》逢はずけむ

（歌垣の夜に、筑波嶺で逢いましょうと言ったあの子は、だれの言葉を聞いたから、嶺で逢ってくれなかったのだろうか）

②筑波嶺に　廬《いほ》りて　妻なしに　我《わ》が寝《ね》む夜《よ》ろは　はやも明けぬかも

（筑波嶺に廬を結んで、歌垣の夜だというのに、共に寝る恋人もなくひとり寝する夜は、早く明けてしまってくれないかなあ）

歌われる歌はとても多くて、全部を載せることができない。土地の言いならわしでは、「筑波山の歌垣に、求婚の贈り物をもらわないと、一人前の男女とみなさない」といっている。

ここには、筑波山の歌垣には東国諸国の老若男女が集い、飲食を携えて山に登る様子や、記録することがかなわないほどに多くの歌がうたわれたことが記されている。この歌垣に農民たちが参加していた可能性も充分に考えられ、また歌垣で歌をうたったのがすべて知識階級であったということもあるまい。この筑波山の歌垣の歌が『万葉集』の恋歌に直截的に結びつくわけではないが、古代にはこのような非貴族階級が保持する恋歌の世界が存在したことは確かであろう。

歌垣は、マーセル・グラネー氏が述べるように、山や水辺における祭祀がその淵源であり、一年のうちでも限られた特別な時間に行われるものであった。歌垣の歌の多くは恋の思いを述べるものであり、①は目当ての女性にフラれてしまった男性の歌、②は恋人を見つけることができなかった男性の嘆きの歌であり、こんなみじめな夜は早く明けてほしいと詠んでいることから、歌垣は夜に行われたと理解される。このことは、同じく『常陸国風土記』の香島《かしま》郡条所載の童子《わらわ》の松原の伝説によって明らかである。その伝説は、那賀《なか》の寒田《さむた》の郎子《いらつこ》と、海上《うなかみ》の安是《あぜ》の嬢子《いらつめ》とが歌垣（東国の言葉では「嬥歌《かがひ》」という）で出逢い、語り合ううちに夜が明けてしまう。他人に見られることを恥じた二人はついに松の木となった、というものである。これは、男女の恋が夜の時間にのみ許されていたことを教えるものである。つまり男女の恋は、社会生活を営む日常（昼）の時間のなかには存在しないのである。したがって、恋歌は原則として夜および特別な祭典や行事の際にのみうたわれることが許された歌々であったのだと思われる。奈良時代になると、宴の場もこの特別なハレの時間に組み込まれ、公私の宴の場における恋歌や贈答歌が記録されることとなる。そこには、遊行女婦《ゆぎょうじょふ》など、恋歌をうたうことを生業の一つとする女性たちも参加することになるのである。以後、本稿では具体的な作品をとおし、『万葉集』における非貴族階級の人びとの恋について考察してみたい。

二　律令官人の「恋力」

③この頃のわが恋力《こひぢから》記《しる》し集め功《くう》に申《まを》さば五位《ごゐ》の冠《かがふり》（巻一六・三八五八）

（近頃の私の恋にかける力を書き集めて功績として申請したら五位《ごい》の位《くらい》はもらえるだろう。）

④この頃のわが恋力給《たば》らずは京兆《みさとづかさ》に出でて訴《うるた》へむ（同・三八五九）

（近頃の私の恋への努力に対して何も頂けないのなら、京のお役所に訴え出ましょう。）

右の歌は、『万葉集』巻《まき》一六に載る、題詞のない作者未詳の歌である。いずれも作者の近時の「恋力」なるものがテーマであり、③の歌では、その「恋力」は五位に相当するしろものであるという。④の歌では、その「恋力」の功績に報いてもらえないのなら、京の役所に訴え出ようというのである。この歌の作者は、伊藤博氏『万葉集釈注』が「五位の身分には程遠い人の心を投影している」というように、下級官人の某《なにがし》かであろう。

③の「功に申さば」の「功」は、律令用語である。すなわち、官人の勤務評定に関する規定である考課令《こうかりょう》には、文官・武官の初位《そい》以上の役人は、毎年一年間の「功過行能」をつぶさに記録し、それらを集めて上司に報告せよ、とあり、その優劣によって評価が決まるのである。③の歌の「功」はまさしくこの評定にかかる「功」を指しており、「五位の冠」は五位の最下位である従五位下《じゅげ》を端的に述べた表現であると思われる。④の歌の「京兆」は京職の唐名ともされるが、本来的には都のことを意味する漢語であり、この歌の場合は都の役所の意と解される。文官の考課については式部省《しきぶしょう》、武官は兵部省《ひょうぶしょう》の管轄であることから、「京兆に出でて訴へむ」というのは、具体にいえばこの両省が想定されるであろう。「恋力」など査定のしようもないのであるが、役人にとって身近な制度や役所と恋とを諧《かい》謔《ぎゃく》の素材として取り合わせた、古代のサラリーマンならではの発想が愉快である。作者には、それだけ熱をあげている思い人がいたのか、あるいはこのたびの勤務評定に不服があったことを恋に託して笑い飛ばしているのだろうか。仕事よりもむしろプライベートに全力を注ぐこの作者の意気込みは、薄官の万葉びとたちの哄笑《こうしょう》のなかに楽しまれた歌として記録されたものと推測される。

しかしながら、この二首は単なる戯笑の歌である以上に、社会制度と恋とが直接的に結びついている点が重要である。この歌が諧謔の歌として成立するのは、日常に非日常の概念が持ち込まれたためであり、万葉びとたちにとっての恋が、社会的な制度とは異なる領域に存在する概念であることを物語る、稀有な作品といえる。

古代の社会制度のうえでは、政治は男性が主導するものであり、男女は社会的に対等な関係にあるとはいいがたい。しかし、恋は社会的な肩書きや身分に関係なく、精神的に対等な一対一の関係性のなかで展開する。恋には評価基準もマニュアルもないために、万葉びとたちは相手の心に訴える歌を詠むことに苦心し、応える側は、その歌に相手の真実の心があるかを見極めようとする。その過程で生まれた多くの歌々が『万葉集』に残された恋歌であり、『万葉集』はまさに「恋力」に満ちた歌集だといえよう。

三　地方官人の恋

地方への赴任は、官人たちの宿命ともいえる。『万葉集』巻四には、都に妻を置いて地方へ赴任する、いわば夫が単身赴任となった夫婦の贈答がある。

西海道節度使《せつどし》の判官《じょう》佐伯宿禰《さへきのすくね》東人《あづまひと》の妻の、夫《せ》の君に贈れる歌一首

⑤間無《あひだ》く恋ふるにかあらむ草枕旅なる君の夢《いめ》にし見ゆる（巻四・六二一）

（たえまなくあなたを恋うているのでしょうか。草を枕の旅のあなたが夢に見えて来ることよ。）

佐伯宿禰東人の和《こた》へたる歌一首

⑥草枕旅に久しくなりぬれば汝《な》をこそ思へな恋ひそ吾妹《わぎも》（同・六二二）

（草を枕の旅が長くなると、お前ばかりが思われて来る。つらい思いをしないでくれ、吾妹よ。）

『万葉集』の恋歌における夢の多くは、相手が自分のことを恋慕っているがゆえに相手が自分の夢に出てくる、というものであるが、⑤の歌は逆に自分が夫のことを強く恋慕っているために、夫が夢に出てくるのだという。西海道節度使として遠く九州に派遣される夫のことを、絶え間なく一途に思う妻の贈歌である。それに対する⑥の夫・東人の歌では、旅によって妻と離れている時間が長くなるほどに妻のことばかりが思われ、私たちは相愛の関係であるのだからひどく嘆くことはないのだ、と妻を慰める。⑥の歌は、⑤の妻の歌の「草枕・旅」の表現を引き継いでいることにより、妻の思いを受け止めていることを暗に示し、妻の不安を解消しようとする配慮がみられる。官命による地方への赴任という強制的な別離によって、日常が非日常になったがゆえに、互いの存在の重要性が再認識・再発見されるのである。相手の存在の不確かさによって見出される情が、恋なのであろう。

このような相思相愛の夫婦がいる一方、都にいる妻の目を盗んで浮気を企てる輩もいたようである。越中守《えっちゅうのかみ》在任中の大伴家持《おおとものやかもち》（奈良時代の歌人。『万葉集』の編纂に関わったとされる）は、その浮気者を諫《いさ》め諭《さと》す「史生《ししょう》尾張少咋《をくひ》に教え喩《さと》せる歌一首幷せて短歌」（巻一八・四一〇六〜〇九）という長歌と反歌三首を詠んでいる。家持は長歌において、神代の昔より、父母は貴く妻子はいとしいものであるというのがこの世の道理であり、朝夕に歓びも悲しみも分かち合った妻は都であなたを待ちわびているのに、左夫流児《さぶるこ》という遊女と親しみ、奈吾《なご》の海の沖に迷っているようなあなたの心はどうする術《すべ》もないことだ、とうたう。この長歌には序文があり、そこには戸令《こりょう》の「七出《しちしゅつ》」（妻を離縁できる七つの条件）を引き、「七出」に該当しないのに容易に妻を棄てる者は処罰されること、「三不去《さんふきょ》」という「七出」が適応されない特例や、重婚を禁じる「両妻の例」、「詔書」（発布年次は不明）に、義なる夫や貞節のある妻を称揚するとあること、などがあげ連ねてある。そして、これらの条項は法の基本的な道理であり、古い妻を棄てて新しい妻を愛する少咋の迷妄を改めさせるのだ、という。次の三首は、長歌に付された反歌である。

⑦あをによし奈良にある妹《いも》が高高《たかだか》に待つらむ心然《しか》にはあらじか（巻一八・四一〇七）

（青丹美しい奈良にいる妻の待ちかねているだろう心よ。そうではないだろうか。）

⑧里人《さとびと》の見る目恥づかし左夫流児にさどはす君が宮出《みやで》後風《しりぶり》（同・四一〇八）

（里の人たちの見る目が恥かしいことよ。左夫流児に迷っておられるあなたの、出勤の後姿。）

⑨紅《くれなゐ》は移ろふものそ橡《つるはみ》の馴《な》れにし衣《きぬ》になほ及《し》かめやも（同・四一〇九）

（紅色は花やかだけれども、すぐ色あせるものよ。地味な橡色に染めた衣にどうして及ぶことがあろう。）

⑦の歌は妻の心情を代弁することにより浮気心を諫め、⑧の歌は世間体の悪さを指摘し羞恥心に訴えている。⑨の歌は新しい妻である左夫流児を褪色しやすい紅の衣に、都の妻を地味だが変色しない橡の衣に喩え、心変わりのない都の妻に勝るものはないのだと諭している。この少咋の浮気には、次のような後日談がついている。

先の妻《め》の、夫《せ》の君の喚使《つかひ》を待たずして、自ら来《きた》りし時に作れる歌一首

⑩左夫流児が斎《いつ》きし殿に鈴掛けぬ駅馬《はゆま》下れり里もとどろに（巻一八・四一一〇）

（左夫流児がお仕えした少咋の殿に、鈴をつけない駅馬がやってきた。里中を騒がせて。）

都にいる少咋の妻が、夫の使いを待たずに自ら越中に乗り込んできたというのであり、歌によれば駅鈴を持たない「駅馬」であったという。これは、公に駅鈴をもって駅馬を利用する駅使のごとく、凄まじいスピードで都からやってきたことを誇張する譬喩《ひゆ》であろう。都の妻が、夫の浮気を聞きつけて地方の夫のところにやってきたというのは、里中に轟《とどろ》く有名な出来事であったはずである。その浮気事件に取材したのが、右の家持の作品である。少咋の妻が

都から乗り込んできたのは、ほかに女を作った夫を懲らしめるためであろうが、翻せばそれは夫の愛情がほかの女へ向いたことに対する嫉妬であり、嫉妬は強い愛情の裏返しである。少咋は妻から叱られたことであろうが、それもまた妻の深い愛情によるものであると推測されるのである。この作品によって、古代から続く一夫多妻の婚姻形態が、一夫一妻の制度や規範へと移行していることが知られるのである。

四　婚姻の価値観

婚姻制度の変化に伴い、男女の婚姻にまつわる価値観も変化していたものと思われる。婚姻に関する女性の対照的な捉え方を示す作品が、次の歌と左注である。

児部女王《こべのおほきみ》の嗤《わら》へる歌一首

⑪美麗《くは》しもの何所《いづく》飽《あ》かじを尺度《さかと》らが角《つの》のふくれにしぐひあひにけむ（巻一六・三八二一）

（美しい女性は、どんな男とだって結婚できるのに、尺度の娘は角のふくれたような男となぜ一緒になったのかなあ。）

右は、時に娘子《をとめ》あり。姓《かばね》は尺度氏なり。この娘子高き姓の美人《うまひと》の誂《あとら》ふるを聴《ゆる》さずて、下《ひく》き姓の媿士《しこを》の誂ふるを応許《ゆる》しき。ここに児部女王の、この歌を裁作《つく》りて、彼《そ》の愚なるを嗤咲《わら》へり。

この歌は、児部女王が尺度の娘子を嗤笑した歌である。尺度の娘子と児部女王は共に閲歴未詳の女性であるが、巻一六はおよそ天平期頃までの歌が収録されていると考えられていることから、その頃までに生きた女性たちであろう。歌の解釈には諸説あり、詳しくは拙著『万葉集の恋と語りの文芸史』をご参照いただきたい。問題はこの歌の事情を記した左注である。歌によると、尺度の娘子は結婚相手はよりどりみどりの美しい女性だったようである。その娘子は、「高き姓の美人」の「誂」(求婚)を聞き入れず、「下き姓の媿士」の「誂」に応じた。そのことを児部女王が「愚」であるとして「嗤咲」(嗤笑)し、歌を作ったとある。歌の「角のふくれ」は、左注の「下き姓の媿士」の容貌を指すと思われ、「媿士」は恥じ入るばかりの醜い男という意味である。児部女王の嗤笑は、娘子の選択した男の容貌と、そのような男を選んだ娘子に対して向けられている。この作品について中西進氏は、尺度の娘子は「外的条件よりも精神の幸福を信じた」女性であると評し、一方の児部女王は「無神経で逞《たくま》しい」女性であり、「この少女を愚であると断定する気持ちには、もはや恋というものの生ずる余地はない」のだという。この「高き姓」と「下き姓」は娘子を基準とした時の評価であり、いわばエリートイケメンとブサイク貧乏のどちらを選ぶかという選択を迫られ、ブサイク貧乏を選ぶという意外性が、児部女王の嗤笑の根底にある。そこには、当然「高き姓の美人」を選ぶはずだ、選ぶべきであるという児部女王の価値観が存在し、それは当時の人びとの大方の意見と合致するものであったのだろう。娘子は、外的な要因である「高き姓」でも容姿でもないものを選択した。それは、中西氏が述べるところの「精神の幸福」であり、娘子は、目には見えない相手の真実の心に、最上の価値を見出したのである。

加えて、この娘子は二人の男性に求婚されながら、一方の男を選択している。『万葉集』や上代文献において、二人の男性に求婚される女性の物語り、いわゆる二男一女型の妻争いの話型においては、女性はどちらかを選ぶことなく自ら死を選ぶというのがセオリーである。しかし、この娘子が一方を選択するという態度は、古代的な妻争いの話型を脱し、女性が婚姻において新たな生き方を獲得したことを意味する。この娘子の「愚」なる選択は、婚姻に対する価値観に多様性が生じてきたことを示すものである。それは、外的条件によらない「精神の幸福」に価値を見出す女性の登場であり、婚姻の価値基準における一つの画期であると思われるのである。

相手を思う偽りのない心そのものを重視し、そこに格別の価値を置いたのが、『万葉集』という歌集である。そこに載る大量の恋歌は、その偽りのない心を見極め、相手と真に心を通わそうとした人びとの営みの痕跡だといえる。

〈参考文献〉

伊藤博『万葉集釈注』第八巻（集英社、一九九八年）
植垣節也『風土記』（新編日本古典文学全集、小学館、一九九七年。本稿の『常陸国風土記』の引用〈書き下し・現代語訳〉は本書による。歌の通し番号は大谷による）
大谷歩「愚なる娘子―「児部女王の嗤へる歌」をめぐって―」（『万葉集の恋と語りの文芸史』笠間書院、二〇一六年）
中西進『万葉集　全訳注原文付』（講談社文庫、講談社、一九八五年。本稿の『万葉集』の引用〈書き下し・現代語訳〉は本書による。歌の通し番号は大谷による）
中西進「愚の世界―万葉集巻十六の形成―」（『万葉論集』第三巻、講談社、一九九五年、初出一九六七年）
マーセル・グラネー『中国古代の祭礼と歌謡』（内田智雄訳注、平凡社、一九八九年）

桓武天皇と酒人内親王

中野渡俊治

はじめに

古代の天皇や皇族に近親婚が多いのは、飛鳥・奈良時代などの例をいちいちあげるまでもなく、周知のことであろう。とくに異母兄弟姉妹間での婚姻は、日本古代では多くみられた近親婚であった。たとえば、欽明《きんめい》天皇の子である敏達《びだつ》天皇は、異母姉妹の額田部《ぬかたべ》皇女（のちの推古《すいこ》天皇）をキサキとしている。また異母兄弟姉妹間ではないものの、天智《てんじ》天皇の娘である鸕野讃良《うののさらら》や大田《おおた》など四人の皇女は、あいついで大海人《おおあま》皇子（のちの天武《てんむ》天皇）のキサキとなっている。その大海人皇子と鸕野讃良の間に生まれた草壁《くさかべ》皇子には、さらに天智天皇の娘の阿閇《あへ》皇女（のちの元明《げんめい》天皇）が、また大海人皇子と大田皇女との間に生まれた大津《おおつ》皇子には、天智天皇の娘の山辺《やまべ》皇女があいついでキサキとなっている。

こうした近親間の婚姻は、ほかにも欽明天皇の周辺と蘇我《そが》氏や、聖武《しょうむ》天皇の周辺と藤原《ふじわら》氏（不比等《ふひと》の娘である宮子《みやこ》と安宿媛《あすかべひめ》）などの例もある。しかしいずれの場合も、いわゆる政略結婚であったり、母方の出自を重視する慣習のもとで結ばれたと思われる場合が多く、果たしてそこに恋愛感情があったかどうかは、なんとも論証しがたいものがある。角田文衛氏は、奈良時代から平安時代前期にかけての内親王の結婚相手は天皇もしくは皇族に限られていたので、「どちらかといえば義理で入内させるといった傾向が強く、当然のことながら自然寵愛《ちょうあい》も薄」かったと指摘している。

そのようななかにあって、数少ない「寵愛が深かった（寵幸方に盛《まさ》んなり）」と史料に残された例が、桓武《かんむ》天皇（七三七〜八〇六）と異母妹酒人《さかひと》内親王（七五四〜八二九）との関係である。桓武天皇の妃（天皇のキサキのうち、皇后に次ぐ地位）となった酒人内親王については、『東大寺要録《とうだいじようろく》』に引用された『日本後紀《にほんこうき》』の条文（『東大寺要録』巻第十、雑事章之余所引「酒人内親王事」。『日本後紀』の訳文については、森田悌『日本後紀　全現代語訳』上・下〈講談社学術文庫〉を適宜参照した）に次のように記されており、その奔放な性格が知られている。

二品《にほん》酒人内親王が死去した。内親王は光仁《こうにん》天皇の皇女で、母は井上《いのうえ》内親王である。容貌はみめうるわしく、たおやかであった。幼くして伊勢斎王《いせさいおう》となり、年を経て退下《たいげ》し、たちまちに三品に叙された。桓武天皇は後宮《こうきゅう》に迎え、寵愛が深く朝原《あさはら》内親王を産んだ。驕《おご》りたかぶる性格であり、感情を抑えることができなかったが、桓武天皇はそれを咎《とが》めず、内親王のやりたいように任せた。そのため淫《みだ》らな行いがさらに多くなり、自制することができなくなった。弘仁年中になって、（嵯峨《さが》天皇は）年老い衰えたのを特に気にかけて、二品を授けた。毎年、東大寺において万灯会《まんとうえ》を行い、自らの菩提《ぼだい》のためのたすけとした。僧侶たちはこれを寺の行事として広めた。亡くなった時の年齢は、七六歳であった。

これは、『日本後紀』天長六年（八二九）八月丁卯《ひのとう》条の逸文で、酒人内親王が亡くなった際の記事（薨伝《こうでん》）である。ここでは酒人内親王についてまず「容貌がみめうるわしく、たおやか（容貌姝麗、柔質窈窕《ようちょう》）」であるとする（なお「窈窕」には「おくゆかしい。しとやか」のほかに「なまめかしい」という意味もある）。またその性格は「驕りたかぶり

（倨傲）」「感情を抑えることができない（情操不修）」というものであり、そのような内親王の行動を桓武天皇は許容したために、「淫らな行い（婬行）」はさらに多くなり、自制もできなくなったとある。

つまり容貌は優れていたが、ひとことでいえば「わがまま」な面があったということになろうか。しかしそのような酒人内親王を、桓武天皇は咎めることなく（「天皇不禁」）愛し続けている。また薨伝の終わりにある、毎年東大寺において万灯会を行ったことは、東大寺の僧侶たちから評価されており、酒人内親王は、その周辺からは案外肯定的に受け入れられていたようである。小論では、このような酒人内親王と、「寵愛が深かった」という桓武天皇との関係について、いささかながら考えてみたい。

一　酒人内親王の経歴

酒人内親王は、桓武天皇の父である光仁天皇と、皇后井上内親王の間に生まれた皇女である。天長六年八月に七六歳で薨じているので、天平勝宝六年（七五四）の生まれということになり、天平九年（七三七）生まれの桓武天皇とは一七歳差となる。

なお桓武天皇の皇后であり、のちに平城《へいぜい》・嵯峨両天皇となる安殿《あて》・神野《かみの》両親王の生母藤原乙牟漏《おとむろ》は天平宝字四年（七六〇）生まれ、夫人《ぶにん》であり、淳和《じゅんな》天皇となる大伴《おおとも》親王の生母藤原旅子《たびこ》は天平宝字三年生まれなので、酒人内親王の方が年長となる。ただし乙牟漏所生の安殿親王は宝亀五年（七七四）生まれであるのに対して、酒人内親王所生の朝原内親王は宝亀一〇年生まれである。酒人内親王は宝亀五年九月に斎王として伊勢に向かい、翌年まで伊勢斎宮《さいぐう》に滞在しているので、皇太子時代の桓武天皇と酒人内親王が結ばれたのは、藤原式家《しきけ》出身の乙牟漏とよりも後ということになる（藤原旅子との間に大伴親王が生まれたのは、延暦五年〈七八六〉）。

酒人内親王は、宝亀元年一一月の光仁天皇即位にあたって三品に叙《じょ》せられており（同じ日、桓武天皇として即位することになる山部《やまべ》親王は、従四位下《じゅしいのげ》から四品となっている）、そののち前述のように伊勢斎王となっている。また生母井上内親王と井上内親王所生とされる兄弟の他戸《おさべ》親王が皇后・皇太子を廃された際も、伊勢斎王は退下したとはいえ連坐《れんざ》することなく、山部親王のキサキとなっている。

二　山部親王への入内

伊勢斎王を退下した酒人内親王が、山部親王と結ばれるに至った状況は不明である。しかし養老律令《ようろうりつりょう》の「継嗣《けいし》令《りょう》」王娶親王条に「王（親王以外の皇族）は内親王以下との婚姻を、臣下は五世の女王（内親王以外の皇族）以下との婚姻を許可する。ただし五世孫の皇族は内親王と婚姻することはできない」とされており、内親王は諸王以上の皇族と婚姻すると規定されていた。この段階で酒人内親王の婚姻対象はかなり限定されることになる。さらに、称徳《しょうとく》天皇が皇太子を定めずに亡くなり、結果として老齢の光仁天皇が即位することになった事情が物語るように、宝亀一〇年（朝原内親王の誕生年）前後において、内親王に見合う年齢の皇族は限られていたと思われる。山部親王と同世代としては、同母弟の早良《さわら》親王や、従兄弟《いとこ》の神王《みわ》・壱志濃《いちしの》王が存在していた。しかし廃皇后とはいえ、井上内親王の娘である酒人内親王にふさわしいのは、在位中の天皇の長子であり、かつ皇太子でもある山部親王であったということになろうか。

もうひとつ、山部親王側の事情もみてみたい。酒人内親王は前述のように伊勢斎王となっている。山部親王（桓武天皇）もまた、伊勢神宮に対しては特別な感情をもっていた。桓武天皇は皇太子時代の宝亀九年に、病気平癒を謝するために自ら伊勢神宮に赴いている。さらに、同じく伊勢斎王となった朝原内親王を、皇太子安殿親王のキサキとしている。朝原内親王については、榎村寛之氏は心身不安定な面があった安殿親王に伊勢神宮の加護を得つづけるために、桓武天皇が近づけたのではないかと指摘している。山部親王が酒人内親王に近づいた理由の一端にも、井上内親王に続いて母子二代にわたって伊勢斎王となった、その属性があったのではないだろうか。

三　桓武天皇と妃酒人内親王

このように書いていると、恋愛感情もないままに皇族同士での、そして伊勢神宮の霊力をあてにしての結婚であったようにみえるかもしれない。しかし薨伝にわざわざ「寵愛が深く、わがままな振る舞いがあっても桓武天皇はそれを咎めなかった」と記されたところをみると、皇后藤原乙牟漏や夫人藤原旅子に先立たれた桓武天皇は、むしろ酒人内親王の個性的な性格を気に入り、愛していたのではないだろうか。桓武天皇は、従兄弟である壱志濃王についても、「生まれつき尊大であり、作法やさだめを守らなかった。酒席ではよくにこやかに語り、酒を飲んで愉快になると、桓武天皇に対して昔のことを語り、天皇はこれを楽しんだ」（『日本後紀』延暦二四年〈八〇五〉一一月丁丑条の壱志濃王薨伝）とされる、酒席で飾らない振る舞いをするような磊落《らいらく》な性格を気に入っており、こうした人物を受け入れる傾向であったようである。酒人内親王の「驕りたかぶり、感情を抑えることができない」という性格は、あるいは母と弟を政略で失ったことが反映しているとも考えられよう。また「淫らな行いがさらに多くなり、自制することができなくなった」というのが、どれほどのものであったかはもはやわからず、薨伝を載せる『日本後紀』編者の藤原緒嗣《おつぐ》らからみれば、目に余ると映った場面もあったのかもしれない。

しかし『日本後紀』薨卒伝は人物評が厳しいことで知られており、坂本太郎氏は「必ず人の長所と共に短所を挙げる」と指摘している。また天皇であっても、例えば平城天皇の場合、「識見や度量が深く敏《さと》く、智恵のあるはかりごとに深く通じていた（識度沈敏、智謀潜通）」などと讃えながらも、「しかし性格は他人を妬《そね》み嫌うことが多く、人の上にいるものとして度量が広くなかった（然性多猜忌、居上不寛）」と記すことを忘れない。遠藤慶太氏は、平城天皇に対するこのような評価について、政変（平城太上天皇の変・薬子の変）の敗者たる天皇であったことによると指摘している。

つまり『日本後紀』の人物評は一般に辛い傾向にあり、酒人内親王については、このような観点もあわせて考えるべきであろう。酒人内親王の行動に、あるいは度を越すような面があったにしても、実際彼女の周辺では、それも含めて受け入れられていたのではないだろうか。何よりも桓武天皇没後に「弘仁年中になって、年老い衰えたのをとくに気にかけて、二品を授けた」とある。老齢のゆえであるとはいえ、桓武天皇の子である嵯峨天皇の時期にも相応の扱いを受けていたことは、桓武天皇との関係が最後まで悪くはなかったことを物語る。これは平城天皇の妃となった朝原内親王が、平城太上天皇の変（薬子の変）後の弘仁三年（八一二）五月になって、妃位を辞していることとは対照的であろう。

桓武天皇の後宮は、女御《にょうご》や更衣《こうい》が新たに置かれたこともあってキサキの数が増え、また婚姻関係を結んだ氏族の

桓武天皇関係系図

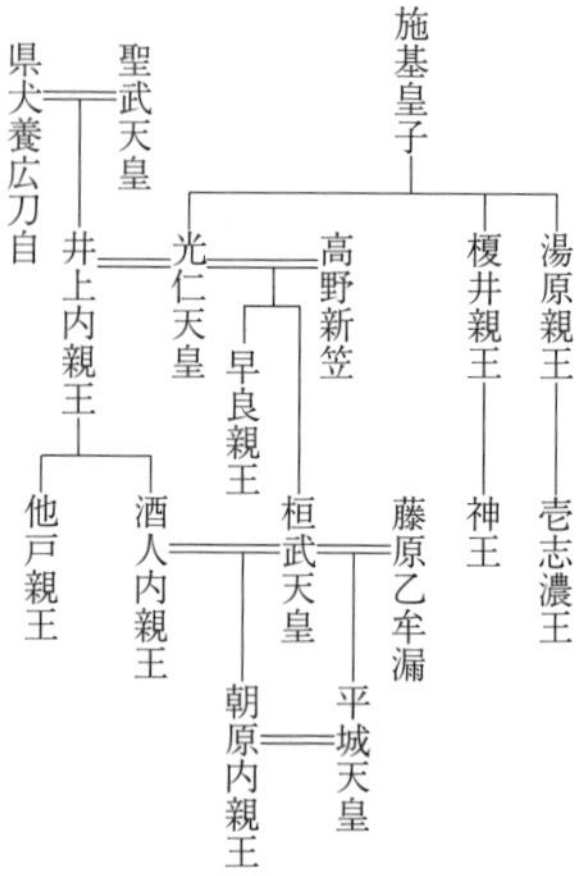

範囲が藤原氏や百済王《くだらのこきし》氏など広くなっていた。その一方で、王族からは酒人内親王を迎えただけであり、王族女性を一人もキサキとしなかった聖武天皇同様に、それまでの例よりも少ないという傾向があることを、荒木敏夫氏は指摘している。そうしたなかにあっての酒人内親王との婚姻は、特別な意味があったのである。

また酒人内親王にとっても、桓武天皇は忘れることができない存在であったようである。現在正倉院《しょうそういん》宝物となっている「酒人内親王献入帳《けんにゅうちょう》」（酒人内親王御施入状《ごせにゅうじょう》）は、弘仁九年三月二七日の日付をもつ。これは母に先立って弘仁八年四月に薨じた、二人の間の娘である朝原内親王の臨終に際しての遺言（臨終遺訣《いけつ》）により、酒人内親王が経巻（大般若経《だいはんにゃきょう》一部六〇〇巻・金剛般若経一〇〇部一〇〇〇巻）や美濃国厚見《あつみ》郡にある厚見庄などを東大寺に施入したものである。

この「献入帳」には施入物の目録に続いて、まず朝原内親王の「臨終にあたって父母のきわまりない恩徳に報いるために、春に「栢原聖霊」（桓武天皇）のために大般若経を転読し、秋には「尊堂」（酒人内親王）のために金剛般若経を披読させたいと願い、その料田を東大寺に施入することを望む」という内容の「遺訣」が述べられている。そしてさらに、朝原内親王に先立たれた酒人内親王が、娘の所持品（一八種物〈『梵網経《ぼんもうきょう》』に説かれる出家者の持ち物〉と装束一二種など）を副えて、庄園などを施入するということが記されている。朝原内親王の遺言を実行したまでともいえるが、二人の間の娘を介して、最後まで桓武天皇との関係は保たれていたのである。

おわりに

以上、推定ばかりの雑駁《ざっぱく》な論を述べてきたが、桓武天皇は征夷と造都を推進した強い帝王という印象がある一方、意外なまでに人間的な側面が、残された史料から垣間見える。早良親王の怨霊に怯《おび》え、かつ生まれ年の牛が大風で圧死するとそれを気にしたり（『日本後紀』延暦二三年〈八〇四〉八月壬子条）、そして自らの即位の恩人のことを思うとき、涙を流すことを隠そうとしない（『続日本後紀』承和一〇年〈八四三〉七月庚戌条藤原緒嗣薨伝）。酒人内親王もまた、薨伝にわざわざ「驕りたかぶる性格であり、感情を抑えることができなかった」などと書かれる人物であり、個性が強い者同士の結びつきであったといえよう。

桓武天皇の後宮というと、そのキサキ・子女の多さや、藤原式家とのつながりに目が行きがちである。また皇族同士の結婚となると、どうしても「義理」という関係が想起されてしまう。桓武天皇と酒人内親王との関係も、初めは親王と内親王ゆえのことであったかもしれないが、意外に相性がよい関係であったということになろうか。

〈参考文献〉

荒木敏夫『古代天皇家の婚姻戦略』(歴史文化ライブラリー、吉川弘文館、二〇一三年)
榎村寛之『斎宮―伊勢斎王たちの生きた古代史―』(中公新書、中公公論新社、二〇一七年)
遠藤慶太『六国史―日本書紀に始まる古代の「正史」―』(中公新書、中央公論新社、二〇一六年)
坂本太郎『六国史』(『坂本太郎著作集第三巻　六国史』吉川弘文館、一九八九年、初出一九七〇年)
角田文衞「後宮の歴史」(古代学協会編『角田文衞の古代学1　後宮と女性』(古代学協会発行、吉川弘文館発売、二〇一八年、初出一九八〇年)
西本昌弘『桓武天皇―造都と征夷を宿命づけられた帝王―』(日本史リブレット人、山川出版社、二〇一三年)
樋笠逸人「酒人内親王献入帳」(奈良国立博物館『第六十九回「正倉院展」目録〔平成二十九年〕』仏教美術協会、二〇一七年)

古代における内親王の恋と結婚

――皇孫の血の世俗化――

岩田真由子

はじめに

第四内親王に贈る　右大臣《うだいじん》

葦《あし》たづの沢辺に年は経《へ》ぬれども心は雲の上にのみこそ（『後撰和歌集《ごせんわかしゅう》』恋三、七五二）

（葦辺にいる鶴のように沢辺で幾年も過ごしているけれども、心は雲の上を目指して飛び立とうとしているのです。私も下の世界に永らく過ごしておりましたが、心は雲の上人であるあなたにずっと向いていたのですよ）

これは藤原師輔《ふじわらのもろすけ》が後に妻となる勤子《きんし》内親王（父は醍醐《だいご》天皇）に贈った歌である。内親王を雲の上の存在と詠み、臣下である自身との身分格差を意識している。養老継嗣令《ようろうけいしりょう》4王娶親王条には「王は内親王以下を娶《めと》りなさい。臣下の者は五世女王以下を娶ることを許す。ただし、五世王は、内親王を娶ってはいけない」とあり、内親王は四世王以上の皇親との結婚が義務づけられ、臣下との結婚は許されていなかった。皇孫の血の流出を防ぐためである。天皇が存命中に皇女を臣下と結婚させた事例は、本稿で扱う九・一〇世紀では臣籍降下した娘のみである（嵯峨《さが》天皇皇女の源《みなもとのきよひめ》潔姫と藤原良房《よしふさ》、宇多《うだ》天皇皇女の源順子《じゅんし》と藤原忠平《ただひら》）。ところが、師輔は父天皇の崩御後とはいえ、藤原氏ではじめて内親王を、しかも三人も続けて妻としている。師輔と内親王との結婚に関しては、国文学を含めさまざまな観点から言及されてきた。近年では、師輔の結婚の先例として、宇多上皇の内親王と源清蔭《きよかげ》との結婚や、普子《ふし》内親王（父は醍醐天皇）と源清平《きよひら》との結婚があったとする見解があるが、これらの結婚については史料的に時期を断定するのは困難である。そこで、師輔と内親王との結婚が可能となった背景について、内親王の恋愛も含めて別の角度から検討し、九・一〇世紀の内親王の存在意義の変化について考えたい。なお、斎宮恬子《さいぐうてんし》内親王（父は文徳《もんとく》天皇）と在原業平《ありわらのなりひら》との一夜の恋については、事実か虚構かで見解がわかれており、本稿では扱わないこととする。

一　九世紀における内親王の尊貴性の保持

『日本文徳天皇実録《にほんもんとくてんのうじつろく》』仁寿三年（八五三）五月乙巳《きのとみ》（一六日）条によると、斉子《せいし》内親王（父は嵯峨天皇）は葛井《ふじい》親王（父は桓武《かんむ》天皇）と結婚したが、「成礼」ではなかったことを父方母方の親族が皆恥じたという。「成礼」は『大漢和辞典』によると、①礼を備える、礼を立派に行う、②婚礼をすませる、の意味がある。相手は親王であり、養老継嗣令4の規定に沿う結婚である。軽々しい扱いを受け親族が恥じたということだが、親族の承諾もなく、正式な結婚の手続き（儀礼的なものを含む）もなく、親王がこっそり通う形で両者の関係が始まったことを示すのだろう。斉子内親王は嵯峨天皇の第一二皇女だが、生年は不明である。第九皇女の有智子《うちこ》内親王が大同二年（八〇七）生まれであるから（『続日本後紀《しょくにほんこうき》』承和一四年〈八四七〉一〇月戊午《つちのえうま》〈二六日〉条）、斉子内親王はそれ以後に誕生していることになる。葛井親王は延暦一九年（八〇〇）に生まれ、二十余の子があった（『日本文徳天皇実録』嘉祥三年〈八五〇〉四月己酉《つちのととり》〈二日〉条）。斉子内親王は複数の妻の一人だったのだろう。内親王の父嵯峨太上天皇は承和九年に没しており、この時葛井親王は四三歳である。両者の関係が生じたのは、嵯峨太上天皇の生前かどうかは断定できない。しかし、先にあげた『日本文徳天皇実録』の記事で、恥じたのが「父母」ではなく「内外戚」（父方母方の親族）という書き方をしており、死後の可能性が高い。この事例からは、この時期の内親王の結婚には何かしら正式の手続き、結婚の儀礼が望ましいとされていたということ、身分的に釣り合っていても、親族の承諾もない、本人同士の合意による結婚は軽々しいものと認識されていたということが指摘できる。内親王の結婚には制約があったのである。

また、『日本文徳天皇実録』天安元年（八五七）四月甲戌《きのえいぬ》（七日）条によると、滋野《しげの》内親王（父は桓武天皇）は容《よう》色《しょく》が妖艶で、男性関係が派手であり、世間からは非難されていたという。桓武天皇の第二皇女高志《こし》内親王が延暦八年生まれ、第一五皇女紀《きの》内親王が延暦一八年生まれなので、第七皇女の滋野内親王は七九〇年代に生まれたのであろう（『日本紀略《にほんきりゃく》』大同四年五月壬子《みずのえね》〈七日〉条、『日本三代実録《にほんさんだいじつろく》』仁和二年〈八八六〉六月二九日丁丑《ひのとうし》条）。父天皇は大同元年に崩御しており、年齢的に内親王が恋愛を謳歌するのは父の死後のことと思われる。相手の男性が皇親なのか、臣下なのかは不明であるが、内親王のあまたの恋愛は非難の対象であったことが判明する。

一方、西山良平氏は帝《みかど》の御妻や皇女は、本来「婦徳」を保持すべきであったと指摘し、布勢《ふせ》内親王（父は桓武天皇）の死亡記事に付す伝記（薨伝《こうでん》）を紹介する（『日本後紀《にほんこうき》』弘仁三年〈八一二〉八月辛卯《かのとう》〈六日〉条）。内親王は淑《しと》やかな性質で、貞操《ていそう》を守ることにつとめたという。宗子《むねこ》内親王（父は嵯峨天皇）もまた貞潔であった（『日本文徳天皇実録』斉衡元年〈八五四〉三月甲辰《きのえたつ》〈二〇日〉条）。滋野内親王と宗子内親王の記事は数年違いにもかかわらず、評価が対照的であり、九世紀における内親王のあり方を示唆している。『日本文徳天皇実録』は元慶三年（八七九）に撰上されており、内親王に対する評価に撰者の意図が含まれていたとすると、八八〇年頃までは貴族社会で共有された評価と考えられる。

以上、八八〇年頃までは、内親王の恋愛は憚《はばか》られ、内親王は貞操を守り生涯を終えることがよしとされていた雰囲気があったこと、皇親と結婚する場合には、それなりの儀礼を伴う正式なものが求められていたことが判明する。養老令の規定は守られており、内親王を媒介とする皇孫の血の流出は避けられ、内親王の尊貴性は保持されていた。

二　十世紀における内親王の世俗化

九世紀末の内親王の恋愛・結婚に関する状況は不明であるが、一〇世紀の醍醐朝になると八八〇年頃までの内親王を取り巻くこの堅い雰囲気が変わる。内親王と臣下との恋の歌のやりとりがみられるようになる。醍醐天皇の父である宇多天皇は三一歳の若さで退位しており、その皇女たちが恋愛をする年頃になるのは醍醐朝になってからである。以下は宇多天皇の皇女と歌人として知られる藤原忠房《ただふさ》との贈答歌である。

女五《おんなご》のみこに　　忠房朝臣

君が名の立《たつ》にとがなき身なりせばおほよそ人になして見ましや（『後撰和歌集』恋四、八八〇）

（あなたのお噂が立っても非難されることのない身分の我が身でありましたら、あなたを世間並みの人にして結婚することができるでしょうか。あなた御自身がやはりお許しくださらないだろうと思うから苦しんでいるのです）

返し　女五のみこ

絶えぬると見れば逢ひぬる白雲のいとおほよそに思はずも哉《がな》（『後撰和歌集』恋四、八八一）

（峰から離れてしまったと見ると、すぐにやってくる白雲のようなあなたが、「雲のよそ」ではないが、私に対してまったくおおよそにお思いにならなければよいのに、と願っています）

女五のみこについては宇多天皇の皇女のうち、依子《いし》内親王（母は更衣《こうい》源《みなもとの》貞子《ていし》）か成子《せいし》内親王（母不明）と考えられている。『大和物語《やまとものがたり》』一二三段は、女五の宮が元平《もとひら》親王（父は陽成《ようぜい》天皇）と結婚したと記す。忠房の歌からは、内親王と臣下との身分差を自覚していること、内親王と噂が立つと非難されることがうかがえる。しかし、その想いを心に秘めるのではなく、歌を贈り、気持ちを内親王に伝えるという行動をとる。内親王の返事は色よいものではない。二人の贈答歌はこれだけであり、その後の両者の関係は不明である。ただ、本当に拒否する場合、返歌をせずに無視するだろうから、続きのやりとりがあった可能性はある。注目すべきは、この歌のやりとりが内親王の父宇多上皇の生前に行われている点である。藤原忠房は、延長六年（九二八）一二月一日に死亡しており（『古今和歌集目録《こきんわかしゅうもくろく》』）、承平元年（九三一）七月一九日に六五歳で崩御した宇多上皇より先に死亡した（『日本紀略』）。なお、女五のみこの可能性のある依子内親王は四二歳で薨じており（『一代要記《いちだいようき》』）、寛平七年（八九五）生まれとなる。寛平九年二月二九日に依子内親王とともに親王宣下を受けた成子内親王もこの前後の生まれであろう（『日本紀略』）。藤原忠房の官歴は寛平五年から始まっているので（『古今和歌集目録』）、女五のみことは二〇歳ほどの歳の差があったと思われる。

また、女五のみこには贈答歌がもう一つあり、皇親か臣下かは不明であるが、ほかの男性とも歌の贈答をしていたことが知られる。よみ人しらずの相手の歌の詞書には「宇多院にいらっしゃる人に手紙を送ったが、返事もなかったので」と記されている（『後撰和歌集』恋六、一〇三四）。この歌の時期も不明であるが、父の崩御時、年齢の判明する依子内親王は三七歳であり、恋に年齢はないというものの、もっと若い時期のやりとりと推測され、父の生前の贈答歌と考えられる。宇多上皇の御在所の一つである宇多院に住んでいた可能性のある女五のみこは、父親に知られる可能性も高いなか、臣下を含む男性との歌のやりとりをしていた。なかなか大胆な行為である。

この女五のみこ以上に大胆だったのが桂のみこと呼ばれた孚子《ふし》内親王（母は十世《とおよ》王女《おうのむすめ》）である。異母兄弟の敦慶《あつよし》親王（母は女御《にょうご》藤原胤子《いんし》）・源嘉種《よしたね》（父は清和《せいわ》天皇一世源氏源長猷《ながかず》）・貞数《さだかず》親王（父は清和天皇）・人目を忍んで逢った男性（相手は不明）との関係が『大和物語』や『後撰和歌集』からうかがえる（『大和物語』二〇・二六・四〇・七六・七七・一一四・一一七段。『後撰和歌集』恋一、五二九、恋五、九〇一）。なお、貞数親王は延喜一六年（九一六）に四二歳で薨去しており（『一代要記』）、貞観一七年（八七五）生まれである。孚子内親王は寛平七年一一月七日に親王宣下を受けており（『日本紀略』）、その数年前に生まれたと考えられるので、両者は一八歳ほど歳の差がある。貞数親王の没年から推測すると、内親王の二〇代前半に両者の関係があったのであろう。女五のみこといい、孚子内親王といい、年齢の随分離れた男性と恋をしている。

これらの男性のなかで注目されるのは源嘉種との関係である。彼は内親王邸に行ったところ、内親王の母が聞きつけて門を閉めさせたため、一晩中立ち続けるはめになった（『大和物語』七六段）。また二人は「しのびつつ」逢っていたが、父宇多上皇から八月一五日夜の観月の宴へのお召があった孚子内親王は、嘉種が引き留めるのも聞かず行ってしまう（同七七段）。この観月の宴は、『日本紀略』延喜九年閏八月一五日条に「夜に宇多法皇が文人を亭子院《ていしいん》にお召になり、秋池に浮かぶ月影について漢詩を詠ませた」と記された、亭子院で開催されたものと諸研究で指摘されている。内親王が一七～八歳の頃である。その居所とされる桂宮《かつらのみや》は、宇多上皇の御在所《ございしょ》の一つである亭子院から二町

（二四〇メートル）隔てた北にあり、わりと近い（『拾芥抄《しゅうがいしょう》』中）。嘉種は、亭子院で逢うことはできそうにもないと、内親王を引き留める。彼は延長三年に、宇多上皇の使者として、病になった藤原忠平の妻源順子（父は宇多天皇）のもとに派遣されているので、この延喜九年頃からすでに宇多上皇に仕えており、主君の目を盗んでの恋愛だったのかもしれない（『貞信公記抄《ていしんこうきしょう》』延長三年正月八日条）。内親王の父であり、嘉種にとっては主君であったかもしれない宇多上皇の御在所に非常に近いところで、内親王の母親に阻止されながらも、内親王と臣下の恋人とは逢瀬を重ねる。

このように、父宇多上皇の存命中にもかかわらず、内親王たちは、臣下と歌のやりとりや、恋愛を謳歌していた。娘たちが親の目を盗んでこっそりと恋愛をしているさまは、貴族の娘と同じである。前の時代とは異なる状況が出現している。この時代の雰囲気は、醍醐天皇の内親王たちも共有する。のちに藤原師輔と結婚した雅子《がし》内親王（父は醍醐天皇、母は更衣源周子《しゅうし》）は、藤原敦忠《あつただ》との恋でも有名であり、『敦忠集』に収められた両者の贈答歌は九四首に及び、そのやりとりは延長七年秋から始まったという木船重昭氏の指摘がある。承平元年一二月二五日に雅子内親王は斎宮に卜定《ぼくじょう》され、同三年九月二六日に伊勢へ下向するが、母が亡くなったため、同六年三月七日に退下《たいげ》した（『日本紀略』）。両者の歌のやりとりは、内親王の斎宮下向をはさみ、足掛け八年以上にわたるという。なお、『大和物語』九三段や『後撰和歌集』恋五、九二七の歌から、両者の関係は歌のやりとりだけであったとする見解が多数だが、工藤重矩氏は、『敦忠集』の贈答歌から男女の関係があったと推定する。この二人の関係が始まったとされる時期には、祖父宇多上皇も父醍醐天皇も存命中である。

この延長線上に出てくるのが、藤原師輔と三人の内親王の結婚である。木船氏によると、師輔は延長八年に雅子内親王に懸想しはじめた可能性があるという。同年九月二九日に醍醐天皇は四六歳で崩御する（『日本紀略』）。その後師輔は、承平三年に斎宮として伊勢へ下向した雅子内親王から、その同母姉の勤子内親王に鞍替えして結婚し、男女関係は承平四年・五年頃に始まったと指摘されている。木船氏は承平四年、工藤氏は承平五年初（承平四年末）頃と考え、角田文衞氏は延長八年冬とするが根拠は不明である。

師輔は、子の出生年などから、勤子内親王が天慶元年（九三八）一一月に薨去した前後に最初に懸想していた雅子内親王と関係をもち、雅子内親王が天暦八年（九五四）八月に崩御した前後に康子《やすこ》内親王（父は醍醐天皇、母皇后藤原穏子《おんし》）と関係をもったと先行研究により推測されている（崩御年は『日本紀略』）。また、これら内親王の父醍醐天皇の薨去後、師輔と内親王たちは事実関係を積み重ね、時の天皇が黙認する形で結婚はなされたと考えられている。そのとおりであろう。なお、師輔と内親王との結婚について、角田氏は「天皇の勅許」、木船氏は「降嫁《こうか》の許可」、安田政彦氏は康子内親王に関して「村上天皇の許可」を想定しているが、それらを示す史料はみあたらない。

宇多上皇は生前、臣下と結婚させた皇女は源氏だけであり、内親王と臣下との結婚は認めていない。しかし、親の目を盗んで臣下との恋愛をする内親王が出てくるのは、それが許されるような雰囲気が社会にあることを示しており、何かしら変化が生じている。また、父天皇の薨去後、内親王と臣下との結婚が黙認されるというのは、内親王の結婚の判断は「時の天皇」ではなく、「父親」である天皇が行うことを意味する。父天皇がいなくなれば内親王と臣下との結婚が可能かもしれないという発想は、先に確認した八八〇年頃までにはなかったものである。このような状況は、皇孫の血の流出を阻止し、内親王の尊貴性を保持するという従来の考えが希薄になってきたこと、いわば皇孫の血を不要とする、皇孫の血の世俗化がすでに醍醐朝以前に始まっていることを意味する。その変化はおそらく奈良時代末にさかのぼる。当時の神身離脱思想に象徴されるような、仏教による王権の権威失墜、聖武《しょうむ》天皇の仏教への帰依、そして皇孫でもない僧道鏡《どうきょう》を天皇とする企《くわだ》てなどが起こる。九世紀の間、形式的にはかろうじて内親王の尊貴性は保持されるが、皇孫の血の空洞化は、九世紀末の宇多天皇の即位を契機に醍醐朝を通して現実化する。傍系であった光孝《こうこう》天皇が即位した際に、二世王だった子女を一世源氏とし、そのなかの源定省《さだみ》が一世源氏から天皇となるという出来事がその背中を押したのである。醍醐朝ではそれ以前にはみられなかった、天皇の親子関係に変化が生じる。

宇多天皇の特殊性については以前指摘したが、皇位継承とは無関係な一貴族として育った宇多上皇は、息子の醍醐天皇に対し、上皇と天皇としての立場を超え、父親として接する。実態のみえない、水面下にあった天皇と親との両者の関係は、宇多上皇の特殊性に媒介され、朝廷の公《おおやけ》の場に持ち込まれ、表立ったものとなってしまう。また、醍醐・朱雀《すざく》朝には、天皇の親子間や近親間による追善が顕在化する。それには一般貴族として育った宇多天皇の追善に対する発想と行動とが影響を及ぼしたと考えられる。貴族に近い感覚をもつ宇多上皇の存在は、天皇家の親子・親族意識に変化をもたらす。この時期、宇多上皇とその子供たちは、貴族に近い親子・親族意識をもっていたのである。

本稿でみたように、この時期に内親王たちは臣下と恋をし、貴族の娘と変わらない存在となる。貴族社会もそれを受容し、恋愛だけでなく、宇多・醍醐天皇崩御後は結婚までも実現可能なものとして意識するようになる。

おわりに

皇孫の血の流出を阻止するため、内親王と臣下との結婚は養老継嗣令4で禁止され、八八〇年頃までこの思想は表向き遵守された。しかし実際は、仏教を媒介に奈良時代末には皇孫の血の尊貴性は形骸化しており、九世紀末、一世源氏であった宇多天皇の即位を発端に表面化する。一〇世紀前半には貴族として育った宇多上皇の影響のもと、天皇家の親子・親族意識は変化し、宇多上皇の内親王は臣下と恋愛し、醍醐天皇の内親王は、父天皇の没後、臣下と結婚する。内親王と臣下との身分格差の恋愛・結婚が可能となった背景には、皇孫の血の世俗化があったのである。一〇・一一世紀には、臣下と結婚した内親王は幾人もいるが、院政期以後、再び結婚する内親王はいなくなる。

〈参考文献〉

岩田真由子「宇多・醍醐朝における天皇家の親子意識」（同『日本古代の親子関係—孝養・相続・追善—』八木書店、二〇二〇年、初出二〇〇五年）

岩田真由子「追善からみた親子関係と古代王権の変質」（前掲書、初出二〇一四年）

木船重昭「『師輔集』の構成と方法」（『平安文学研究』七〇、一九八三年）

木船重昭「敦忠集の構成とその方法」（同『敦忠集注釈』大学堂書店、一九八六年）

木船重昭「雅子内親王と敦忠・師輔」（『中京国文学』六、一九八七年）

工藤重矩「和歌が語る婚姻史—師輔集を通して—」（兼築信行・田渕句美子編『和歌を歴史から読む』笠間書院、二〇〇二年）

角田文衞「恬子内親王—禁苑の恋—」（『角田文衞著作集5　平安人物誌　上』法藏館、一九八四年、初出一九六六年）

角田文衞「師輔なる人物」（『平安の春』朝日新聞社、一九八三年）

角田文衞「桂宮」（『古代文化』四二—四、一九九〇年）

西山良平「王朝都市の王権と《色好み》」（『日本史研究』三六四、一九九二年）

新田孝子「「桂のみこ」（二〇段）—光孝皇女について—」（同『大和物語の婚姻と第宅』風間書房、一九九八年）

藤木邦彦「延喜天暦の治」（同『平安王朝の政治と制度』吉川弘文館、一九九一年、初出一九六六年）

目崎徳衛『日本詩人選6　在原業平・小野小町』（筑摩書房、一九七〇年）

中村みどり「藤原師輔と内親王降嫁の実現」（『古代文化』六九—四、二〇一八年）

安田政彦「醍醐内親王の降嫁と醍醐源氏賜姓」（『続日本紀研究』三七四、二〇〇八年）

渡辺秀夫「在原業平の卒伝の解釈」（『平安朝文学と漢文世界』勉誠社、一九九一年）

『後撰和歌集』（新日本古典文学大系6、岩波書店、一九九〇年）

『竹取物語　伊勢物語　大和物語　平中物語』（日本古典文学全集8、小学館、一九七二年）

「一帝二后」がもたらしたもの

——一条天皇、最期のラブレターの宛先——

高松百香

源氏《げんじ》を、一の巻よりして、人もまじらず、几帳《きちょう》のうちにうち伏して引き出でつつ見る心地、后《きさき》の位も何にかはせむ。

（『源氏物語』を第一巻から読みはじめて、人に邪魔されることもなく、ひとりきりで几帳〈当時の寝床〉のなかに寝っ転がって、一冊ずつ取り出しては読むこの幸福感といったら。后の位だってどうってことはないわ）

菅原孝標《すがわらのたかすえ》の娘による『更級日記《さらしなにっき》』の一節である。摂関期、『源氏物語』に描かれた、宮廷社会を舞台とした美しい貴公子と女性たちの華やかな恋愛模様は、当時の姫君たちを夢中にさせた。女性の身分の頂点である「后の位」より魅力があったほどに。

では、当の「后の位」にあった女性たちは、どのような恋愛をしたのかというと、なかなか難しい。入内《じゅだい》も立后《りっこう》も政治である。有力貴族たちは天皇の外戚《がいせき》である摂政《せっしょう》・関白《かんぱく》の位につくために、競って娘や妹などを入内させた。めでたく皇子が誕生すると、今度はなるべく早くに即位させたい。后の子ならば立太子《りったいし》・即位の可能性が高いため、こぞって入内した娘の立后を狙った。ここまでは恋愛とは別次元の話である。しかし、「后の位」となったのち、天皇と后という夫婦の間に恋愛感情が発生し、相手を愛おしく思ったり、逆に怨めしく思ったりすることもあっただろう。

本稿では、『源氏物語』とも関わりの深い一条《いちじょう》天皇と二人の后、中宮《ちゅうぐう》（皇后）定子《ていし》と中宮彰子《しょうし》をめぐる恋愛模様について考察したい。この三者の愛情をめぐる物語として考えられてきた、一条天皇「辞世《じせい》」の歌とその宛先の后についての検討である。

一 「一帝二后」にいたるまで

近年、立て続けに藤原彰子の評伝が発刊された。朧谷寿『藤原彰子―天下第一の母―』、服藤早苗『人物叢書　藤原彰子』である。また、日本文学の分野においても、福家俊幸ほか編『藤原彰子の文化圏と文学世界』の出版など、彰子とその女房たちの文学活動が注目されている。これまで彰子（上東門院《じょうとうもんいん》）を表題に含む専門書は、酒井みさを『上東門院の系譜とその周辺』のみであったことを考えると、彰子の人生全体と後世への影響力を、史料にもとづいて考える土台が整い、広く重厚な検証が可能となったといえよう。

さて、彰子といえば、いわゆる「一帝二后」の初例、つまり同一天皇に二人目の后（定子を中宮から皇后に改称して、彰子を中宮に）として立てられたことで有名である。混乱されがちな「皇后」「中宮」呼称であるが、基本的には皇后《こうごう》宮職《ぐうしき》を附属組織としてもつ皇后が「皇后宮」であり、中宮職をもつ皇后を「中宮」と称するものである（橋本一九七六）。

皇后と中宮の並立はこれに先立ち、一条天皇の父・円融《えんゆう》天皇の中宮遵子《じゅんし》を皇后とし、一条天皇女御《にょうご》定子が中宮として立后するという、これも当時の摂政道隆《みちたか》（定子の父）の主導において達成された。ここに后は四人となり、律令で規定された后の三つの地位、太皇太后・皇太后・皇后から大きく逸脱したことは確かである。この摂関政治における後宮《こうきゅう》制度の攪乱《かくらん》が、すぐあと、同じ定子の身に降りかかった、藤原道長《みちなが》の意志による彰子立后の強硬＝「一帝二后」の前提となったことは疑いない。

「一帝二后」が発生した状況を確認する。一条天皇にはすでに中宮定子がいたが、定子の父道隆の死や、定子の兄弟（伊周《これちか》・隆家《たかいえ》）が引き起こした「長徳《ちょうとく》の変」によって定子実家の中関白家《なかのかんぱくけ》は没落。変に際し第一子懐妊中の定子は、衝動的に自ら鋏《はさみ》をとり髪を切った。当時の貴族女性の出家とは、高僧を招いての受戒・剃髪をともなうものであったため、これを正式な出家と捉えることは難しい。にもかかわらずこのふるまいを、当時の宮廷社会は定子の出家とみなし、ことあるごとに非難した。しかし、一条天皇の定子に対する愛着は抑えられず、後宮内ではなく職御曹司《しきのみぞうし》に定子を住まわせ、さらなる懐妊をもたらしたのである。道長に批判的で、定子に同情的なところがある藤原実資《さねすけ》ですら、この「出家」後の内裏《だいり》参入には「天下甘心《かんしん》せず（世間はよいとは思わなかった）」（『小右記《しょうゆうき》』長徳三年〈九九七〉六月二二日条）との言葉を吐いている。

さて長保元年（九九九）一一月一日、一二歳となった彰子が女御として、八歳年上の一条天皇の後宮に入内すると、当然道長は彰子の立后を目指したが、中宮定子が邪魔になる。一方、一条も、道長の意を受けた母后東三条院詮子《ひがしさんじょういんせんし》の勧めもあり、彰子の立后はやむなしと考えたようだ。双方の意を受けた蔵人頭《くろうどのとう》藤原行成《ゆきなり》は、定子のみならず皇太后遵子も出家していることから、神事を行う后が不在であること、后には神事遂行のための公費が支給されているのに私用に宛てられていることなどを批判し、ことに定子は天皇の私恩によって出家の身にもかかわらず職号を止めず封戸《ふこ》を得ている状態なのだから、あらたに彰子を皇后として立后させ神事を行わせるべきである、という理屈をひねり出したのである（『権記《ごんき》』長保二年正月二八日条）。かくて、長保二年二月二五日、一条天皇への二人目の正后が立ち、「一帝二后」が果たされた（『権記』同日条）。

彰子は年齢的に幼いのみならず、おとなしい性質で、なかなか夫となった一条とも打ち解けられなかった。知的で華やか、三歳年上の定子によって成熟をもたらされた一条天皇にとっては、物足りない幼妻であったようだ。『栄花《えいが》物語』巻六（かがやく藤壺《ふじつぼ》）には、一条が夜が明けてから彰子のいる藤壺に渡り、道長が用意した舶来の書物や名品の数々などを堪能しては、帰ってゆく様子が描かれている。夜は定子や元子《げんし》など、成熟したほかのキサキたちのもとへ行くのである。きわめて健全、かつバランス感覚に富む青年天皇である。『枕草子《まくらのそうし》』「淑景舎《しげいしゃ》、春宮《とうぐう》へまゐりたまふほどの事など」段には日中、親族のいる間近で御帳台《みちょうだい》に入る、つまり性交しようとする一条と定子の姿が記されている。天皇とキサキたちの性愛は、決して閉ざされたものではなく、むしろ公とも言えるものであり、心身ともに幼く未熟な彰子に懐妊の機会がないことは周知の事実であった。

さて、定子は出家とみなされたにもかかわらず、一条との夫婦関係を続けたが、三人目の子・皇女媄子《びし》出産の際、後産《あとざん》（胎盤）が降りず、御産所で亡くなった。長保二年一二月一六日のことであった（『権記』同日条）。ここに、史上初の「一帝二后」状況は、一〇ヶ月程度で解消したのである。

定子の死後、御帳台の紐に三首の歌を記した紙片がくくりつけられているのが発見された（『栄花物語』巻七）。

よもすがら　契りしことを　忘れずは　恋《こ》ひん涙の　色ぞゆかしき
知る人も　なき別れ路《じ》に　今はとて　心細くも　急ぎたつかな
煙とも　雲ともならぬ　身なりとも　草葉《くさば》の露を　それとながめよ

三子をなした夫一条に対しての激しい愛情を刻んだ辞世歌である。死を覚悟の出産であった。とくに著名なのは、

「よもすがら」であろうか。死に至るまでの最後の三年間、父関白道隆の死、兄弟による「長徳の変」と不幸が重なり、定子の后妃としてのプライドはこっぱみじんの状況であった。「一帝二后」はその最たるものであったわけだが、この歌はここまでの忍耐を解き放ったとしか思えない奔放な歌である。「一晩中セックスしたことをどうか忘れないで。遺されたあなたが流す涙は、きっと血の色」とでも訳してみたい。

三首目は土葬の希望と解釈され、伊周により実行された（『栄花物語』巻七）。それにより、「草葉の露」を俗世に残る自身の死後の姿と表現しているが、この点は、一条天皇の「辞世」歌への解釈とも関わるので、後に触れる。

この時、彰子は一三歳であった。『栄花物語』巻七には、悲しみにくれる一条天皇は中宮彰子のもとには渡らず、彰子に対してこちらに来てもいいとは伝えるものの、彰子は参上することなく過ごした、とある。彰子の配慮であり、先妻に対する弔《とむら》いの態度と捉えたい。

二　一条天皇の「辞世」歌について

史上初、同時に二人の正妃をもった天皇である一条。道長の傀儡《かいらい》でしかなかったひ弱な天皇と思われがちだが、実は漢籍の知識に富み、笛の名手でもあり、非常に聡明な賢帝であったとされている（倉本二〇〇二）。院政期の説話集（『続本朝往生伝《ぞくほんちょうおうじょうでん》』『十訓抄《じっきんしょう》』など）においては、民を思い、廷臣にもめぐまれた聖帝として賞賛されている（高松二〇〇八）。

先妻定子に先立たれたが、道長に送り込まれた幼妻彰子も成長し、彼女のもとには『源氏物語』作者として名高い紫式部《むらさきしきぶ》などの有能な女房たちが名を連ね、いわゆるサロンを形成し、一条の関心を引くに充分な中宮としての成熟を果たしていた。そして、彰子から二人の皇子が立て続けに生まれ（敦成《あつひら》・敦良《あつなが》）、道長の満足を得てまもなく、一条は病に倒れる。

寛弘八年（一〇一一）五月二二日の発病から、ちょうど一ヶ月後の六月二二日に亡くなる。発病五日後の五月二七日は劇的な一日であった。『権記』同日条によると、前日、道長が一条への相談なく譲位を発議し、翌朝それが一条のもとに伝えられた。一条は、皇太子居貞《いやさだ》親王との対面を希望し、その後行成を召して、定子の遺児・第一親王敦康《あつやす》の立太子の可能性について意見を求める。行成は一条の希望を知りつつも、後見のいない敦康の立太子には無理があることを述べ、ここに一条は彰子所生の第二親王敦成の立太子を決意する。道長の強引さと、一条天皇の諦めの早さに驚くが、実はこの前日、道長が大江匡衡《おおえのまさひら》に占わせた結果は一条の死を表すもので、それを受けて病床付近で僧侶と道長がむせび泣くというシーンを、当の一条が几帳《きちょう》の隙間から見てしまい、ショックのあまり重体に陥ったのだった。まるでドラマのようなこの出来事が、物語ではなく『権記』に記されていることは貴重である。一条にとって、心身ともにダメージを受けながらの譲位の準備であった。

「后宮《（彰子）》、丞相《（道長）》を怨《うら》み奉《たてまつ》り給《たま》ふ」。この事情を聞いた彰子が、父道長を怨むという強い意思を表明したことが、直後に続く。『栄花物語』巻九にも近しい記述がある。敦康親王は彰子が養育していた。その立太子は一条の希望であったことを、彰子は知っていた。しかし道長は彰子の直廬《じきろ》を素通りし、なんの相談もなく決めてしまったため、その怨みと考えられている。ただこの「怨み」には、一条の意志を無視した譲位の献策や病人に対するデリカシーのない行動も、含まれていよう。后として一〇年を経て、母ともなった彰子は、あたりまえの人道を解し、それを表明できるほど成長していた。

六月一三日譲位、一九日出家、二一日に「辞世」歌を詠み意識混濁《こんだく》、二二日に臨終状態となるも蘇生、しかし結局この日の午刻《うしのこく》（昼の一二時前後）に死去した。非常に慌ただしいが、天皇の最期として、やるべきことをやったというところであろう。

いよいよ、本稿のメインテーマである、二一日に詠まれた一条の「辞世」歌について考えたい。詠歌の状況が判明している。臨終前日、『権記』寛弘八年六月二一日条によれば、昏睡《こんすい》状況であった一条が目を覚まし、行成が「御漿《ごしょう》（水）」を与えると、「最もうれし」と述べ、「此《こ》れは生《い》くるか（私は生きているのか）」と聞く。亥《い》の刻ばかり（午後一〇時前後）、一条はなんとか身を起こし、次の歌を詠む。

露の身の　風の宿りに　君を置きて　塵《ちり》を出でぬる　事ぞ悲しき

（露のように消えそうな私の命　風の吹きすさぶ現世にあなたを置いて　死んでいくことのなんと悲しいことか）

行成はこの直後に、

其《そ》の御 志《おこころざし》、皇后に寄《よ》するに在《あ》り。但《ただ》し指して其の意を知り難し。

（和歌は皇后に向けられたものであった。あまり意味はわからなかったが。）

と加えている。議論を呼ぶ一文である。

なお、同じく現場にいた、それも行成より上座にいたであろう道長の日記『御堂関白記《みどうかんぱくき》』同日条では、歌の内容が一部異なっている。傍線が行成と異なるところである。

此《こ》の夜、御悩《おなやみ》、甚《はなは》だ重く興《おこ》り居給《いたま》ふ。中宮、御几帳の下に依り御《ぎょ》し給ふ。仰《おお》せらる。つ由《ゆ》のミの久《く》さのやと利爾《りに》木《き》ミを於《お》きてちりをいてぬることをこそ於毛《おも》へ、とおほせられて臥《が》し給ふ後、不覚に御座《ござ》す。見奉《みたてまつ》る人々、流泣すること雨のごとし。

表　一条天皇「辞世」歌表記異同一覧

書　名	初　句	二句目	三句目	四句目	五句目
『権記』	露の身の	風の　宿りに	君を置きて	塵を　出でぬる	ことぞ　悲しき
『御堂関白記』	露の身の	草の　宿りに	君を置きて	塵を　出でぬる	ことを　こそ思へ
『栄花物語』	露の身の	仮の　宿りに	君を置きて	家を　出でぬる	ことぞ　悲しき
『古事談』	露の身の	風の　宿りに	君を置きて	遠く　出でぬる	ことを　しぞ思ふ
『新古今和歌集』	秋風の	露の　宿りに	君を置きて	塵を　出でぬる	ことぞ　悲しき

注12中島論文などを参照し作成

（この夜、帝のご容体は深刻でいらっしゃった。中宮は御几帳のもとに寄りかかっていらっしゃった。帝は仰せられた。〈和歌略〉とお詠みになって寝込まれたのち、前後不覚に陥られた。見守る人びとは雨が降るかのように泣いた。）

「露の身の　草の宿りに　君を置きて　塵を出でぬる　ことをこそ思へ」が、道長の聞き取った一条の「辞世」歌であった。

現場にいた二人の記録すら異なっているが、各所収をみると、『栄花物語』では二句目が「仮の」、四句目が「家を」、院政期の『古事談《こじだん》』は四句目が「遠く」、五句目が「しぞ思ふ」、『新古今和歌集《しんこきんわかしゅう》』は初句が「秋風の」、二句目が「露の」と差異がある。つまり遺された一条「辞世」歌は、ひとつも一致しないのである。

この一条「辞世」歌の意味、筆記や伝承の異同、また「置いていく君」とは彰子なのか定子なのか、については、文学の研究者たちが詳細な検証を繰り広げている。到底、和歌研究のレベルで検証に加わることはできないが、詠歌直後に意識不明に陥った一条の容体を考えると、はっきり明瞭に述べられたはずがないことは指摘しておきたい。そして、聞き直すことはおろか、その場でメモをできたとも思えない道長・行成の二人が、正確な詠歌を記録できたとは考えがたい。さらに、歌を含む日記を認《したた》めたのは早くて帰宅後、もしくは翌日の臨終の後、いや葬儀などの方針が決まってまとまった時間がとれた数日後かもしれない。聞き手たちはすさまじい緊迫感のなかで、かすれがちな小声の一条の詠歌を聞き取り、数時間から数日後に書き記したと想像する。

さて、行成の記した「其の御志、皇后に寄するに在り。但し指して其の意を知り難し」は、和歌そのもの以上に、研究者を悩ませ続けている一文である。この「皇后」とは彰子なのか定子なのか。行成は定子を「皇后」、彰子を「中宮」と書き分けていたとして、皇后＝定子を主張したのは倉本一宏氏である（倉本二〇〇二）。賛意を示す文学研究者が続いたものの、近年異論も出されている（中島二〇一七）。そもそも、書き分けられていたといえるのか。皇后＝彰子を指す場面は、二后並立後の『権記』にも何ヶ所かある。またこの場面においては譲位した一条を「法皇」と書いており、対応するのは「皇后」であることから、皇后＝彰子でも問題がないとする。

文学研究者のみならず、関係者の評伝を書いた歴史学者たちの解釈も割れている。黒板伸夫氏は「中宮への辞世の和歌を詠じて」と書いているから、彰子と理解している（黒板一九九四）。山中裕氏は「一条天皇の辞世」という小見出しのもと、「中宮彰子に向かって（一条和歌略）と詠み」と書いている（山中二〇〇八）。朧谷寿氏は、「死期を強く意識した一条法皇は、妻（引用者注：彰子）を残して彼岸に旅立つ辞世の歌を残して」（朧谷二〇〇七）と述べ、また、近著でも同様に彰子と考えているが、定子説があることにも触れている（朧谷二〇一八）。服藤早苗氏は、「行成の書きぶり」から、皇后＝定子と理解している（服藤二〇一九）。

また、道長の記録のありかたも気になる。詠歌の状況説明に、小字を二ヶ所追加し、神経質に彰子が一条の御帳台下に控えていたことを記録したことは、現存する『御堂関白記』の当該部分が倉本一宏『人物叢書　一条天皇』の口絵に掲載されているのでぜひご覧いただきたい。先に書き下し引用したが、原文ではこのようになる。

此夜御悩甚重興居給中宮御々依几帳下給

「中」と「依」が小字で付け足されているということは、どの「宮」でもなく中宮彰子が、一条の御帳台の下に「依る」（寄りかかる、寄り添う、の意か）というきわめて接近した状態で詠まれたという状況を正確に記録したかったのだろう。むしろ、書き加えなければ後世に誤解を残すという道長の意図が、この小字二字の追加に現れている。

さて、先行研究における「皇后」および歌の意味の解釈は、彰子・定子どちらを取る立場の検証も、それぞれ説得力をもつものだが、現状において決着しているとはいえない。

ただし、少し整理すべき要素もあるように思われる。それは、本稿においてもここまで「「辞世」歌」のように表記してきたが、『栄花物語』が四句目を「家を出《い》でぬる」＝出家、と表記しているように、この和歌の内容は出家して現世を離れることを詠んだ「出離歌《しゆつりか》」であり、死を意識した「辞世歌」とはいいがたい、ということである。先行研究には出離歌と明記するものも一部あったが、一般的には辞世歌と捉えられがちなため、あらためて注目したい。

この一条の歌は、結果的に詠歌の翌日、実際には詠歌からわずか一〇時間ほどで一条が亡くなったため、辞世歌と捉えられることが多いが、六月一九日の出家に際して作成したものを、もうろうとした意識のなかで身を起こし、二一日のわずかな覚醒のなかで詠み遺したものである。「辞世」ではなく「遁世《とんせ》」を詠んだものであり、一五日段階で「御悩重《おも》し、時に太波事《たわごと》を仰せらる」（『御堂関白記』同日条）という状態であった一条に、あと余命が数時間という認識があったかどうかなど不明である。道長による占いの結果を知り重体になってしまったものの、まだ三二歳であり、歌の内容的にも出家することで俗世に「君」を残すことへの悲しみが述べられているだけである。辞世となったのは結果論に過ぎない。

一方、この一条の和歌を聞いた人びとの反応は、先にみた「見奉る人々流泣すること雨のごとし」（『御堂関白記』）、また「時に近侍《きんじ》の公卿《くぎよう》侍臣《じしん》男女道俗之《これ》を聞く者、之が為《ため》に涙を流さざるは莫《な》し」（『権記』）、とまさに一条の「辞世」と受け止めたとしか思えない痛切なものであった。それもそのはずで、前日からの様態悪化は道長をして「御悩重」と繰り返し記させているし、水を飲ませた行成に対して「此は生くるか（私は生きているのか）」と発言した一条は、

「其《そ》の仰せらるる気色《けしき》御尋常ならざるに似たり」と明らかに臨終間近の様相を呈していた。行成も道長も、辞世歌と受け止めたのである。

その意味において、辞世としてならば、読みかける対手としての「君」が誰であるのか、ということは、重大事であった。「其の御志、皇后に寄するに在り。但し指して其の意を知り難し」と書いた行成の意図を踏み込んで訳すならば、「なんと、辞世を読みかけたお相手は皇后定子様であった。しかし句意も状況もそぐわず、ご真意はわからない」というものであったかと思われる。道長も、辞世歌なれば娘の中宮彰子宛だったと後世に伝えなければ、と慎重になり、日記に小字を加える微調整をしたということになろう。日記とは、子孫が読むことを前提とするものである。彼らは、死せる一条の最期のメッセージに解釈をほどこし、それぞれの政治的立場から、慎重に記録したのである。

「草」や「露」という字句から、定子辞世歌との連関を指摘し、また、産褥死《さんじょくし》した女性は成仏できないという仏教的言説から、定子の魂は現世にあるのであって、「残される君」が定子であっても不都合がないとする意見もあるが（山本二〇〇七、同二〇一六）、この歌が出離歌であるかぎり、一条の意志としては出家する自分が俗世に残していく君＝眼前にいる彰子に宛ててのものだと考えるのが自然のように思われる。また、当時の出家は実質的に「離婚」をも意味したのだから（勝浦一九九五）、現在婚姻関係にある彰子が対手にふさわしい。

ただし、『権記』の文脈と各先行研究から、行成の指す「皇后」は、定子であったと考えてよいと思われるし、道長が慎重に日記の微調整をしたのも、和歌そのものには定子辞世句の影響を感じてしまうが、一条の「辞世」句を受け取るべきは、もっとも近くに侍っていた彰子でなくてはならない、という政治的判断からであろう。彼らは和歌以外の情報を書き足さざるを得なかったのである。一昨日の出家に際して作った歌を、なんとか体を起こして詠んでみた、という死期の判断すらおぼつかない状況にあった一条天皇にとって、そこに「二后」への愛情の分配まで探られることになるとは、思っていなかったに違いない。

おわりに

一条の「辞世」の歌が、どちらの后に宛てたものなのか?ということを考えるのは、大変にドラマチックであり知的興奮を覚えるが、出家の感慨・寂しさを詠んだ一条天皇の出離歌であるかぎり、俗世に残る妻后彰子と考えるのが妥当であろうし、そこに故人の定子と生ける彰子への愛を天秤にかけるような要素はない。しかし、この歌を聴いた道長と行成は、辞世歌として捉えた。

そして、一条の最期のラブレターともいえる「辞世」ならば、その宛先の「君」が誰なのかを、深く考えざるをえなかったのも道長と行成である。なぜならこの二人こそが、「一帝二后」を創出した政治家であったからである。そして彼らは、自分の政治的立場を反映しつつ、「辞世」を記録したのである。

死者の遺した最期の愛のメッセージすら、生き残ったものによって、政治のなかで消費された。残された史料に依拠する歴史学で恋愛を扱うことの難しさを突きつけられる。ただ、摂関政治のなかで結び付けられた天皇と后という夫婦の間に、死の間際でも思いを伝えたいという深い愛情が育まれたことだけは、確かなようである。

〈**参考文献**〉

圷美奈子「一条天皇の辞世歌「風の宿りに君を置きて」—「皇后」定子に寄せられた《御志》—」(『王朝文学論—古典作品の新しい解釈—』新典社、二〇〇九年、初出二〇〇四年)

圷美奈子「一条天皇の辞世歌―『権記』記載の本文を読み解く―」（『和洋国文研究』四七、二〇一二年）
朧谷寿『藤原道長―男は妻がらなり―』（ミネルヴァ日本評伝選、ミネルヴァ書房、二〇〇七年）
朧谷寿『藤原彰子―天下第一の母―』（ミネルヴァ日本評伝選、ミネルヴァ書房、二〇一八年）
勝浦令子『女の信心―妻が出家した時代―』（平凡社、一九九五年）
倉本一宏『人物叢書　一条天皇』（吉川弘文館、二〇〇二年）
黒板伸夫『人物叢書　藤原行成』（吉川弘文館、一九九四年）
酒井みさを『上東門院の系譜とその周辺』（白帝社、一九八九年）
高松百香「一条聖帝観の創出と上東門院」（『歴史評論』七〇二、二〇〇八年）
武田早苗「最期を演出した女性―一条帝皇后、藤原定子の遺詠三首をめぐって―」（平田喜信編『平安朝文学　表現の位相』新典社、二〇〇二年）
中島和歌子「藤原定子をめぐって―一条天皇の辞世歌のことなど―」（『むらさき』五四、二〇一七年）
橋本義彦「中宮の意義と沿革」（『平安貴族社会の研究』吉川弘文館、一九七六年、初出一九七〇年）
土方洋一「一条天皇の辞世―あるいは逝ける后妃のためのパヴァーヌ―」（『日本文学』五八―九、二〇〇九年）
服藤早苗「王権と国母―王朝国家の政治と性―」（『平安王朝社会のジェンダー―家・王権・性愛―』校倉書房、二〇〇五年、初出一九九八年）
服藤早苗『人物叢書　藤原彰子』（吉川弘文館、二〇一九年）
福家俊幸ほか編『藤原彰子の文化圏と文学世界』（武蔵野書院、二〇一八年）
藤本一恵「一条天皇出離歌考」（『平安中期文学の研究』桜楓社、一九八六年、初出一九六六年）
山中裕『人物叢書　藤原道長』（吉川弘文館、二〇〇八年）
山本淳子『源氏物語の時代―一条天皇と后たちのものがたり―』（朝日新聞社、二〇〇七年）
山本淳子「『権記』所載の一条院出離歌について」（『紫式部日記と王朝貴族社会』和泉書院、二〇一六年、初出二〇〇六年）

摂関期の史料にみえる密通

告井幸男

はじめに

あらゆる人間の活動は歴史的事象である。一見、人間に先天的に備わっているかのように思われる恋愛感情とて例外ではない。その時代の可能性と限界のなかでしか存在しえないのである。本稿は密通という事象から、摂関期貴族社会の様相をみてみたい。摂関期といえば、宮廷サロン華やかなりし時代で、幾多のすばらしい女房文学が生まれた時期であるが、はたして貴族たちは、いかなる恋愛生活を営んでいたであろうか。

一　藤原道雅の前斎宮への密通

摂関政治の全盛期を築いた藤原《ふじわらの》道長《みちなが》と同時代の貴族に、藤原実資《さねすけ》という人物がいる。道長に対する数少ない批判者として、また道長の望月の歌を日記に書き留めたことでも著名である。彼は摂関《せっかん》太政大臣《だじょうだいじん》だった祖父（でありかつ養父）実頼《さねより》の邸宅小野宮《おののみや》を相続し、極官は右大臣《うだいじん》に至ったので、その日記は小野宮右大臣記、略して『小右記《しょうゆうき》』とよばれる。

その寛仁元年（一〇一七）一一月三〇日条によると、実資（時に正二位《しょうにい》大納言《だいなごん》で六一歳）のところに家人《けにん》の藤原師通《もろみち》がやってきて、「前斎宮《さいぐう》の当子《とうし》内親王が病気のため出家して尼になられました」と言ったとある。師通は当子（一八歳）の母親の藤原娍子《じょうし》（四六歳）が皇后になった際に皇后宮少進《こうごうぐうしょうしん》（のち大進《だいしん》に昇任）に任ぜられており、娍子・当子母子に親しく仕えていたのであろう。実資は同日条に、「内親王は父の三条院がまだ生前の時に、藤原道雅《みちまさ》に密通された」と説明を加えており、これが当該期の数少ない「密通」という語の一例である。

この密通事件はつい半年ほど前のことで、さきごろ「世界の記憶」になった藤原道長の日記『御堂関白記《みどうかんぱくき》』同年四月一〇日条に、「道雅が前斎宮に密通したので、兄の敦儀《あつのり》親王が迎えにきて、母の皇后宮に引き取った」、また「斎宮の乳母《めのと》は道雅のところに行った」とある。そして翌日の記事によれば、道長（従一位左大臣《じゅいちいさだいじん》、五二歳）が三条院（四二歳）に参ったところ、「前斎宮が道雅に密通されたらしい。皇后の弟（つまり当子の叔父）の藤原通任《みちとう》（従三位参議《じゅさんみさんぎ》、四四歳）に調べさせているので、おまえもここにいろ」と言われたのでひかえていると、通任が帰ってきた。ただ、その報告は辻褄《つじつま》が合わないような内容だったので、道長としては信じがたかったらしい。

さて、当子が父の退位によって斎宮を退下《たいげ》し入京したのは、前年長和五年九月であるから、密通事件はそれから約半年後のことであった。父の三条院は長和五年の正月に譲位して、翌寛仁元年五月に崩じたので、実資の記す通り、密通事件は院の生前に起こり、道雅への勘当は解かれないまま院が崩御し、その約半年後に内親王が出家したのである。

この事件は、『栄花物語《えいがものがたり》』『大鏡《おおかがみ》』『十訓抄《じっきんしょう》』などにも記述があり、なかでも『栄花物語』は詳細で同書「たまのむらぎく」によると、当子が帰京した際に、母の皇后娍子は皇后宮が手狭なので、さしあたり当子を宮とは別の自分の領所《あずかりどころ》（華山院《かざんいん》。小一条院《こいちじょういん》〈娍子の皇子敦明《あつあきら》の居所〉の東隣）に住まわせた。娍子としては、皇后宮に迎え入れる準備ができるまでのしばしの間のつもりだったのだが、その間に事件は起きてしまったのである。なお、『栄花物語』によれば、おかげで三条院の病気は悪化したと記されているが、一ヶ月後に崩じたところをみれば、あながち見当外れではないだろう。

『栄花物語』によれば、密通の仲立ちをしたのは、当子の乳母で中将内侍《ちゅうじょうのないし》という者であった。当然ながら、この事件によって三条院から勘当され、当子家から追放されることとなったが、道雅が引き取って世話をしているとのことである。これは『御堂関白記』にもあったように事実であろう。こういう場合の仲介者が、男性と関係のある女性であることは、『源氏物語《げんじものがたり》』ほか多くの物語にもその例がみえる。

二　藤原道雅と三条院

藤原道雅は伊周《これちか》の長男、すなわちいわゆる中関白家《なかのかんぱくけ》の嫡流であった。中関白とは道長の長兄道隆《みちたか》のことで、その長男が伊周である。伊周の姉定子《ていし》が一条天皇の中宮《ちゅうぐう》となり、そのサロンには清少納言《せいしょうなごん》がいて、政治的にも文化的にも一時はわが世を謳歌した一家である。しかし残念ながら伊周が道長との権力闘争に敗れ、道雅が物心ついたときは、すでに道長政権が確立していた。

彼も長保六年（一〇〇四）の叙爵《じょしゃく》（従五位下《じゅごいのげ》に叙せられ貴族の仲間入りをすること）は、道長の娘中宮彰子《しょうし》の年給《ねんきゅう》（被叙位者を推薦する権利）によるものであった。翌寛弘二年（一〇〇五）三月六日には五位侍従《じじゅう》として、中宮の大原《おおはら》野《の》（京都市西区の大原野神社。平安京における藤原氏の氏神《うじがみ》）への行啓《ぎょうけい》の際の試楽《しがく》（舞楽のリハーサル）で舞人《まいびと》を奉仕し、また同四年二月二八日には、左大臣道長の春日社《かすがしゃ》（奈良の春日大社。藤原氏の氏神）参詣において、舞人を右《う》兵衛《ひょうえ》権《ごんの》佐《すけ》としてつとめている。父伊周は政界における威勢を取り戻すことなく同七年に三七歳で没し、道雅は道長家に頼らずして貴族社会で生きていくことは困難であった。

彰子が産んだ敦成《あつひら》（後一条）の七夜《しちや》では（出生後七日めの祝い。同五年九月一七日）、蔵人《くろうど》右近《うこんの》少将《しょうしょう》として勅使《ちょくし》をつとめ（『御産部類記《ごさんぶるいき》』『紫式部日記《むらさきしきぶにっき》』）、同八年には敦成の春宮権亮《とうぐうごんのすけ》となり、長和二年（一〇一三）には春宮御給《ごきゅう》で従《じゅ》四位上《しいのじょう》、そして敦成即位に際して蔵人頭《くろうどのとう》、ついで春宮権亮としての年労《ねんろう》（一定年月の間仕えつとめたという功労）によって従三位となるのである。道長（彰子）派といってよいだろう。つまりは反三条院派である。

道雅は密通事件より前の長和二年四月には、三条（今上天皇）第一皇子敦明親王の雑色長《ぞうしきのおさ》（雑色〈貴顕の家や官司などに仕えて、雑役をつとめた者〉のリーダー）小野為明《おののためあき》を凌礫《りょうれき》（殴ったり踏んだり蹴ったり。リンチ）して、一〇日に勅使蔵人に糺問《きゅうもん》されている。『小右記』一〇日条によれば、為明が皇后娍子に召されて、皇后宮の侍所《さむらいどころ》（弘徽殿《こきでん》〈内裏清涼殿《だいりせいりょうでん》の北〉東片庇《かたびさし》）にいたところ、春宮に祗候《しこう》していた春宮権亮道雅が、春宮の小舎人《こどねり》（王臣家《おうしんけ》において雑仕《ぞうし》に使われた者）らに為明を捕らえさせ、自宅で髪を摑んで引き倒し、従者たちに殴る蹴るさせて、為明は内臓破裂で瀕死状態であったという。道雅は三条から勘当され宮中から退出したが、敦明の宮侍《みやざむらい》や雑色も出頭が命ぜられていることから、一方的なものでなく、娍子・小一条院すなわち三条方人と春宮敦成すなわち道長方人の喧嘩とみてよいだろう。

密通事件の際、道雅は二六歳、当子は一七歳の妙齢で、事件の原因を男女の観点から考察しうるのは当然であるが、背後に政治的意味をみることも可能であろう。前天皇の皇女（しかも前斎宮）に密通することは、単なる本人間の問題だけでは済まない、そこには国家反逆罪にも等しい意図さえ看取しうる。道雅が当時数多くいた貴族女性のなかから、わざわざ三条皇女を密通相手に選んだのには、やはり彼の政界・貴族社会における立ち位置が大きく関わっているだろう。百数十年前に在原業平《ありわらのなりひら》が、わざわざ時の最高権力者藤原良房《よしふさ》の養女（基経《もとつね》の妹。後に清和《せいわ》に入内《じゅだい》し陽成《ようぜい》を産む）高子《たかいこ》に通じたのも、単なる色好みという個人的性情に理由のすべてを求められないのである。

三　道雅と小一条院・花山院

同様の観点から、もう一つ密通事件の事例をみてみよう。藤原資房《すけふさ》（実資の孫。極官は参議・春宮権大夫）の日記『春記《しゅんき》』の長久二年（一〇四一）三月二七日条に載せるものである。

資房（蔵人頭、三五歳）が関白藤原頼通《よりみち》（従一位左大臣、五〇歳）のところに参ったところ、近辺が騒がしい様子であった。小一条院敦明（三年前に出家、四八歳）の皇子の中務卿《なかつかさきょう》敦貞《あつさだ》親王（二八歳）の宮が、頼通邸の北にあるのだが、そこで殺害事件があったらしく、検非違使《けびいし》が随兵《ずいひょう》・看督長《かどのおさ》（検非違使庁の下級職員。牢獄の看守、罪人追捕《ついぶ》に従事）などをもって、犯人が逃げないよう四面を囲んでいるのだった。垣の穴から看督長が問うたところ、宮の下人《げにん》がいうには、内匠助《たくみのすけ》高階《たかしなの》成棟《なりむね》が突き殺されたとのことであった。

親王に下手人《げしゅにん》を捕進するよう命じたが、言を左右にして進上しない。翌二八日になって、下手人が親王の乳母子《めのとご》であることがわかり、ついに酉《とり》の初刻《しよこく》（午後六時前後）に親王は下手人を捕進した。下手人は中原師範《なかはらのもろのり》、年は二九歳で、故右京亮《うきようのすけ》致行《むねき》（致興・棟材とも）の第二子であった。事の根元は、成棟が致行の妻と密通したからとのことである。

被害者の高階成棟は成順《なりのぶ》（法名乗蓮《じようれん》。妻は伊勢大輔《いせのたいふ》。長久元年死去）の子で、成順の父明順《あきのぶ》は道雅父伊周の母貴子《たかこ》の兄弟であるから、道雅と成棟は又従兄弟《またいとこ》にあたる。また、加害者中原師範の父致興は小一条院の家人であった。すなわち中原父子は小一条院父子に仕えていたのである。つまり、道雅と三条院・小一条院の敵対関係は、成棟と敦貞（の家人）にも引き継がれたのであった。成棟がわざわざ小一条院皇子の乳母子の妻を選んで密通したのには、やはり単なる男女関係にとどまらない政治的なものの存在を想定しえよう。

密通ではないのだが、万寿元年（一〇二四）一二月六日に花山院《かざんいん》の皇女が殺害された事件では（『小右記』八日条）、『今昔物語集《こんじやくものがたりしゆう》』巻第二九の八によれば、荒三位《あらざんみ》（道雅）が懸想《けそう》したのにきかなかったからだ、と世人は噂したという。花山は三条の兄であるから、やはりほかの事例と同様の道雅の意図が推し量られるところである。

おわりに

密通といっても単なる男女間のことに源を発するのみではない。みてきたように、相手を誰にするかは、当人たちの置かれた政治的・社会的立場によるものがあることは否定できないだろう。そもそもすべての人びとは、その時代のなかで生きているのであって、あらゆる行動はその歴史的条件のうちに、限界と可能性を有している。超歴史的な人間の本能のようにみえる恋愛感情も例外ではない。

中関白家と道長は対抗関係にあるのではないか、という疑問は当然出るだろう。もちろん当該期の貴族・官人社会を、截然《せつぜん》と道長派・反道長派に二分することはできない。ただ、本稿であげたような史料の記述から、道雅はどちらかといえば道長派に包括されていたとはいえるだろう。道長派のなかにも、藤原有国《ありくに》のように道長の父兼家《かねいえ》の代から心底臣従していた者もいれば、行成《ゆきなり》のように道長周辺に仕えながらも、実資などほかの権門勢家《けんもんせいか》とも一定の関係をもつようなやり方もありえたし、中関白家の人びとのように時期によって変遷があるのも当然である。

道雅とて常に道長派の人びととよい関係を保っていたわけではない。『日本紀略《にほんきりやく》』万寿四年（一〇二七）七月二〇日条や『小右記』一九日条によると、一八日に道雅が、帯刀長《たちはきのおさ》（東宮《とうぐう》〈皇太子〉の護衛にあたった武官のリーダー）高《たか》階《しなの》順業《のぶなり》の宅で博打《ばくち》をしていた際に、順業の乳母の夫の惟宗兼任と道雅が拏攫《だかく》（激しい殴り合い。取っ組み合い摑み合い）になった。そもそもの原因は賭物《かけもの》について道雅と順業との間で争いがあり、兼任は順業に加勢したという経緯らしい。

順業は高階姓であることから容易に想像がつくが、前述成棟の甥《おい》で中関白家とは近しい人物である。また、惟宗兼任は寛仁元年（一〇一七）一一月一五日に彰子の皇太后宮権少属《ごんのしょうさかん》となり（『小右記』）、万寿三年正月一九日に太皇太后《たいこうたいごう》彰子出家により属をやめ、上東門院主典代《じょうとうもんいんさかんだい》となっているように（『左経記《さけいき》』）、彰子に経年仕えている者である。道雅が関白頼通に愁訴《しゅうそ》したため、兼任も順業も検非違使に糺問されることとなったが、順業は逮捕される際に春宮亮藤原良頼《よしより》宅にいたようである。良頼はこの年の三月一六日に春宮権亮になったばかりであるが（『公卿補任《くぎょうぶにん》』）、彼は伊周の弟隆家の子であるから、道雅とは従兄弟になる。すなわち今回の道雅の争論の相手は、二重にも三重にも仲間内といってよい。

かように道雅や、著名な小一条院の乱暴が、いつもいつも政治的意味を含んでいるとはかぎらないであろうが、ただし、この事例においても、この時にこのような場所でこのような理由で濫吹《らんすい》事件に至ったことは、この時代の社会を構成する諸要素に起因することも否めないだろう。

最後に、管見に入った当該期のほかの「密通」について触れておく。藤原行成の日記『権記《ごんき》』長保五年（一〇〇三）八月一二日条によれば、平孝義《たいらのたかよし》が行成のところにやってきて、七日の夜に、頭中将《とうのちゅうじょう》が春宮権大夫《ごんのだいぶ》殿の姫君に密通したと言った、とみえる。これは源経房《みなもとのつねふさ》が藤原懐平《やすひら》の娘に、文字通り「密かに通じた」ということである。経房は同年五月一一日に室家《しつか》の一周闕《いっしゅうけつ》法事を行なっており、まだそれから三ヶ月しか経っていないから、「密か」にはそれによるところもあるのだろう。あるいは、道長妻明子《あきらけいこ》の弟であり九条流（実頼の弟師輔《もろすけ》の子孫。道長や行成など）と近しい関係にありながら、小野宮流の婿《むこ》（懐平は実資の実兄）になることも一因かもしれない。

もう一つ、実資や行成たち公卿に弁官《べんかん》として経年仕えた源経頼《つねより》の日記『左経記』長元六年（一〇三三）六月二七日条によれば、駿河前守《さきのかみ》源忠重《ただしげ》が一五日に卒去したが、その郎等《ろうとう》の内舎人《うどねり》藤原重成《しげなり》（美濃国に居住）が、去夕（二六日の夕方）経頼宅の女房の曹司《ぞうし》に密通したらしい。経頼がその密通相手の女を問うたところ、最初は否定していたが、厳しく問い詰めたところ、契合《けいごう》したことを自白したという。

源忠重は子孫が美濃源氏と称される一族で、自身の妻にも美濃国人がいた（歌人の祐子《ゆうし》内親王家駿河の母）。当該女性はあるいはこの人物であろうか。美濃国居住の藤原重成とは以前からの知り合いだったが、忠重が上京に際して同伴し、経頼宅に仕えるようになったと考えられなくもない。重成もさすがに主人の生前は遠慮していたが、死去の報をきいて居ても立ってもいられず上京してきたとすれば、日数的にも辻褄が合わないこともない。

この事例はこれまで述べてきた京都の上級貴族社会の事例とは異なり、いわゆる武士階級の、しかも京以外の様相、都鄙間《とひかん》交通といった側面からも興味深い。かような例も含めて、さらに当該期の密通について考察を深めていきたい。

〈参考文献〉

井上真衣「物語における斎宮のモチーフとその効果—『栄花物語』当子内親王密通記事に関連して—」(『詞林』四二、二〇〇七年)
河北騰「栄花物語に於ける説話の特質」(『日本文学研究大成　大鏡・栄花物語』国書刊行会、一九八八年)
北村章「藤原道雅の官途不遇譚（道隆伝）の形成」(『王朝文学』二、二〇〇〇年)
久徳高文「藤原道雅の恋—斎宮当子内親王をめぐって—」(『椙山女学園大学研究論集』一二、一九八一年)
坂本信道「或作家への報告—王命婦と光源氏—」(『女子大国文』一六三、二〇一八年)
芝野眞理子「前斎宮・前斎院の生涯—その入内と降嫁を中心に—」(『史窓』二七、一九八〇年)
高橋由記「『栄花物語』における皇女の結婚」(山中裕編『新栄花物語研究』風間書房、二〇〇二年)
武田早苗「当子内親王—道雅の恋—」(後藤祥子編『平安文学と隣接諸学6　王朝文学と斎宮・斎院』竹林舎、二〇〇九年)
田中貴子「斎宮の変貌—「聖」と「性」のはざまで—」(『聖なる女—斎宮・女神・中将姫—』人文書院、一九九六年、初出一九九二年)
西山良平「古代王権の〈侵犯〉伝承」(中山修一先生喜寿記念事業会編『長岡京古文化論叢Ⅱ』三星出版、一九九二年)
西山良平「王朝都市の王権と《色好み》」(『日本史研究』三六四、一九九二年)
服藤早苗「平安時代—王朝を支えた皇女—」(同編著『歴史のなかの皇女たち』小学館、二〇〇二年)
吉田文子「道雅・当子の恋愛事件と『狭衣物語』の構想—六条斎院宣旨に於ける史実摂取の手法—」(『国文学攷』一三一、一九九一年)

古代にみる肖像恋慕の心性

三谷芳幸

はじめに

人間の恋する相手は、必ずしも生身の人間だけではない。絵画に描かれ、彫刻に彫られた肖像もまた、ひとつの恋慕の対象となりうる。

『古今和歌集《こきんわかしゅう》』の仮名序《かなじょ》は、遍昭《へんじょう》・在原業平《ありわらのなりひら》・文屋康秀《ふんやのやすひで》・喜撰《きせん》・小野小町《おののこまち》・大伴黒主《おおとものくろぬし》のいわゆる六歌仙《ろっかせん》をとりあげて、それぞれの歌の特徴を論評している。そこでは、遍昭の歌について、「歌のさまはよいが、真実が足りない。譬《たと》えていえば、絵に描かれた女性をみて、いたずらに心を動かすようなものだ」と述べられている。真名序《まなじょ》では少し表現が違っていて、「絵に描かれたよい女性が、人の情念をいたずらに動かすようなものだ」とされているが、どちらも意味するところは同じであって、要するに、絵のなかの女性に心を奪われてしまうという状況が、真実味のとぼしい歌に感銘を受けることの譬えに使われているのである。これが多くの人びとに理解される譬えであったとすれば、絵に描かれた女性をみて、その女性に恋心を抱いてしまうことは、一〇世紀初めの貴族男性にとって、あながちあり得ない事態でもなかったということになるだろう。制作された肖像を恋慕するという心性は、どれくらい古代の人びとに浸透していたのだろうか。

一　吉祥天女への恋

『日本霊異記《にほんりょういき》』中巻に、吉祥天女《きちじょうてんにょ》の彫像に恋をしてしまった優婆塞《うばそく》（在家の男性仏教信者）の話が収められている（第一三縁）。八世紀前半の聖武《しょうむ》天皇の時代、和泉国の山寺《やまでら》に、信濃国の優婆塞がやってきて住むようになった。その山寺には吉祥天女の土像があったが、優婆塞はその天女像に愛欲の情をおぼえて恋い慕い、「天女様のような美しい女性をわたしにお与えください」と常に祈るようになった。するとある夜、優婆塞は天女の像と交情するさまを夢にみた。そして明くる日、天女の像をみてみると、裳《も》の腰のところに不浄の物が染みついて汚れていた。「わたしは天女様に似た女性をくださいと願ったのに、どうして畏《おそ》れ多くも天女様ご自身がわたしと交情なされたのですか」と、優婆塞はひそかに恥じたという話である。

『日本霊異記』中巻において、この説話の直後に収録されているのは、やはり吉祥天女をめぐる話で、貧しい女王の願いに天女が感応し、乳母《めのと》のすがたに化身して、女王にさまざまな施しをしたという内容である（第一四縁）。第一三縁の優婆塞の話は、この第一四縁の話とあわせて、「深く信仰すれば、仏・菩薩《ぼさつ》は感応してくれる」という果報の教えを説くためのものだったのだろう。信心の大切さを物語るものとして、人ならぬ天女像への恋という、いささか背徳的な題材があえて選ばれたものと思われる。

信心に菩薩が感応してくれる話は、『日本霊異記』上巻にもある。百済《くだら》救援の戦いで唐の捕虜になっていた人物が、観音菩薩像を熱心に信仰していたところ、その祈りが通じて、念願だった日本への帰国を果たしたというものである（第一七縁）。その最後は、「僧侶が愛する画中の女性でさえ、哀れみで僧侶の思いに応えてくれる。どうして菩薩が応えてくれないことがあろうか」という文言で結ばれている。ここにも、絵に描かれた女性に恋心を抱き、その思いが相手に通じるという、優婆塞の話と通底するような肖像恋慕のモチーフがみられる。

この画中の女性の故事は、『十一面神呪心経《じゅういちめんじんじゅしんぎょう》義疏《ぎしょ》』という仏典に典拠があるらしく、一方優婆塞の話も、実は『馬頭羅刹経《めずらせっきょう》』という偽経《ぎきょう》の所説と関連があるのではないかとみられている。つまり、これらの文言や説話は、仏書にある既存のモチーフを利用したもので、必ずしもオリジナルな考えや伝聞を反映しているとはいえない。それでも、『日本霊異記』に説教の材料として採録されている以上、それらの内容が多くの人びとに共感されうるものであったことは否定できない。同書が成立した八世紀末〜九世紀初めに、信心の大切さを人びとに教える方便として、図像・彫像の女性に思いを懸けるという状況設定が、一定の説得力をもっていたことは確かであろう。

吉祥天女に関していえば、そうした設定がリアリティをもつ背景として、以下のような事情を指摘することができる。ひとつは、吉祥悔過《けか》という仏教儀礼が社会に定着していたことである。悔過とは、仏のまえで自らの罪を懺悔《ざんげ》して、恐ろしい悪報を免《まぬか》れるとともに、さまざまな現世利益の願いを叶えようとする滅罪・招福の儀礼である。吉祥悔過は、吉祥天女像を本尊として、そのような悔過を行うものであり、八世紀半ばから、宮中や諸国の国分寺で、正月の恒例行事として実施されるようになった。神護景雲二年（七六八）には、政府の統一的な命令によって、それに使われる吉祥天女の図像が国ごとに制作されている。

吉祥悔過は、宮中や諸国の国分寺だけでなく、都の大寺などでも行われた。薬師寺《やくしじ》所蔵の国宝「麻布著色《ちゃくしょく》吉祥天像」は、八世紀の数少ない着色画として有名で、同寺における吉祥悔過の本尊に使用されたものと考えられている。また、東大寺法華堂《とうだいじほっけどう》に伝えられてきた八世紀の吉祥天立像も、もとは同寺の吉祥堂の本尊で、やはり吉祥悔過に使われたものと推測されている。こちらは平面的な図像ではなく、立体的な塑像《そぞう》であるが、宝亀一一年（七八〇）の「西《さい》大寺資財流記帳《だいじしざいるきちょう》」をみると、西大寺にも同じように彩色塑像の吉祥天女像があったことがわかる。西大寺の塑像が吉祥悔過に使われたかどうかは不明だが、図像・彫像を問わず、吉祥天女像がさまざまな寺院に所有され、悔過の本尊として人目に触れていた可能性は高いといえよう。悔過の儀礼をひとつの経路として、メディアとしての吉祥天女の図像・彫像が、世間に広く流布していたのである。

もうひとつは、吉祥天女が豊麗な美貌の持ち主とされ、理想的女性のシンボルとして扱われていたことである。吉祥天女は、バラモン教から仏教にとりいれられた福徳の女神で、さきに触れた薬師寺の国宝図像にもみられるように、華やかな衣装を身にまとった艶美なすがたで制作されることが多い。その名前が、魅力的な女性の代名詞のようになっていたことは、平安時代の文学作品に多くの証拠がある。

たとえば、一〇世紀後半の成立とされる『うつほ物語』には、「天下の吉祥天女を妻にもった者でも、わが姫君を放ってはおくまい」（国譲下）とか、「女性に心を留められそうなところがあって、吉祥天女でさえ思い惑わせてしまうような人物だ」（初秋、内侍《ないし》のかみ）といった表現がみえる。また、一一世紀後半の成立とされる『狭衣物語《さごろも》』には、主人公の狭衣大将が、飛鳥井《あすかい》の女君《おんなぎみ》のもとに一途に通うのを不審に思った従者たちが、「お相手はどれほどの吉祥天女なのだろうか」と噂しあう場面がある（巻二）。

こうした例のなかでも、もっとも有名なのは、『源氏《げんじ》物語』帚木《ははきぎ》巻の一節であろう。光《ひかる》源氏や頭中将《とうのちゅうじょう》たちが、体験談とともに理想の女性像を論じあう、いわゆる雨夜《あまよ》の品定《しなさだ》めの場面で、女性の評価はむずかしいと語る頭中将が、

「吉祥天女のような（完璧な）女性を妻に望めば、それこそ仏法臭く、人間離れしていて興ざめに違いない」と冗談めかし、みんなで笑ったという箇所である。平安時代の人びとにとって、吉祥天女は非の打ちどころのない女性のアイコンであり、その容姿は男性を虜《とりこ》にするにふさわしいものと考えられていたのである。

以上のような事情をふまえて、『日本霊異記』の優婆塞の話をふり返ると、吉祥天女の彫像に恋をするという設定が、にわかに現実味を帯びてみえてくるだろう。肖像を伝える媒体の普及と、モデルとなる美人像の存在という点において、図像・彫像の女性が恋慕の対象となりうるような条件は、当時の社会に十分に備わっていたのである。制作された女性の肖像に、男性が恋心を抱くという現象は、古代の現実社会において、決して珍しいものではなかったのではなかろうか。

二　肖像恋慕と地獄

では、同時代の女性たちには、肖像に恋する心理は存在したのだろうか。おそらく存在したであろうと思わせるのは、平安貴族女性たちの「女絵《おんなえ》」に対する愛好ぶりである。「女絵」とは、女性を描いた絵ではなく、専門の画師《えし》ではない貴族の男女が手すさびに描いた絵のことである。一枚の紙に描かれた小さな作品で、一〇世紀後半から一一世紀前半にかけて大いに流行した。専門の画師が正統な画法で描いた「男絵」は、公的な場で鑑賞されるものであったが、「女絵」はプライベートな空間で鑑賞されるもので、とくに貴族女性の無聊《ぶりょう》をなぐさめる賞翫品《しょうがんひん》として人気があった。

女絵に描かれたのは、独り居の男女、対面して語りあう男女、男性が女性をのぞき見る垣間見の場面などであった。たとえば、『蜻蛉日記《かげろうにっき》』の作者が目にしたという女絵には、「釣殿《つりどの》らしい建物の高欄《こうらん》に寄りかかって、池の中島《なかしま》の松をじっと見つめている女」や、「独り暮らしの男が、手紙を書きやめて、頬杖《ほおづえ》をついて物思いにふけっている様子」が描かれていた（下巻）。画中の男女に感じるところのあった作者は、恋に悩む男女の心を代弁するかのような歌を詠み、それを記した紙片を画面に貼りつけた。また、『源氏物語』総角《あげまき》巻には、女一宮《おんないちのみや》のところにあった数々の美しい女絵に、恋する男の住まいや男女の仲らいが描かれていて、それを目にした匂宮《におうのみや》は、思わず自身の恋愛と重ねあわせて、画面にくぎ付けになってしまったとある。女絵の鑑賞者は、描かれた男女に自身の恋心を投影し、いわば一種の擬似恋愛を体験しながら、小さな画中の世界を堪能していたのである。

『枕草子《まくらのそうし》』では、物語にすばらしいと書かれている男女の顔かたちは、絵に描かれると見劣りするものだといわれている（一一二段）。純粋な想像のなかで美男・美女のすがたを思い描いていると、実際に絵画に描かれた男女の肖像をみて、膨らんだ期待を裏切られるようなこともあったに違いない。それでも、同じ『枕草子』が、頭中将（藤原斉信《ふじわらのただのぶ》）のめざましい容姿を評して、「絵に描かれた男とは、まさにこのことだ」と述べている（七九段）のをみると、やはり絵画に描かれた男女の肖像には、当時の人びとの理想的美貌のイメージが、ある程度具現化されていたと考えてよいのだろう。

『栄花物語《えいがものがたり》』にも、蔵人少将《くろうどのしょうしょう》（藤原道雅《みちまさ》）のすばらしい容姿について、次のような記述がみられる。「実に肌の色合いが美しく、顔つきは綺麗に整っていて、これ以上はないほどの、絵に描いた男さながらの様子」（巻八・はつはな）。女絵には多くの場合、このような容姿端麗な男性が描かれていて、鑑賞する貴族女性たちの心を、想像上の恋愛世界にいざなっていたのだろう。こうしてみてくると、絵画に描かれた男性の肖像に、当時の女性たちが恋慕の感情を抱くのは、むしろ自然であり、日常的なことだったのではないかと思われるのである。

ただし、このような肖像恋慕の感情には、ある種の後ろめたさがともなっていた可能性がある。先にみたように、吉祥天女に恋した優婆塞の話は、深く信ずれば思いが通じるという、信心の大切さを教える物語であったが、実は『日本霊異記』のその話の末尾には、優婆塞の一途な恋心に水を差すような文言が記されている。「『涅槃経《ねはんぎょう》』に「多淫の人は絵に描かれた女性にも愛欲の情を起こす」とあるが、それはまさにこのことだ」という文言である。『大般《だいはつ》涅槃経』の該当部分をみると、「描かれた女性の像をみて貪愛《とんあい》を起こし、種々の罪を得るようなものだ」（巻二三）とあるので、ここでは吉祥天女像への恋心が、罪障《ざいしょう》を生みだす淫らな色欲《しきよく》とみなされているのだろう。『日本霊異記』は、優婆塞の肖像恋慕を、熱烈な信心のかたちとして認める一方、淫欲を戒《いまし》める立場から、それに釘を刺すことも忘れていないのである。

肖像に向けられた淫欲という点では、東京・五島《ごとう》美術館所蔵の重要文化財「紙本《しほん》著色地獄草紙《じごくぞうし》断簡《だんかん》（火象《かぞう》地獄）」（益田《ますだ》家本甲巻）を見逃すわけにはいかない。一二世紀の制作とされる地獄絵で、破戒の僧侶（沙門《しゃもん》）の堕ちる地獄を描いているため、一連の断簡とともに「沙門地獄草紙」ともよばれる。裸の沙門たちが、火炎を吐く巨大な象に責めさいなまれる、陰惨な「火象地獄」のようすを描いたものである。この沙門たちは生前、淫欲の罪を犯し、その報《むく》いで残忍な責苦《せめく》を受けているのであるが、絵に付された詞書《ことばがき》によると、その具体的な罪状は、「仏像をひそかに撫《な》でまわし、なぶりものにした」というものであった。仏像を愛欲の対象とし、それを相手に色恋のまねごとをしたことが、重大な破戒の行いとして罰せられているのである。

この火象地獄のヴィジョンは、『馬頭羅刹経』（＝『宝達問報応沙門経《ほうたつもんほうおうしゃもんきょう》』）という、中国で編まれた偽経の所説にもとづいている。その該当部分には、沙門たちが「目を細くして眺め、仏像をさすった」と書かれているが、実は『日本霊異記』の話でも、優婆塞は色気づいた細目で吉祥天女像を眺めたことになっている。さらに、一二世紀頃の成立とされる『古本説話集《こほんせつわしゅう》』には、優婆塞の話をもとにした類話をのせるが、そこには、鐘撞《かねつ》き法師が吉祥天女像を「かき抱き、指でつねり、口を吸う真似をした」という生々しい描写がみられる（下・第六二）。ここで優婆塞や鐘撞き法師が行っていることは、火象地獄に堕ちた沙門たちの行為と、大筋において違いがない（この類似性ゆえに、吉祥天女をめぐる恋愛譚は、『馬頭羅刹経』の所説をひとつの発想源にしていたと推測されるのである）。説話では陰に隠れているが、経典の本来の教えからすれば、多淫のあらわれである肖像恋慕は、地獄行きにも値する破廉恥《はれんち》な所業ということになるのだろう。

平安時代には、仏名会《ぶつみょうえ》（仏名懺悔・御仏名《おぶつみょう》）という年中行事が行われていた。年末にあらゆる仏の名前を唱え、一年間の罪障を消除しようとする仏教儀礼で、九世紀から宮中や諸国などで実施されるようになった。このうち宮中の仏名会では、貴族などの参加者に罪の恐ろしさを教え、懺悔の心を起こさせるために、地獄絵の屏風が立てられることになっていた。長年有力とされてきた説（小林一九四六）によると、この地獄絵屏風には、火象地獄をはじめとする沙門地獄の場面が描かれていた可能性があるという。そして、仏名会のテキストとされた『仏名経』には、沙門地獄をめぐる『馬頭羅刹経』の所説が、くわしく記載されていたであろうという。

清少納言《せいしょうなごん》は、この仏名会の地獄絵屏風を「恐ろしいことかぎりない」と気味悪がり、「見よ、見よ」という帝《みかど》の催促も拒《こば》んで、近くの部屋に逃げ隠れてしまった（『枕草子』七七段）。当時の貴族たちが、地獄絵の主題をどれほど真剣に受けとめていたか定かではないが、その凄惨《せいさん》な図柄を目にした人は、おそらく一定の恐怖心と罪悪感を抱かざるをえなかったのだろう。もし毎年の仏名会において、多くの貴族たちが火象地獄の光景に目をみはり、その教えに反省を促されていたとすれば、彼ら彼女らの心中には、慣れ親しんだ肖像恋慕の感情に対する自戒の念がよぎっていたかもしれない。平安貴族たちが、一種のやましさと隣りあわせに肖像恋慕に耽《ふけ》っていたとしたら、それは複雑な精神のあり方として興味深いものであろう。

おわりに

『太平記《たいへいき》』には、後醍醐《ごだいご》天皇の皇子である尊良《たかよし》親王が、『源氏物語』に登場する宇治《うじ》八宮《はちのみや》の娘を描いた絵に心を奪われ、それを悶々《もんもん》と眺める日々を送って、周りの美女に目もくれなかったというエピソードがある（巻一八・一宮御《み》息所《やすどころ》の事）。海外に目をむければ、キプロス島のピュグマリオーンが、みずから象牙で彫りあげた女性に恋い焦がれ、やがて人間となった彼女を妻に迎えるというギリシア神話や、王子タミーノが夜の女王の娘パミーナの肖像画をみせられ、その絵姿に一目惚れするという、モーツァルト『魔笛《まてき》』の一場面が思いおこされる。なかには、澁澤龍彦《たつひこ》がくり返し論じた人形愛や、昨今耳にする「フィクトロマンティック」という言葉を思い浮かべる人もいるかもしれない。こうした事例も含めて、肖像恋慕の歴史を幅広く論じることは、おそらく刺激的な作業であろうが、それは筆者の能力をはるかに超えるものである。

ただ、絵画や彫刻というメディアの発達とともに、制作された肖像を恋慕する感情が生まれ、またその裏面として、そうした恋慕をやましく思う心理が芽生えたとすれば、それは古代心性史の分野において、ひとつの研究対象になりうるものといわねばならないだろう。

〈参考文献〉

家永三郎「地獄変と六道絵」（『上代仏教思想史研究　新訂版』法蔵館、一九六六年、初出一九四八年）
池田忍「王朝「物語絵」の成立をめぐって―「女絵」系物語絵の伝統を考える―」（『史論』三七、一九八四年）
魚尾孝久「吉祥天信仰と吉祥天説話―日本霊異記中巻第十三・十四話を中心として―」（『国文学試論』五、一九七八年）
小林太市郎「仏名と沙門地獄草紙」（『小林太市郎著作集　第五巻　大和絵史論』淡交社、一九七四年、初出一九四六年）
竹居明男「日本における仏名会の盛行」（牧田諦亮監修・落合俊典編集『七寺古逸経典研究叢書　第三巻　中国撰述経典（其之三）』大東出版社、一九九五年）
永田典子「吉祥天女感応譚考―「日本霊異記」中巻第一三縁について―」（『上代文学』四五、一九八〇年）
中野猛「吉祥天女変身譚について―古代への飛翔―」（『日本文学』二四―六、一九七五年）
中林隆之「悔過法要と東大寺」（『日本古代国家の仏教編成』塙書房、二〇〇七年）
中村史『日本霊異記と唱導』（三弥井書店、一九九五年）
守屋俊彦「吉祥天女への恋」（『日本霊異記論―神話と説話の間―』和泉書院、一九八五年、初出一九八三年）
山中裕『平安朝の年中行事』（塙書房、一九七二年）
吉田一彦「御斎会の研究」（『日本古代社会と仏教』吉川弘文館、一九九五年、初出一九九三年）
和歌森太郎「仏名会の成立」（『和歌森太郎著作集　第二巻　修験道史の研究』弘文堂、一九八〇年、初出一九四三年）

古代史はＬＧＢＴを語れるか

三上喜孝

はじめに

『日本歴史』編集委員会から「古代のＬＧＢＴに関する恋愛」について書くようにとの依頼をいただき、勉強するつもりで二つ返事で引き受けたものの、原稿についての構想を練っていくうちに、自分自身の不勉強を実感するとともに、これがたいへん難しい問題を含んでいることがだんだんとわかってきて、どのようにまとめたらいいものか、すっかりとわからなくなってしまった、というのが今の正直な心境である。おそらく、私よりもはるかに執筆にふさわしい研究者がいるはずで、そうした問題関心の高い研究者からみれば、私がこれから書こうとすることは、まったく的外れなことかもしれない。

ただ、勤務先の国立歴史民俗博物館で、二〇一六〜一八年度の三年間、「日本列島社会の歴史とジェンダー」（研究代表者：横山百合子氏）という共同研究に参加するようになってから、日本史における性差の問題について少しずつ関心をもつようになり、その視点で日本史学界をみわたしてみると、この分野に対する関心が一般にまだまだ低いことがわかってきた。もちろん私もそのなかの一人に含まれるのだが、だとすれば、私のような、これまで必ずしもそうしたことを十分に考えてこなかった人間が、日本史における性差の問題や性的マイノリティの問題をどのように考えていったらよいのか、という立場で原稿を書くしかないだろう、と思い直し、不勉強を承知で筆を執った次第である。

一　LGBTの概念は古代史に有効か

「古代史におけるLGBTの問題」を考えようとした時に、そもそもの前提として、一つの疑問がわいてきた。それは、そもそもLGBTという概念を、古代史にあてはめてよいのかという疑問である。

LGBTは、近年になって一般化した「多様な性的指向」「性的マイノリティ」の概念である。いうまでもなく、「L＝レズビアン」「G＝ゲイ」「B＝バイセクシャル」「T＝トランスジェンダー」をそれぞれ意味するが、だが、それとて、性的マイノリティのすべてを説明しつくしたものではないともされる。最近ではLGBTQ（Qは「クエスチョニング」または「クィア」）という言い方もされることが多い。LGBTに対する受け止め方も人によってさまざまであり、こうした現状にあって、この概念を古代史のさまざまな事象のなかにそのままとりこんでよいものか、慎重な議論が必要であることはいうまでもない。

LGBTじたい、最近になってようやく定着しはじめた言葉なのだが、そもそも、同性愛という言葉が生まれ、それが人びとの間に流通しはじめたのは、せいぜい一〇〇年から一五〇年ほど前のことであり、それ以前は同性愛という言葉は用いられていなかったという森山至貴氏の指摘がある。このことから森山氏は、「同性愛（者）は大昔から存在した」という論は間違っている、と主張している。もちろん、同性間の性行為は古くから存在していたことが認められるとしても、同性愛（者）という自己認識（ゲイアイデンティティ）が存在したかどうかは、別の問題なのだというのである。この概念が古代史に有効かどうなのか、まずそこから、問いを立てなければならない。

もちろん、同性愛という言葉・概念は近代的なものであるに違いないが、かといって前近代にはまったくそうした自己認識がなかったか、というと、この点は別に検討しなければならない問題だと思う。

たとえば、同性愛の最古の文献史料の事例として、『日本書紀』神功《じんぐう》皇后摂政元年二月条がしばしばとりあげられる。神功皇后が忍熊《おしくま》王を攻めている時に、昼が夜のように暗く、その理由をたずねたところ、「阿豆那比《あずない》の罪」であると言われ、その意味は、二社の祝《はふり》（神社に属して神に仕える職）を、ともに合葬したためであるという。その実例を求めたところ、天野《あまの》の祝と小竹《しの》の祝の合葬の例があった。小竹の祝が病死したとき、天野の祝は血泣して屍《しかばね》の側に伏して自死した。この二人を合葬したことにより、昼が暗くなるという天変が起こったのである。これを別々に葬ったところ、昼夜の区別がついたという。

この説話で長らく問題とされてきたのは、「阿豆那比の罪」の内実である。いったい何に対する罪なのか。これについては、同性愛という性的タブーを犯した罪とする説が古来有名である。これに対して、「阿豆那比の罪」を同性愛に関する罪ではなく、血縁関係にない人物同士の同棺合葬を罪とする説もある。この解釈は、後にも述べるように、同性愛が古代においてタブーと考えられていたか否かという問題にも通じる。

では「小竹の祝」と「天野の祝」の関係はどのようなものだったのか。『日本書紀』には次のように書かれている（原文は漢文）。

小竹の祝と天野の祝とは、ともに「善友」(よき友人)であった。小竹の祝が病気になって死ぬと、天野の祝は、激しく泣いて、「私は彼が生きているときに「交友」(よき友人)であった。どうして死んだ後も墓穴を同じくしないことがあろうか」と言って、ただちに小竹の祝の屍のそばに伏して自殺してしまった。

ここで問題としたいのは、「善友」「交友」という表現である。「善友」「交友」が当時の同性同士のある関係を表す認識であることは間違いないだろう。問題は、それが同性愛を意味する関係かどうかである。直木孝次郎氏はこれを「善友であったことが異変の原因であるのだから、友情の深すぎることをむしろとがめる説話である。たしかに後を追って自殺するというのは度がすぎる。友情の物語というより同性愛を禁忌とする説話ではあるまいか」と評価している。もちろんその可能性はあるだろう。場合によっては「善友」「交友」とは、現代的な意味での友情と同性愛が、渾然《こんぜん》一体となった表現として用いられていたのかもしれない。ただいずれにしても「善友」「交友」という語感からは、それ自体が禁忌であるとするというイメージを導き出すのはむしろ難しいのではあるまいか。

古代にはたしかに同性愛という言葉は存在しないが、「善友」「交友」という表現は存在する。これが当時の性的指向の自己認識、あるいは社会が許容した同性同士のある関係を表す認識として広く存在した可能性はないだろうか。この点は、LGBTという性的マイノリティが、歴史的に形成されたものなのか、あるいは人間の根源的なセクシャリティに由来する問題として常に社会のなかに存在していたのかを考えるうえでの、重要な論点となりうる。LGBTの概念は歴史学にそのことを突きつけているように思う。

二　ジェンダー史研究とＬＧＢＴ

いうまでもないことだが、これまで古代史の研究では、ほとんどＬＧＢＴの問題に関心が向けられたことはなかった。

ジェンダー史に関する共同研究に参加してみてわかったことは、ジェンダー史研究においては、まず「男女」が歴史的に形成されたという点に、もっぱらの関心が注がれてきた、ということであった。性別分業や、男女の社会的役割というのは、自明のものではなく、あくまでも歴史的に形成された産物であるという点を、どのように証明していくかが、とりわけ古代のジェンダー史の第一の課題であった。

古代において、明確に「男女」が意識されたのは、いつ頃からであろうか。現在残っている史料のなかでそれを求めるとすれば、まず思い浮かぶのが、東大寺《とうだいじ》・正倉院文書《しょうそういんもんじょ》に残る大宝二年（七〇二）の戸籍である。

戸籍には、一人一人の年齢や性別を書かなければならない。一例として、大宝二年の筑前国嶋《しま》郡の戸籍をみてみよう（『大日本古文書　編年文書』一―一二三）。

戸主葛野部勾、年肆拾歳、　正丁《せいてい》　課戸
妻肥君武□利売、年肆拾弐歳、　丁妻
男葛野部意比止麻呂、年捌歳、　小子《しょうし》　嫡子
男葛野部止許志提、年伍歳、　小子　嫡弟
女葛野部酒持売、年弐拾歳、　次女

女葛野部伊気豆売、年拾漆歳　次女
女葛野部止与売、年拾弐歳、　小女
女葛野部妹売、年拾歳、　小女　上件四口嫡女
（後略）

「男」「女」という続柄だけでなく、男性名、女性名も、それとわかるような特徴的な名前になっている。とくに女性名は必ず「～売《め》」と名付けられ、この名付け方は、筑前戸籍のみならず同じ大宝二年の御野《みの》国戸籍にも一貫しており、律令制のもとに、地域の実態に関わりなく画一的に決められたものであることがわかる。

戸籍がこのような書式をとったのは、律令税制や、軍団兵士制との関わりで、「男女」を法制上、位置づけなければならなかったからである。その必要がなかった律令制以前の段階は、「男女」の明確な区分が必須ではなかった、ということになる。

では、律令制以前に男女を分ける意識がなかったことがわかる事例は存在するだろうか。義江明子氏のご教示によれば、『古事記《こじき》』にみえる系譜にその痕跡がうかがえるとする。たとえば敏達《びだつ》天皇の記事を見てみよう。

（欽明《きんめい》天皇の）御子《みこ》、沼名倉太玉敷命《ぬなくらおおたましきのみこと》が、他田宮《おさだのみや》にいらっしゃって天下を治めること、一四年であった。この天皇が、異母妹の豊御食炊屋比売命《とよみけかしきやひめのみこと》との間に生んだ御子は、静貝王《しずかいおう》、またの名は貝鮹《かいたこ》王、次に竹田《たけだ》王、またの名は小貝《おかい》王、次に小治田《おはりだ》王、次に葛城《かづらき》王、次に宇毛理《うもり》王、次に小張《おはり》王、次に多米《ため》王、次に桜井玄《さくらいのゆみはり》王。八柱。

一見してわかるように、天皇の子どもは男女にかかわらず「王」という称号である。生まれた順序を問題にしており、その子どもが男性であるか女性であるかはとくに問題にしていない書き方である。つまりここからだけでは、その「王」が男性であるか女性であるかはわからないのである。

これと対照的なのが『日本書紀《にほんしょき》』である。同じ敏達紀の五年三月戊子《つちのえね》条を見てみよう。

五年春三月己卯《つちのとう》の朔戊子に、官人たちは皇后を立てることを願い出た。そこで詔して豊御食炊屋姫尊を立てて皇后とした。皇后は二男五女を生んだ。その第一を菟道貝鮹《うじのかいだこ》皇女というまたの名は菟道磯津貝《しつかい》皇女。この皇女は東宮聖徳《しょうとく》に嫁した。その第二を竹田皇子、第三を小墾田《おはりだ》皇女という。この皇女は彦人大兄《ひこひとのおおえ》皇子に嫁した。その第四を鸕鶿守《うもり》皇女というまたの名は軽守《かるのもり》皇女、第五を尾張《おわり》皇子、第六を田眼《ため》皇女という。この皇女は息長足日広額《おきながたらしひひろぬか》天皇に嫁した。その第七を桜井弓張《ゆみはり》皇女という。

ここでは男性の子を「皇子」、女性の子を「皇女」と表記している。律令の法制用語を意識していることは明らかである。『古事記』と『日本書紀』のこうした表記の違いは、一つの可能性として、王族の男女を書き分けなかった時代と、書き分ける必要が生じた時代という、二つの時代の存在を示唆しているのではあるまいか。

このことから、男女の書き分けは自明のものではなく、制度上の要請から生じた歴史的産物、という仮説を立てることができるのだが、この仮説自体は、あくまで男女の区分が歴史的に形成されたことを示すためのものであって、「古代においては男女の境界が曖昧であった」という実態そのものを証明するわけではないし、ましてや古代の恋愛の多様な実態を導き出せるわけでもない。ジェンダー史研究はそこまで踏み込んだ関心を示してこなかった、というのは言い過ぎだろうか。

ジェンダー史研究は、むしろ「異性愛規範」を前提としてきたふしがある。近年、光本順氏が、英米考古学を中心に試みられている「クィア考古学」について紹介するなかで、「日本のフェミニスト／ジェンダー考古学が、異性愛規範の下に成り立」っていることを指摘し、「性別分業と男／女の区分原理に関する議論については深化する一方、理論的枠組みについては90年代後半からの基本的変更は認められない」「暗黙裡の異性愛規範に基づくという点では、戦後から90年代後半以降のフェミニスト／ジェンダー考古学の大部分は同一線上にある」「異性愛規範は、方法論的には、考古学資料の中にまず男／女を認定した上で歴史復元をおこなうという性別二分法に表れる。この枠組みでは、男／女の二項に区分しうる現象がジェンダーであり、二項に該当しない現象は、ジェンダー的ではないものとして予め排除せざるをえない」と、その問題点を述べている。これは歴史学の分野でも同様であろう。ジェンダー史研究の蓄積のうえに、ＬＧＢＴの問題をどう論じるかが、次の課題になってくるのだと思う。

三　実証的解明の限界

少ない史料のなかで、古代史の分野でいわゆる「男色」の実例としてよく知られているのが、藤原頼長《ふじわらのよりなが》の日記『台記《たいき》』である。これについては、東野治之氏や五味文彦氏の詳細な実証研究にもとづく論考が有名であり、詳細はそちらに譲る。

服藤早苗氏はさらにこれを女性史研究の立場から踏み込んだ考察をしている。一〇世紀に始まった男色が、一一世紀に貴族層に浸透しはじめた背景として、貴族社会で男性優位の家父長制的関係が浸透していったことや、女性に対する不浄観や蔑視《べっし》の風潮が生まれてきたことがあったとする。そして「かつての古代共同体社会では、同性同士の性愛はタブーとされていた。それは、同性の性愛は出産を結果しないため、生産や豊饒に結びつかないゆえだったのであろう。その崩壊から、「個」が萌芽し始めると、「個」としての愛欲や性欲観も生まれはじめる。その中では、それまでタブーとされていた同性愛も解禁される。しかし、男同士の、しかも、女性への蔑視と表裏をなし社会的に許容されてくる性愛である点に、歴史的同性愛の問題点が存在するのではなかろうか」と述べる。

『台記』に代表される男色の記事の背後に、当時の政治関係や権力関係を読みとれることについては、東野氏や五味氏が論証しているし、また服藤氏が述べるように、一二世紀の藤原頼長の男色の背景に、女性に対する蔑視と家父長制的関係の成立が関わっているというのも、興味深い論点である。一方でそれのみによって古代社会における同性愛の実態がすべてすくいとれるかどうかは、それらとは異なる次元での考察が必要になるかと思う。古代共同体社会が重要視したとされる「生産性」とは異なる価値観は、存在しなかったのだろうか。古代共同体社会は、本当に同性同士の恋愛がタブー視され、異性愛規範が貫徹した社会だったのだろうか。

なお服藤氏は続けて、「女同士の同性愛の問題も当然浮かんでくるが、史料的には、肉体関係も含めたかたちでは直接的に確認できないこと、女同士の愛の探求の社会的、歴史的背景が想定され難いことなどから、今後の課題としておきたい」と、女性の同性愛については保留している。たしかに女性の同性愛については史料上にみられず、社会的、歴史的背景もみえにくい存在だが、だがその事実こそに、古代のＬＧＢＴの問題を考えるうえでの本質がひそんでいるように思う。共同体生産や家父長制的関係といった歴史的背景からみれば女性の同性愛はたしかにみえにくい。であればなおのこと、共同体生産や家父長制的関係の文脈のなかでのみ同性愛を一般化してよいのか、ＬＧＢＴの概念を得たいま、いまいちど問い直す必要があるのではないだろうか。その意味で、古代史においてＬＧＢＴを語るということは、まずは実証のレベルで論じるというよりも、我々の思考の枠組みを問い直す試みでなくてはならない。

四　性的指向の認識を読みとる

共同体生産の問題や、家父長制的関係といった、歴史学がこれまで長らく培ってきた研究の視点だけでは、この問題になかなか迫れないのではないだろうか、と考えるのであるが、それでは、どのようなアプローチが可能であろうか。以下では私のきわめて乏しい調査体験から考えてみたことを述べてみたい。

ここ一〇年ほど、私は各地の仏堂に残る中近世（おもに一六世紀後半〜一七世紀前半）の落書きを調査しているが、そのなかに、「男色の風」をあらわす落書きが数多く残っていることに気づいた。もっとも、これについてはすでに中世史家の藤木久志氏が指摘していたことであるが、調査を進めていくうちに、この落書きが共通したフレーズをもっていることに気づいた。藤木氏が紹介した事例としては、新潟県阿賀《あが》町の護徳寺《ごとくじ》観音堂にみられる、「あらヽヽ御《お》こへしやな井与三兼十さまのひくわんわれ五月書之《ごがつかく》」「あら御恋《おこい》しやふれる米五郎殿　かやうに申物者《もうすものは》奥州の住人かくニて中物にて候《そうろう》、さい口《くち》おくもの」といった落書きや、「若《わか》もしさま恋しやのふのふ」や、「水沢《みずさわ》住人、津河《つがわ》住人、二平弥五郎《にへいやごろう》□□天下一之若もしさま□□□こんちやう来《き》せのために一夜ふし申度存候《もうしたくぞんじそうろう》、かやうに申物ハ黒川《くろかわ》之住人佐藤かへもんあきすならぬ佐藤富衛□」など、「若もし」（美少年）に対する思いを書いたものが数多くみられる。

その後、私が調査したものとしては、山形県天童《てんどう》市の若松寺《じゃくしょうじ》観音堂に、「あらヽヽ御こいしや□□さま　ひかしねむら」と書かれていた事例や、山形県寒河江《さがえ》市の慈恩寺《じおんじ》本堂に書かれた、「あらあら御こいしやな白岩《しらいわ》の住人千代《ちよ》松《まつ》さまとのもとにおりしとき一夜ふし申度《もうしたく》申し候そんし□□にんせん□□あらあら　七月七日之□」「寛永七年書是あらあら御こいしや千代末《ちよまつ》さましぬともいわつまのあひつわ申度候也　爰元《ここもと》に八月迄あらんとてなごりおしやな　八月十四日」「若もし様」などと書かれていた事例がある。さらに、近年調査をした福島県只見町《ただみまち》の成法寺《じょうほうじ》観音堂にも、「小□□かんちきさま　一夜ふし申度候　かやうに中物ハ当□丸住人　かたみかたみ」と書かれていた。

ここで注目したいのが、男色に関する落書きが、地域を越えて、同じ書式をもっているという点である。「あらあら御こいしや」「一夜ふし申度候」など、同じようなフレーズの落書きが、まるでテンプレートのように各地にみられるのは何を意味するのか。こうした同性愛（者）に関する自己認識がさまざまな階層で共有されていたことを示す事例ではないだろうか。そして仏堂の内部は、こうした性的指向を発露することが了解される空間だったのではないだろうか。同性愛者の性的指向の問題を、前近代の史料から探ることはなかなか困難ではあるが、落書きはその実態を解く鍵になるのではないかと思う。仏堂の落書きからは、当該期の社会の異性愛規範に対する葛藤と、そこからの解放への志向がみてとれるのではないか。

こうしたことが古代まで確認できるかどうかはわからないが、少なくともこうしたことを手がかりに、前近代における性的マイノリティについての自己認識、異性愛規範に対する葛藤とそこからの解放への志向、といったみえにくい問題に光を当てることができるのではないかと考えている。

おわりに

以上、不十分ながら古代史にＬＧＢＴの概念を持ち込むことの可能性について考えてみた。繰り返すが、古代史の分野にこの概念を持ち込むのは、一つの思考実験であり、私たちの思考の枠組みを問い直す作業としては有効であると考える。

本稿ではほとんど検討できなかったが、平安時代末に成立したとされる『とりかへばや物語』が、こうしたことを考える格好の素材になると考える。『とりかへばや物語』については、かつて河合隼雄氏が、心理学の立場から検討を加えたことがあるが、河合氏の著書が公刊された一九九一年の時点では、まだＬＧＢＴという言葉もなく、したがってこの本のなかではトランスジェンダーという言葉も使われていない。しかし今はそうした視点から物語の読み直しが可能になるのではないかと思う。

物語は、主人公となる権大納言《ごんのだいなごん》の二人の子どもに対する悩みから始まる。姉弟のうち、弟の「若君《わかぎみ》」は、人前に出るのを恥ずかしがり、御帳のなかで「絵かき」「雛遊び」「貝覆ひ」などの女の遊びばかりをしている。これに対して姉の「姫君」は、男の子たちと一緒に「鞠」「小弓」で遊び、「文作り」（漢詩文）「笛ふき歌うたひ」など、男のふるまいばかりしている。父は姉弟のそうしたふるまいに悩まされるが、結局は、姉を男として、弟を女として育てることを決意するのである。まさにトランスジェンダーの物語といえようが、注目すべきは、そこに描かれている男女の遊びが、いずれも当時のジェンダー規範をあらわしていることである。つまり「自認する性」としてのふるまいもまた、その時代のジェンダー規範によらざるをえないのである。

おぼろげながらみえてくることは、古代史のなかにＬＧＢＴの問題をみようとする場合、その当時のジェンダー規範や異性愛規範の解明がまずは前提になるということである。そのうえで、それらの規範と葛藤した人たちの歴史をすくいとっていく作業が、ジェンダー史に課せられた次の課題であるようにも思うのである。

〈参考文献〉

河合隼雄『とりかへばや、男と女』（新潮選書、新潮社、二〇〇八年、初版一九九一年）
国立歴史民俗博物館展示図録『企画展示　性差《ジェンダー》の日本史』（二〇二〇年）
小林茂文「桓武朝の男女の別政策」（新川登亀男編『日本古代史の方法と意義』勉誠出版、二〇一八年）
五味文彦「院政期政治史断章」（『院政期社会の研究』山川出版社、一九八四年）
東野治之「日記にみる藤原頼長の男色関係―王朝貴族のウィタ・セクスアリス―」（『ヒストリア』八四、一九七九年）
直木孝次郎「友と伴―古代の友情について―」（続日本紀研究会編『続日本紀の時代―創立四十周年記念―』塙書房、一九九四年）
難波美緒「「阿豆那比の罪」に関する一考察」（『早稲田大学大学院文学研究科紀要　第四分冊』五九、二〇一四年）
服藤早苗『平安朝の女と男―貴族と庶民の性と愛―』（中公新書、中央公論社、一九九五年）
藤木久志「村堂の落書き―「忘れられた霊場」によせて―」（『戦国の作法―村の紛争解決―』平凡社ライブラリー、平凡社、一九九八年、初出一九八九年）
藤木久志『中世民衆の世界―村の生活と掟―』（岩波新書、岩波書店、二〇一〇年）
三上喜孝『落書きに歴史をよむ』（歴史文化ライブラリー、吉川弘文館、二〇一四年）
三上喜孝「慈恩寺本堂の落書きについて」（寒河江市教育委員会編『慈恩寺総合調査報告書』二〇一四年）
三上喜孝「仏堂の落書きにみる中世びとの交流と信仰」（小池淳一編『シンポジウム記録　奥会津の戦国文化をさぐる』国立歴史民俗博物館、二〇一八年）
光本順「クィア考古学の可能性」（『論叢クィア』二、二〇〇九年）
森山至貴『ＬＧＢＴを読みとく―クィア・スタディーズ入門―』（ちくま新書、筑摩書房、二〇一七年）

中世

院政期の恋愛スキャンダル

――「叔父子」説と待賢門院璋子を中心に――

野口華世

はじめに

院政期の恋愛事情について語るということは非常に困難なことである。なぜなら、当時の恋愛を今日の感覚で語ることはできないからである。しかし、恋愛にまつわるスキャンダルが人によって語られるということ自体は、今も昔も変わらないともいえるのではないだろうか。そこで、今回は院政期最大のスキャンダルである待賢門院《たいけんもんいん》藤原璋子《ふじわらのしょうし》とその養父でもあった白河院《しらかわいん》との密通を題材に、まずは、この恋愛スキャンダルが史実か否か、から始まった研究史を振り返る。そして次に、このスキャンダル自体が伏線をもつことによって、語るのに面白い話となっていたことを確認する。またこの伏線を起点に従来とは異なった視点から史料をみることによって、このスキャンダルそのものをあらためて捉えなおしてみたいと思う。

一　院政期最大の恋愛スキャンダル

待賢門院藤原璋子と白河院の密通は院政期最大のスキャンダルといっても過言ではない。このスキャンダルを記す『古事談《こじだん》』の記事を次に示そう。すでに美川圭氏によって指摘されているとおり、これが唯一の史料でもある。

・『古事談』第二「待賢門院入内事」（『新訂増補国史大系　第十八巻』吉川弘文館）

待賢門院（大納言藤原公実《きんざね》の娘）は白河院の養女として鳥羽《とば》天皇に入内《じゅだい》なさった。しかし、その間に白河院と密通なさっていた。人はみなこのことを知っていた。実は崇徳院《すとくいん》は白河院の子であるという。鳥羽院もそのことを知っていらして、叔父子《おじこ》とおっしゃっていた。したがって、崇徳院とはおおよそ不仲で、お会いになることもなかったという。

鳥羽院はその最期にも藤原惟方《これかた》を呼んで、「おまえにだからと思って頼むのだ、私が死んだ後、決して崇徳院には私の遺体を見せるな」とおっしゃった。予想どおり崇徳院は、鳥羽院のご遺体にまみえたいとおっしゃったが、「鳥羽院の御遺言がありますので」といって、決して御所にお入れ申しあげなかったということである。

白河院の養女であった待賢門院藤原璋子は、白河院の孫である鳥羽天皇に入内し妻となったが、実は夫の祖父である白河院と密通していて、そのことはみな知るところであったという。鳥羽院と待賢門院璋子との間に生まれた崇徳天皇は、本当は白河院と待賢門院との子どもであり、父鳥羽院自身もそれを知っていて、自分の子でありながら、祖父白河院の子であるならば生まれながらに叔父であるので、「叔父子」と言っていたという（系図1参照）。これが原因で二人は不仲だったというのである。この「叔父子」という言葉が衝撃的でもあり、著名な話であろう。

二　「叔父子」説をめぐる研究史

崇徳天皇が実は白河院と待賢門院璋子との間の子であるという説については、やや特殊な研究史がある。ここでは先行研究にならい、この説を「叔父子」説と称することとして、研究史をたどっておきたい。

1　角田文衞説

史料としては先にあげた『古事談』のみであるにもかかわらず、古くは江戸時代から多くの歴史家たちが崇徳天皇「叔父子」説を肯定してきた。現代でもこの説をとる文献も多い。この説が肯定されるのは、保元の乱の直前、史実として鳥羽院と崇徳院が不仲であり、鳥羽院が没した後に同母兄弟の崇徳院と後白河天皇との対立が保元の乱となったことを説明するのに都合がよく、説得力があったためという。

一九七〇年代に入ると、「叔父子」説の真相を確定しようと、他分野の近代科学を利用した角田文衞説が登場した。角田説はいろいろな意味で衝撃的な研究法であった。それは、女性の生理と排卵に関する荻野久作氏の説や出産日数の統計を利用しながら、古記録からわかる待賢門院璋子の行動にあてはめて検証し、璋子の崇徳天皇受胎日を割り出して、白河院を実父と断じるというものであった。

2　美川圭説

角田説のとくにその方法論に対しては、おそらく当初から批判的な見方が多かったのだが、二〇〇四年に角田説を正面からとりあげ検討したのが美川圭氏であった。美川氏は、その方法論自体と論の展開そのものの妥当性に疑問を呈した。「叔父子」説の真偽を検討するよりも、「叔父子説という噂」が存在したという事実を重視し、それがいつ頃から、誰によって広められたのかということをこそ検討すべきと提言したのである。

そして結論としては、この噂は美福門院《びふくもんいん》・藤原忠通《ただみち》によって語られたのだと述べる。それはまず、院政は直系の父子（孫）関係を絶対条件とすることから、鳥羽院がこの噂を信じていれば叔父崇徳天皇の譲位を強行するはずである。ところが白河院が没した際に崇徳天皇は譲位していないので、この時期に鳥羽院が噂を信じていたとは考えられない。その後、鳥羽院の寵愛を新たに得た院近臣藤原長実《ながざね》の娘得子《とくし》（美福門院）が皇子を生み、その子が近衛《このえ》天皇として即位した。だが、彼が病弱だったため美福門院は皇位継承候補者と養子関係をもって将来に備え、崇徳院の子重仁《しげひと》親王と、雅仁《まさひと》親王（後白河《ごしらかわ》天皇）の子守仁《もりひと》親王（二条《にじょう》天皇）と養子関係を結んだ（系図1参照）。最終的に美福門院は、崇徳院が院政を行うことにつながる重仁親王の即位よりも、守仁親王の即位を望んだ。そこで、美福門院は関白藤原忠通と結託して、最有力皇位継承候補者であった重仁親王をなんとか追い落とそうと、崇徳院の実父は白河院だという噂を広めたというのである。関白忠通も、その頃摂関家のなかで父忠実《ただざね》・弟頼長《よりなが》と対立して追い詰められており、美福門院を頼らざるをえない状況にあった。すなわちこの噂は、近衛天皇の後嗣を得ることが事実上困難な状況で、忠通が父忠実に義絶されて以降孤立化する時期（一一五三年頃以降と考えられる）に流布したもので、美福門院と忠通による次期天皇位決定のための鳥羽

系図1

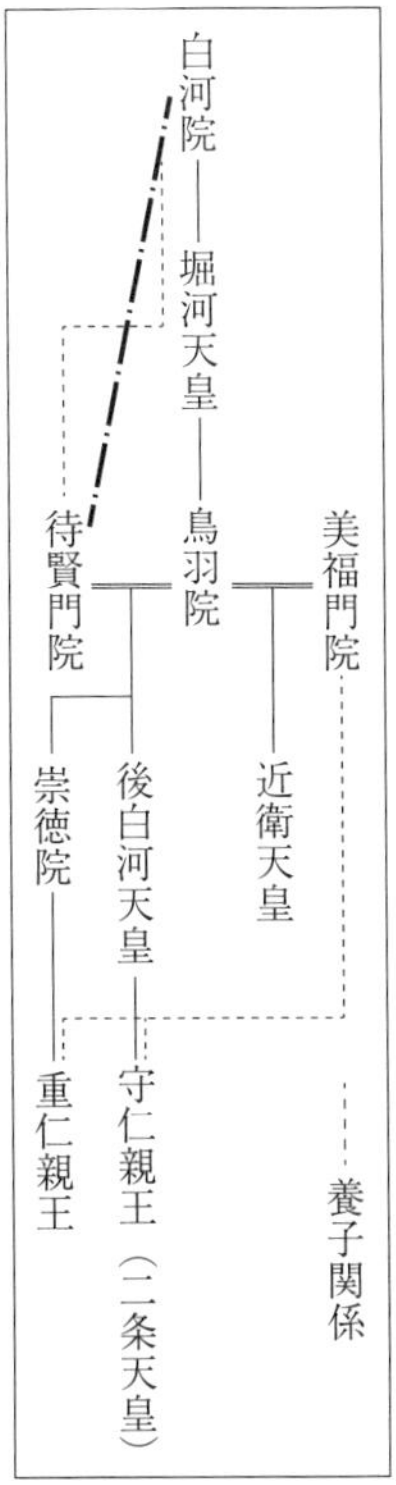

院への政治工作であったとして、政治史のなかに位置づけた。

美川説は以上のとおりであるが、最も重要なことは、美川氏が「叔父子」説の真偽を明らかにするよりも「叔父子説という噂」がなぜ流布したのかを追究すべきであることを強調した点である。次々節で紹介するように、これ以降の研究はこの美川説をうけて新たな論を展開していく。ただし、実は美川説の前にも、河内祥輔氏が角田説を批判しながら自説を述べていた。

3 河内祥輔説

河内氏は、角田説に対して「証明方法・手続きに欠陥が多く、その結論に従うことはできない」とし、また「崇徳の実父は誰か、待賢門院と白河院の「密通」は本当にあったのか、などは「実証」の無理な問題である」と先に断じたうえで、論を展開する。

まず前掲『古事談』第二の後半部分に崇徳院が鳥羽院の遺体に対面できなかったと描いていることが、『兵範記』保元元年（一一五六）七月二日条の情景とも合致し、むしろ補充する内容となっているとして、『古事談』第二の後半部分を史実とみなす。そのうえで『古事談』第二全体をみると、前半部分と後半部分は、話の筋として一体であるため、前半部分、つまり「叔父子」説を述べた部分の史料的利用の可能性を探るべきとした。そして、前半・後半部分ともに情報源は藤原惟方であることを重視し、鳥羽院が崇徳院を徹底して排斥《はいせき》しなかったことも勘案したうえで、鳥羽院にとって「叔父子」説は、『古事談』のように断定的なものではなく、不確かな疑惑の念にすぎなかったと推断する。そして、崇徳院の子重仁親王が皇位継承者として待遇されたことからもわかるように、鳥羽院は晩年まで崇徳院を傍系としては扱っていない。したがって、鳥羽院が「叔父子」説を信じるようになったのは、近衛天皇の死去の久寿二年（一一五五）以後のことであると推定する。

ここで述べてきた研究史を簡単にまとめておこう。まず河内氏や美川氏などにより、角田説の妥当性のなさが証明された。また美川氏は主に状況証拠から、河内氏は『古事談』などの史料批判をしながら、両氏ともに「叔父子説の噂」が存在したことを前提に、それを政治史の展開のなかに位置づける。すなわち、両氏は方法論こそ異なるが、噂流布のおおよその時期や、近衛天皇没後に次期天皇を決定した際、この噂が鳥羽院に影響を与えたとみている点など、結論的には共通点が多いともいえるのである。

4　新たな研究段階へ

美川氏が角田説を正面から批判して以降、美川氏の角田説批判を前提に研究が進んでいる。たとえば、樋口健太郎氏は、美川氏のいうように「叔父子」説が保元の乱前に創作された噂にすぎず崇徳天皇が白河院の実子であった可能性は低いならば、待賢門院璋子を白河院の愛人とみて、院御所への璋子の退下を「密通」とすることも再考すべきと述べる。そして、璋子の頻繁な院御所行啓《ぎょうけい》の意味は、彼女を介して白河院が鳥羽天皇と結びつき、院が天皇をバックアップするためのものだったとした。

また、佐伯智広氏は崇徳天皇の本当の父親が誰かということにさして意味はなく、むしろ崇徳天皇が誰の子として処遇されていたかということが重要で、崇徳天皇は一貫して鳥羽院の子として遇されていたと断ずる。そして『古事談』以前に、崇徳天皇が白河院の子であることを述べた記録がないことから、「叔父子」説は明らかに、保元の乱の原因をさかのぼって説明するために作られた跡づけの説話だとする。佐伯説はこの噂の流布を、保元の乱以降、『古事談』が著された一三世紀初頭のものとみなし、この噂は保元の乱の原因説明のため作られたとするのである。

このように現在では、「叔父子」説の真偽を問うこと自体がナンセンスとされ、その噂が流布されたことについても、保元の乱以前の政治的駆け引きによるもの（美川・河内説）や、保元の乱の要因をうまく語るためのもの（佐伯説）、璋子の院御所退下は白河院が鳥羽天皇をバックアップするため（樋口説）など、政治史的な視点による諸説が展開しているといえよう。

三　「叔父子」説を再考する

「叔父子」説に関する研究史をみてきたが、それらは主に政治史的視点からの研究であった。そこで、ここからは「叔父子」説が政治史的に「いつから語られたか」ということではなく、それが当時「どのようなものとして語られていたのか」ということを明らかにするために、「叔父子」説をあらためて考えなおしてみたい。

1　「叔父子」説をさらに面白くした要素

「叔父子説の噂」を語る際に、これをさらに面白くした要素は何か。それは美福門院藤原得子の存在ではないかと考える。待賢門院と白河院・鳥羽院の三角関係に新たな女、美福門院が登場し、鳥羽院は「不義の子を生んだ」待賢門院には愛想をつかし、美福門院を愛するようになる。『古事談』はそこまでは描いていないが、当時の人びとは最終的に後宮《こうきゅう》で勝利をおさめたのは美福門院だったのだと容易に想像しただろう。美福門院の登場によって、奔放だった待賢門院も夫鳥羽院の愛を失い最後は寂しい人生を閉じる、というオチがつくのである。後述するように『愚管《ぐかん》抄《しょう》』の叙述に「美福門院」が登場することから、鳥羽院の愛を美福門院が奪ったということは当時の人びとにとっても常識であったと考えられる。

実際に美福門院は鳥羽院晩年に寵愛をうけ、その間に生まれた子近衛天皇は生後三ヶ月で皇太子となり、崇徳天皇を譲位させわずか三歳で天皇になった。そのうえ鳥羽院は安楽寿院《あんらくじゅいん》という御願寺《ごがんじ》を創建し、そこに塔を二基建てて自らの墓と美福門院の墓にするという構想をもった。鳥羽院は美福門院との夫婦同墓を企図したのである。たしかに先に亡くなった鳥羽院は安楽寿院の本御塔に埋葬された。しかし、美福門院は最終的には隣の新御塔に埋葬されることを望まず、本人の意向により高野山《こうやさん》に埋葬されることになる。このことについては、従来美福門院が最後の最後に鳥羽院を裏切ったという見方がされており、さらなるどんでん返しがあったのだと認識する向きも多いであろう。

だが、御願寺の各堂舎は、院近臣《いんのきんしん》の造営担当者によって建てられ、その堂舎の将来的な維持・運営のために荘園が集められて立荘《りっしょう》されていったが、その荘園集積も堂舎造営担当者である院近臣が担っていた。このことをふまえると、美福門院の最後の行動は裏切りとは違った解釈が可能となる。つまり、新御塔の造営担当者は藤原信西《しんぜい》であって、新御塔領を集めて立荘に持ち込んだのも信西であるが、彼は美福門院が没する前の平治《へいじ》の乱で死去してしまう。新御塔領を集めた信西の死は、新御塔の将来的な維持・運営に危惧の念をもたらした。美福門院は死後の自らの追善実施に不安を覚えたのではないだろうか。ゆえに、美福門院は埋葬先に高野山を望む。高野山には女院《にょいん》自身が膝下荘園荒河荘《あらかわのしょう》を寄進していたのだった。

2 『愚管抄』から捉えなおす

話が少し横道にそれてしまったので元に戻そう。「叔父子」説はどのようなものとして語られていたのかを、従来とは少し異なった方向から考えなおすために、やはりよくとりあげられる史料ではあるが、九条兼実《くじょうかねざね》の弟慈円《じえん》が記した歴史書、『愚管抄』第六の記事から考えていきたい。

・『愚管抄』第六（『新訂増補国史大系　第十九巻』吉川弘文館）

建仁二年一〇月二一日に、通親《みちちか》公が亡くなった。急死だった。あまりにも急だったので奇怪なことと人びとは思った。通親は娘の承明門院《しょうめいもんいん》を、その母が死んだ後には愛していらっしゃったのである。このようなことにより、後鳥羽院は範季《のりすえ》の娘を寵愛なさって、三位の位をお与えになり、美福門院の例にも似た重んぜられようで、その間に皇子もたくさん生まれた。

これは、少しあとの建仁二年（一二〇二）に源通親が没したことを叙述する部分である。通親の死を記した後に、通親は妻範子《はんし》（刑部卿三位《ぎょうぶきょうのさんみ》）が亡くなると、範子のいわゆる連れ子であった承明門院在子《ざいし》を愛したというのである。このようなことだったので、承明門院の夫後鳥羽院は彼女ではなく、藤原範季の娘であるのちの修明門院重子《しゅめいもんいんじゅうし》を寵愛するようになった。これは美福門院の例にも似たものであった、と述べる（系図2参照）。

承明門院は土御門《つちみかど》天皇の母、修明門院は順徳《じゅんとく》天皇の母である。この二人の国母《こくも》と後鳥羽院との三角関係や先のスキャンダルも有名な話であろう。ただし、ここで注視したいのは、慈円が「美福門院の例にも似た重んぜられようで」と書いていることである。すでに上横手雅敬氏もここに注目し、「『愚管抄』がこのスキャンダルを七〇年ほど前の宮廷スキャンダルと対比していること」が興味深いと述べている。つまり慈円は次のようになぞらえるのである。寵愛の主体である後鳥羽院は鳥羽院に、承明門院の養父である源通親は、待賢門院の養父であった白河院に、承明門院在子は待賢門院璋子に、修明門院重子は、美福門院得子にというわけである。承明門院在子の不倫によって後鳥羽院の寵愛が修明門院重子に移ったというのは、待賢門院璋子の不倫によって鳥羽院の寵愛が美福門院得子に移ったという対比が容易に想像できる。すなわち「美福門院の例」と述べた慈円は「叔父子」説をも知っていた可能性が高いのである。さらに慈円の『愚管抄』は承久二年（一二二〇）に成立し、『古事談』は、最後の記事がみられる建暦二年（一二一二）から作者源顕兼《あきかね》が没した建保三年（一二一五）までの間に成立したとされ、両書はほぼ同じ時期に成立したと考えられる。このことからも、慈円はこの頃すでに流布していた「叔父子」説を知っていたであろう。

となると、ここでもう一度想起すべきことがある。「叔父子」説は『古事談』が唯一の史料的根拠だということである。つまり、『古事談』には「叔父子」説が書かれたが、それを知っていたはずの慈円が著した歴史書『愚管抄』には記されていない、のである。先にも述べたように両書はほぼ同時期に成立している。それにもかかわらず、「叔父子」説を語るのは『古事談』のみである。慈円はなぜ『愚管抄』で「叔父子」説を記さなかったのであろうか。それは『愚管抄』が歴史書として書かれているから、なのではないだろうか。このことはすなわち、鎌倉初期においても「叔父子」説は、「叔父子説の噂」に過ぎず、すでに歴史的事実として認識すべき話ではないとみなされていたといえるのではないだろうか。「叔父子」説が『愚管抄』に記載されていないこと自体が、そのことを如実に示しているのである。

系図2

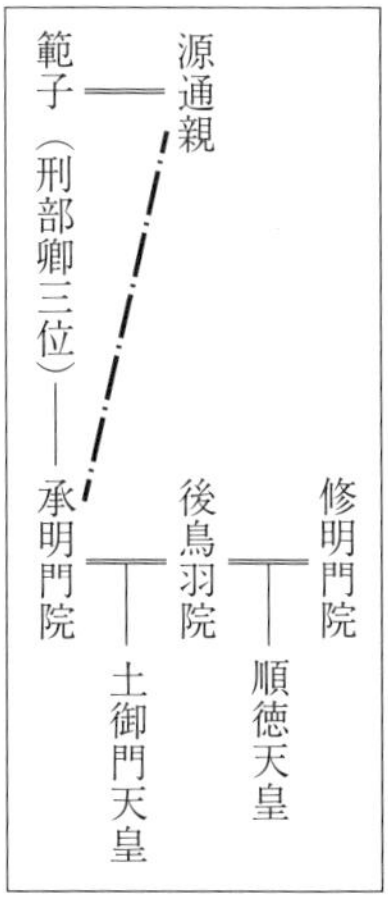

おわりに

以上、院政期最大の恋愛スキャンダルについて、とくに待賢門院璋子と彼女をめぐる「叔父子」説を中心に考えてきた。「叔父子」説を政治史とは離れたところで捉えなおすならば、「叔父子」説は、鎌倉初期においてすでに史実ではなく、たんなる「噂」として認識されていた。当時の人も「叔父子」説を証明しようのないことだと割り切って、その「噂」が存在したそのことを重視し、説話として書きとめたのではないだろうか。となると、次の課題としては、この「噂」は中世以降も語られつづけたのか、またそうであるならばどのように語られていったのか、などがあげられよう。ともかくも、すでに「叔父子」説という証明しようのないことを云々するよりも、その「噂」が歴史的にどのような機能を果たしていたのかを考えるべき段階であるということを最後に再確認しておわりとしたい。

〈参考文献〉

伊東玉美「『古事談』の成立と本文」（同『院政期説話集の研究』武蔵野書院、一九九六年）
上横手雅敬「後鳥羽院政と幕府」（同ほか著『日本の中世8　院政と平氏、鎌倉政権』中央公論新社、二〇〇二年）
木本好信「古事談の成立」（同『平安朝官人と記録の研究—日記逸文にあらわれたる平安公卿の世界—』おうふう、二〇〇〇年）
河内祥輔『保元の乱・平治の乱』（吉川弘文館、二〇〇二年）
佐伯智広『皇位継承の中世史』（歴史文化ライブラリー、吉川弘文館、二〇一九年）
角田文衞「崇徳天皇の生誕」（同『王朝の映像—平安時代の研究—』東京堂出版、一九七〇年）
角田文衞『待賢門院璋子の生涯—椒庭秘抄—』（朝日新聞社、一九八五年）
野口華世「美福門院と信西」（樋口州男ほか編著『歴史の中の人物像—二人の日本史—』小径社、二〇一九年）
野口華世「中世前期の王家と安楽寿院—「女院領」と女院の本質—」（『ヒストリア』一九八、二〇〇六年）
樋口健太郎「「保安元年の政変」と鳥羽天皇の後宮」（『中世王権の形成と摂関家』吉川弘文館、二〇一八年）
服藤早苗「待賢門院璋子」（同『平安朝　女の生き方—輝いた女性たち—』小学館、二〇〇四年）
美川圭「崇徳院生誕問題の歴史的背景」（『古代文化』五六—一〇、二〇〇四年）
美川圭『院政—もうひとつの天皇制—』（中公新書、中央公論新社、二〇〇六年）

鎌倉時代の恋愛事情
―『民経記』と『明月記』から―

高橋秀樹

はじめに

鎌倉時代の「婚姻」ではない「恋愛」のあり方はどうだったのか。考えてみたくとも、まずは史料の壁にぶちあたる。鎌倉時代にもたくさんの物語作品が生み出されており、『源氏物語《げんじものがたり》』のような恋愛模様が描かれているが、こうした恋愛を主題とした創作物にもとづいて考えても、しょせんは絵空事に過ぎない。和歌にも恋の歌は多いが、これも同様である。鎌倉時代の説話作品に描かれた男女の姿は興味深いものの、説話集の主題である仏の利益や仏教的倫理観の影響が色濃い。権利の正当性を主張するために残された文書類には恋愛話が出てくるはずもないし、業務日誌としての性格が強い公家《くげ》日記にも、儀礼をともなわない恋愛の話はなかなか出てこない。

なかばお手上げ状態ではあるが、本稿では公家日記『民経記《みんけいき》』『明月記《めいげつき》』に残された男女関係の記事のなかから、いくつかを紹介することで、その責めをふさぎたい。

一 通う女と待つ男

藤原経光《ふじわらのつねみつ》は、漢籍に通じ、年号の勘申《かんしん》もつとめる儒者の家柄の出身で、蔵人《くろうど》・弁官《べんかん》を経歴して参議《さんぎ》になる昇進コースをたどる名家《めいけ》の貴族であった。経光は昇殿を許される一五歳の嘉禄二年（一二二六）から日記『民経記』を付けはじめている。大半が自筆本で残る日記の書きぶりからは、その時どきの経光の意識も読み取れる。彼は日記の付け方を試行錯誤しており、具注暦《ぐちゅうれき》に書く暦記《れきき》と文書紙背《しはい》に書く日次記《ひなみき》（非暦日次記）を併用する時期もあった。分量の制約がない非暦日次記には詳細な記述を行い、空行二〜三行の具注暦には主に要点のみを記した（尾上一九九八）。

天福元年（一二三三）暦記は正月〜六月の一巻のみが残る。この年、経光は二二歳、五位の蔵人で治部権少輔《じぶごんのしょう》を兼ねていた。ある女性との恋の記事が記されているのは正月四日条からである。体調が思わしくなかった経光はこの日出仕していなかった。その夜の出来事として「夜《よる》に入《い》り、いささか面謁《めんえつ》の事有り。（中略）時に雨濛々《もうもう》と夜衣《よるのころも》を湿《しめ》らす。窓の梅ようやく匂い、心情を動かすものなり。早鶏《そうけい》すでに報じ、疎鐘《そしょう》しきりに鳴る。片雲東曙《へんうんとうしょ》、青嵐北寒《せいらんほっかん》の程《ほど》、ようやく燕寝《えんしん》を驚かす。傾城《けいせい》帰らんと欲す。芳談《ほうだん》の美なおもって尽きず。これをなすはいかん」と記す。女性と過ごすこの夜は、煙《けむ》るような雨が衣服を湿らせ、窓の外の梅花が香る風情が経光の五感を刺激した。東の空が白々と明けるなか、寒さにふと目を覚ますと、女性は帰ろうとしていた。もっと話をしていたいのに、この気持ちをどうしたらいいのだろう。そんな感情が漢語をちりばめた詩的な表現を用いて記されており、青年経光の陶酔のさまがみてとれる。翌日も経光は休息のために出仕せず、「去る夜の閑談の美尽きざるものなり」と、昨夜の出来事を思い出しては、想いがさらに募る一日を過ごした。夜更けに彼女が来てくれたが、朝になるとまた帰っていく。その時の心情を「その思い筆端《ひったん》に尽くし難し。書きて余《あま》り有り。思いていかん、終夜《しゅうや》雑談す。春衣《しゅんい》の匂い窓の梅と競いおわんぬ」（その思いは書き尽くせない。書いてもまだ余りがあるし、思ってもどうにもならない。一晩中、彼女と話をした。彼女の春の装いのよい香りは窓の外の梅と競い合っていた）と記している。その後、一四日間も彼女の来訪はなかった。正月二〇日条には彼女が山家《さんか》に赴いていて逢えないことを記し、今の気持ちを、霞《かすみ》がかかった峰の谷底、花の盛りの静けさに喩《たと》えている。翌日、彼女から来た手紙をみたときには、「紅涙《こうるい》袖を掩《おお》う」（血の涙が袖を濡らした）ほどであった。

ようやく逢えたのは二月七日である。この二月七日条から、彼女との関係はもっぱら具注暦の紙背に書かれることになる。巻子《かんす》状に記された日記の表裏の使い分けは藤原道長《みちなが》の『御堂関白記《みどうかんぱくき》』のころから意識されており（倉本二〇一三）、表には書けないこと、あるいは書きたくないことを裏に書くという意識は続いていたようである。石清水八幡宮《いわしみずはちまんぐう》・箕面寺《みのおでら》参詣などで一一日間京都を離れていたなかで、経光の心に何か変化があったのだろう。

二月は六ヶ日、三月は七ヶ日、四月は一三ヶ日の来訪があった。来訪の日の日記には、逢えた嬉しさと朝を迎えて別れる辛さが切々と記され、来訪のない日には時としてそのやるせない気持ちが記された。次の来訪の日を決めて別れることもあったし、約束のないまま帰って行くこともあった。三月二日条には「傾城等なお伴い参る」とあって、ほかの女性を伴って来たこともあったようである。

次に二人の関係にやや変化が起こるのは五月四日で、この日、経光がしばらく寄宿するように伝えると、彼女は七日まで経光亭に滞在する。「専席《せんせき》に寝る。もっともその謂《い》われ有るなり」（五月五日条裏書）とあるように、彼女専用の寝室が用意された。経光もそれを「謂われ」のあること、当然のことと認識している。それからは来訪と数日間の寄宿を繰り返すようになり、五月は二〇ヶ日、六月は一七ヶ日と、月の半分以上の夜を一緒に過ごした。五月末の四日間、経光は勅使として比叡山《ひえいざん》に行っていたから、それを除くとひと月の大半を彼女と過ごしていたことになる。もちろんこの間、経光は遊んでいたわけではなく、五月を例にとると、夜になって急遽、後堀河院《ごほりかわいん》に出かけていった一日を含めて、体調の悪いなか二一日間出仕している。「公務隙《ひま》無しといえども、志《こころざし》はなはだ滋《しげ》るものなり」（五月五日条裏書）という言のとおり、多忙にもかかわらず、想いは一層募っていくのである。しかし、「今日出仕の間《あいだ》、閑談思うにしかず。遺恨《いこん》のほか他の思い無し」（五月一〇日条裏書）と、彼女が寄宿していながらも、ろくに話もできないことを、恨み歎《なげ》かざるをえなかった。

残念ながらこの女性の素性はわからない。正月五日条には「去年の秋ごろより言談する所なり」とあるから、彼女とは貞永元年（一二三二）七月〜閏九月ごろに出会い、親しくなったらしいが、非暦日次記にはそれらしき記事はみえない。経光は彼女のことを「傾城」と書くこともあるが、「美人」（三月六日条裏書）の称もみられるごとく、「傾城」は城を傾けるほどの美女という意味であり、決して遊女・遊君ではない。三月一九日条では「夜に入り、北隣より入り来る人有り」と記しているので、父母と経光が住む勘解由小路《かげゆこうじ》万里小路《までのこうじ》亭の北隣の邸宅に住む貴族層の女性なのだろう。「当時の居所近辺に非《あら》ず。二条堀川辺と云々《うんぬん》。怨《うら》みて余り有り。また後会《こうかい》を期するものなり」（六月一一日条裏書）とあるように、現在は北隣の邸宅ではなく、二条堀河あたりに住んでいるという。彼女の親は複数の邸宅をもっていて、京都西郊の徳大寺《とくだいじ》辺には弥勒寺《みろくじ》という寺院が付属する別荘も有していた（三月一一日条裏書・四月一八日条裏書）。経光は、彼女が離れたところに住んでいることを聞いて、恨みがましい気持ちさえもち、再び逢うことを心に誓った。

「和歌の事殊《こと》によく相存《あいそん》するものなり。連歌《れんが》の如《ごと》きは秀逸なり」（二月二一日条裏書）と、彼女の和歌・連歌の才を褒める記事もみえる。経光が「秘蔵の手本」を与えたこともあった（三月二一日条裏書）。彼女への想いを記すなかでは、「羅衣《らい》に御香《ぎょこう》の匂いを染む」（三月一九日条裏書）、「床席《しきい》に匂い有り」（四月一一日条裏書）など、「匂い」に関する文飾表現が多用されている。経光は彼女の「匂い」を気に入っていたらしい。寛喜三年（一二三一）に出会った女性は、声や話し方が好みだったらしく、「艶色《えんしょく》の言《げん》」の語をよく用いていた。

六月一九日、尋ねてきた彼女に、しばらくとどまるように伝えた後には、日記の書きぶりにまた変化がみられる。裏書の記述が「同前」だけになってしまい、あの高ぶった感情の発露がみられなくなるのである。彼女への気持ちが冷めたわけではないが、家にいるのが当然の状態となったことによるのだろう。

経光に長子兼頼《かねより》が誕生するのは二八歳の延応元年（一二三九）、母は非参議三位《さんみ》藤原親実《ちかざね》の娘である。天福元年の恋から五年が経っているし、結婚相手は、女の父親と、男の父親もしくは男自身との間で決められるのが一般的であることを考えると、天福元年の恋の相手と親実の娘とは別人の可能性が高いかもしれない。

半年間記録された二人の関係は、常に「通う女と待つ男」という形である。『民経記』寛喜三年正月〜六月の具注暦にも、二〇歳の経光と二人の女性の恋が記されているが、どちらも女性が経光のもとを訪れている（四月一二日・一四日条、五月二日条、六月一〇日条裏書・一五日条）。経光は常に女を待つ男なのである。経光の恋愛スタイルは少数派かもしれないが、この事例によって、平安時代以来の物語作品や和歌を通じて常識となっている「通う男と待つ女」という恋愛の形が、すべてのカップルにあてはまるわけではないことがわかるだろう。また、他人に顔を見せることもなく過ごし、親が選んだ男性と結婚する貴族の娘のイメージと、この女性の行動とは大きくかけ離れている。いずれは親が決めた相手と結婚するのかもしれないが、独身時代に恋を謳歌する娘もいたのである。

二　お盛んな男と女

日記は公事《くじ》のマニュアルとして子孫のために記すのが本義であったから、若い頃から日記の書き方を学んだ蔵人・弁官などの実務系貴族の日記には噂話の類は少ない。ところが、先祖が日記を残しておらず、たまたま手に入れた他家の日記を見た程度の知識で書きはじめた非実務系貴族の日記のなかには、多くの噂話を載せているものがある。藤原定家《さだいえ》の『明月記』がまさにそれである。『明月記』の記事から男女の恋にまつわる話を紹介しよう。

建保元年（一二一三）九月二〇日ごろ、宮尼公《みやのあまぎみ》と称する女性（二条天皇と皇嘉門院《こうかもんいん》との間の子という）の家人《けにん》が、六角少将《ろっかくしょうしょう》藤原敦通《あつみち》（定家の甥）に仕える兄と連れ立って「女を取る」ために清水《きよみず》あたりに向かった。夜中に寺僧が怪しんで彼らを打ち留めた。辱《はずかし》めを受けそうになったとき、六角少将の家人を称すると、僧の一人が知り合いで、彼らは解放された。ところが同じ日、たまたま敦通も「女を取る」ために清水あたりに出かけていて、こちらは腹巻を剝がされ、大刀《たち》を折られるという恥辱《ちじょく》にあったという（一〇月二八日条）。清水寺は伏見稲荷《ふしみいなり》と並ぶ著名な男女の出会いの場であった（『今昔物語集《こんじゃくものがたりしゅう》』巻二九の二八話）。「女を取る」は男から声をかけ、強引に誘う形で性行為に及ぶことのようである（服藤一九九五）。同年一一月一〇日条には「仲経卿女《なかつねきょうのむすめ》 敦通少将旧室」が登場するから、敦通は妻と別れたばかりだったのかもしれない。観音の縁日である一八日の昼ならいざ知らず、縁日以外の夜に男たちが出かけているということは、そんな時間にも出会いを求める女性たちの参詣があったということなのだろう。

嘉禄二年（一二二六）六月二三日、六条朱雀《すざく》で首を斬られた男女二人の遺体が見つかった。男は侍従《じじゅう》源親行《みなもとのちかゆき》で、その悪行のために父雅行《まさゆき》によって殺害されたという噂であった。翌日聞いた話では、男女は親行と藤原基忠《もとただ》の妻で、先年親行と関係をもち、元の夫の家から逃げ去った女であるという。父雅行は子息を殺害した罪で都を追われた（『公卿補任《くぎようぶにん》』）。夫のいる女が別の男と肉体関係をもつ例は散見する。建暦二年（一二一二）六月六日条は中将《ちゆうじよう》藤原範茂《のりしげ》の家人である衛門尉《えもんのじよう》が妻の密夫（藤原実教《さねのり》家人の左近大夫《さこんのたいふ》）を検非違使庁《けびいしちよう》に訴え、さらに範茂からも庁に照会があっただけでなく、従兄弟《いとこ》の範光《のりみつ》から後鳥羽《ごとば》上皇の耳にも入ったという話を載せる。ただし、その閨《ねや》の内のことを裁くことはできないとの理由で、検非違使庁がこの訴訟を取り上げることはなかった。

嘉禄元年二月一三日、子息為家《ためいえ》がやってきて、ある話を定家に聞かせた。「陰陽大允《おんみようのだいじよう》」という陰陽師は官職を子息に譲って関東に居住していた。子息は在京していて、父の妻も京都にいた。この女性はもとより好色で、その継子《ままこ》とも通じていたという。この女のもとには月卿雲客《げつけいうんかく》以下が競い合って訪れており、正月晦日《みそか》ごろには禁裏近習《きんりきんじゆう》の殿上人《てんじようびと》がその家で寝ていたところを、息子の大允に取り押さえられ、太刀で峰打ちされて顔に怪我をしたうえに、髻《もとどり》も切られた。翌日、その男を六波羅《ろくはら》に引き連れていこうと相談しているところに、女が手を擦って頼み込んだので、夜中に男を恩免した。息子の大允は六波羅探題北条時氏《ほうじようときうじ》のところに行ったきり出てこないという。その女は、世間の名声を浴びていて、男たちには美服《びふく》を誂《あつら》えてやっていたらしいし、大炊御門《おおいのみかど》万里小路の邸宅を買い取って、そこに住むという財力ももっていた。翌日、別の筋から聞いたところによると、父の大允は安倍晴光《あべのはるみつ》の弟で、子息は新大允と称する六波羅近習の者であるという。その女は実母で（継母子間の密通は謬説《びゆうせつ》）、年齢はすでに五〇歳に達しているが、若い男を好み、藤原盛兼《もりかね》の子も産んでいた。こうした男たちの往来が絶えず、その夜も衣冠《いかん》を着た人がやってきて、明け方出て行ったので、それを搦《から》め取って、太刀打ちに及んだという。老いてなお、色香と経済力で複数の男たちを引き寄せる有夫《ゆうふ》女性、恋多き女性といえば、いえなくもない。また、この事例は、夫ではなく、息子による姦夫成敗《かんぶせいばい》である点も注目される。

恋する老女は彼女だけではない。藤原能成が妻讃岐内侍《ないし》に先立たれた後に再婚した女性は、雅縁僧正《がえんそうじょう》の旧妻一条桟敷《さじき》女房近衛局《このえのつぼね》で、この年六〇歳になる女性だったが、小僧を口説いたことから能成に嫌われ、離別されたという（安貞元年〈一二二七〉四月八日条）。

『明月記』には女性たちのスキャンダルが批判的に書かれているのに対して、男の婚外恋愛については、死傷事件にでも発展しないかぎりは載せられることがない。男性貴族のジェンダーバイアスがかかった視点で日記が書かれているからなのだろう。

三　権勢に目がくらむ人たち

建仁二年（一二〇二）七月一三日条によると、宰相《さいしょう》中将源通具《みちとも》（通親の子）は「本《もと》の妻」を棄てて「権門の新妻」と同居した。「本の妻」は「歌芸」があったために後鳥羽上皇に召され、出仕することになった。「本の妻」は外祖父藤原俊成《としなり》の養女だったので、定家は通具や俊成に頼まれて、その初参院を手助けした。通具が新妻との婚姻儀礼の時に、出仕などのことを「本の妻」に申し置いていたらしいし、初参院にかかる費用は通具がすべて負担した。「本の妻」は「俊成卿の女」と称される著名な女性歌人、「権門の新妻」とは後鳥羽院女房で、土御門《つちみかど》天皇乳母《めのと》の按察局《あぜちのつぼね》（通親養女承明門院《しょうめいもんいん》源在子《ざいし》の異母妹）である。通具は棄てた妻に配慮しつつも、結果として「歌芸」より「権門」を選んだ。

嘉禄二年（一二二六）六月三日条には、「雑人《ぞうにん》説によると、来たる八日に前大納言《だいなごん》実宣《さねのぶ》卿が聟《むこ》左宰相中将盛兼卿を執るという。権勢と権勢との婚姻であり、なるほどその理がある」という記事がある。八日条には「相公羽林《しょうこううりん》が嫁娶《かしゅ》したという。近衛富小路《とみのこうじ》東の家。祖母が居住しており、典侍《ないしのすけ》も同宿しているらしい。最近修理した」とあるから、参議左中将藤原盛兼方の邸宅に前大納言藤原実宣娘が移り住む形での婚姻が行われた。盛兼は前節で紹介した陰陽師の妻に子を産ませた男である。定家はこの婚姻を「権勢」と「権勢」の結び付きで当然のことと評している。三日条では先の記事に引き続き、実宣の結婚歴、有力者への接近と昇進過程を記す。少年のころ、最初は藤原基宗《もとむね》の婿として「瓶《かめ》の狂女」と結婚したが、この女を棄てて、外祖父の後妻である平維盛《これもり》娘の娘婿となり、その後、壮年になってから、関東の北条時政《ときまさ》の婿となった。そのころ、家地を卿二位に寄進したことで上臈《じょうろう》四人を超えて蔵人頭となり、参議・中納言へと昇進した。その妻が亡くなった後、卿二位が養育していた源有雅《ありまさ》娘を若妻とし、左衛門督《さえもんのかみ》を兼ねたが、承久《じょうきゅう》の乱が起こると、慌ててこの若妻を追い出して、後堀河天皇の養育責任者となり、大納言に至ったというのである。結婚を道具にして出世する実宣の生き方について、定家は「天下第一の賢慮か。貴ぶべし」と皮肉る一方で、こうした行動をとれない自身を慰めている。

同年正月二九日条には、参議右中将の藤原公賢《きんかた》(二四歳)が髻を剃って厨子のなかに置き、行方をくらますという事件が起きたことが記されている。公賢は実宣の一男だった。公賢が突然出家した理由は、父実宣が「権門富有の婚姻」を好んで、「無縁の妻妾」との結婚を禁じ、息子を懲らしめるために、出仕の計らい以下の経済的な援助をせずに、身につけていた装束などを捨ててしまったことに心を痛めたからだという。

二月六日条によれば、公賢にはこれまで二人の妻がいた。元の妻は藤原光親《みつちか》の娘(一八歳)である。光親は有力な後鳥羽上皇近臣だったから、父実宣が結んだ婚姻なのだろうが、光親は承久の乱で処刑されてしまう。実宣は別れさせたが、公賢はこの女性と離れがたく、今も時々通う関係にあったという。婚姻関係が解消されてもなお、二人の恋は続いていた。新しい妻は、承明門院（土御門天皇の母）の女房中納言局の娘、押小路《おしこうじ》姫宮の女房民部卿局《みんぶきょうのつぼね》（二六歳、定家の猶子《ゆうし》）である。彼女は公賢が密かに家に住まわせていた女性で、公賢が出家するまで一緒に住んでいた。有力者の後ろ盾がないこの女性との婚姻を父実宣は許さなかったのである。二人の女性は公賢のあとを追って出家した。純粋な恋に生きる息子と、権勢に目がくらんだ父との軋轢《あつれき》が、三人の男女の出家という悲劇を生んでしまった。

　こうした例は鎌倉の武士社会にもあった。六波羅探題にも出入りしている医師心寂房《しんじゃくぼう》の話によると、北条泰時《やすとき》の娘が北条朝直《ともなお》に嫁いだ。朝直には「愛妻」である伊賀光宗《いがみつむね》の娘がいたので固辞したが、父母（北条時房《ときふさ》夫妻）の懇切の勧めを断り切れなかったという（同年二月二一日条）。泰時との姻戚関係を拒み、出家の支度《したく》までしているという朝直に対し、定家は「本の妻との離別を悲しんだからである。公賢朝臣のようだ」と、公賢の姿を重ね合わせて同情している（三月九日条）。

　また、公賢のように離別した後も元妻との恋愛関係が続いている話として、藤原公棟《きんむね》が北条時房の子時村《ときむら》の旧妾を新妻としたものの、元の妻（僧常海《じょうかい》の娘）とは離別しておらず、まだ関係が続いていたという記事を載せている（嘉禄二年五月二七日条）。「旧妾」の注記には、北条氏などと婚姻関係にあった武家社会出身の女性は、離別して遠く離れていても、所領を分与されているので、経済力があると記されている。この事例は公棟自身が権勢を求めたのだろう。ただし、この新妻は大酒飲みで、ほどなく離別されたという（同年六月一〇日条）。

　この時期の貴族のなかには、家格は低いながら「権勢」をもつ北条氏などの幕府関係者と姻戚関係を結ぼうとする者も少なくなかった。安貞元年二月八日、藤原公経《きんつね》の子宰相中将実有《さねあり》が公経猶子実清《さねきよ》の武者小路《むしゃのこうじ》宅に新妻を迎えた。その妻は藤原実雅《さねまさ》の妻の妹、すなわち北条義時《よしとき》の娘であった。義時後家《ごけ》が昨年上洛し、清華家《せいがけ》の藤原家嗣《いえつぐ》・源具実《ともざね》など競望する婿候補のなかから実有を選び、泰時もこれを許可したのだという。定家はこの婚姻を「実有に幸運がやってきたのだろう」と評している。家嗣は婿となるために、妻（忠信《ただのぶ》卿の娘）を離縁した甲斐がなかった。純粋な恋を貫く者、「権勢」に目がくらむ者、あるいは両方を手にしようとする者、さまざまである。

おわりに

本稿では、『民経記』の具注暦紙背部分などに書き残された青年貴族藤原経光の熱い恋と、藤原定家が聞き耳を立てて『明月記』に記した男女の色恋沙汰を紹介した。貴族の恋の形は文学作品を通じてステレオタイプ化されているが、実際には純粋な恋からスキャンダラスな濫行まで多種多様、さらに駆け引きや政治的な思惑も入り乱れている。また、藤原頼長《よりなが》の『台記《たいき》』や藤原兼実《かねざね》の『玉葉《ぎょくよう》』くらいにしか書き残されていない皇族や貴族たちの男色《だんしょく》の世界もあったはずである。これまで歴史学の研究対象として馴染まなかった「恋」や、形に表れない「愛」をどう扱うのか、まだ課題のまま残っている。

〈参考文献〉
尾上陽介「『民経記』と暦記・日次記」（五味文彦編『日記に中世を読む』吉川弘文館、一九九八年）
倉本一宏『藤原道長『御堂関白記』を読む』（講談社選書メチエ、講談社、二〇一三年）
高橋秀樹『古記録入門』（東京堂出版、二〇〇五年）
服藤早苗『平安朝の女と男―貴族と庶民の性と愛―』（中公新書、中央公論社、一九九五年）

尚侍藤原頊子（万秋門院）と後宇多院

小川剛生

はじめに

中世の治天《ちてん》の君《きみ》といえば、たいてい奔放というか破天荒な女性関係がつきものであるが、後宇多《ごうだ》天皇（以下原則「院」とする）のそれは、やや異なる。正安三年（一三〇一）、第一皇子の邦治《くにはる》親王（後二条《ごにじょう》天皇）が即位して院政を敷いた時期として、増鏡《ますかがみ》巻一一・浦千鳥《うらちどり》につぎのようにある（西尾市立図書館岩瀬文庫蔵本による）。

> 院の上は、位《くらい》におはせし程《ほど》は、中〳〵さるべき女御更衣《にょうごこうい》もさぶらひ給《たま》はざりしかど、おりさせ給ひてのち、心のまゝにいとよくまぎれさせ給ふ程に、このほどはいどみ顔なる御方々数《かず》そひ給ひぬれど、なほ遊義門院《ゆうぎもんいん》の御心ざしにたちならび給ふ人はおさ〳〵なし。
>
> 中務《なかつかさ》の宮《みや》の御女も、おしなべたらぬさまにもてなしきこえ給ふ。すぐれたる御おぼえにはあらねど、御姉宮の、故院にわたらせ給ひしよりは、いとおも〳〵しうおぼしかしづきて、後には院号ありき。永嘉門院《えいかもんいん》と申《もう》し侍《はべ》りし御事なり。

又一条摂政殿《いちじようせつしようどの》の姫君も、当代堀川《ほりかわ》のおとゞの家にわたらせ給ひしころ、上臈《じようろう》に十六にて参り給ひて、はじめつかたは基俊《もととし》の大納言《だいなごん》うとからぬ御中にておはせしかば、かの大納言の東下《あずまくだ》りの後、院に参り給ひしほどに、ことの外《ほか》にめでたくて、内侍《ないし》のかみになり給へる、昔おぼえておもしろし。加階《かかい》し給へし朝、院より、

　そのかみにたのめしことのかはらねばなべてむかしの世にや帰らん

御返し、内侍のかみの君、頊子《ぎよくし》とぞきこゆめりし、

　契《ちぎ》りおきし心のすゑはしらねどもこのひとことやかはらざるらん

（院は、御在位中には、しかるべき女御更衣もなかなかおられなかったが、御譲位の後は、心のままたいそう忍び歩きをされたので、この頃は、院の寵を争う方々が数々おられるが、それでも遊義門院への御寵愛の深さに匹敵なさる方はまったくいない。

中務卿宗尊《むねたか》親王の御女瑞子《ずいし》女王も、通りいっぺんではない様子に扱われる。格別の御寵愛ではないが、御姉上掄子《りんし》女王が、故亀山院《かめやまいん》の後宮《こうきゆう》におられたよりは、たいへん大切に思って待遇され、後には院号宣下《せんげ》があった。永嘉門院と申しました御方である。

また摂政一条実経《さねつね》公の姫君も、今上《きんじよう》が堀川の大臣の家にいらっしゃった頃、上臈として一六歳で参られて、初めのうちは基俊大納言と深い御関係でいらっしゃったので、基俊が東下の後、院に参られると、たいそう寵愛されて、尚侍《ないしのかみ》におなりになった。昔が思い出されて興が湧く。従三位《じゆさんみ》に叙された朝、院から、

　以前にあてにさせたことは違えなかったから、これから先は、すべてが過去の時代に戻るであろう。

御返歌は尚侍、頊子と申し上げた方が、申し上げる。

　昔約束なさった御気持ちの、未来はわかりませんが。この一事はお言葉通りでした）

後宇多院は在位の間こそ、しかるべき后妃《こうひ》も備わらなかったが、譲位してからは心のままに楽しんだ、とする。寵を受けた女性は多かったが、最も寵愛されたのは従妹にあたる遊義門院であるとし、ついで永嘉門院瑞子、後に万《ばん》秋門院《しゅうもんいん》となった尚侍頊子のことが語られる。後宇多がこの三人の女院（遊義・永嘉・万秋）をそれぞれ鄭重《ていちょう》に扱ったとするのは信じられるもので、増鏡ならではの着眼であろう。

さて三番目の頊子は、女院号宣下はやや遅れて元応二年（一三二〇）のことであるが、やはり後宇多に寵愛され、当時は珍しい尚侍とされた。また女流歌人としても活動し、注意すべき存在であるが、専論はないようである。彼女の地位については、増鏡の伝えるところが正確に理解されず、いろいろと疑問が生じているので、本書に執筆の機会を与えられたついでに、後宇多との関係を中心に伝記を考証しておきたい。

一　問題の所在

女院小伝によれば、頊子は文永五年（一二六八）、関白一条実経の女《むすめ》として生まれた。乾元二年（嘉元元〈一三〇三〉）三月五日、時の後二条天皇の尚侍となり、同日従三位に叙された。徳治三年（延慶元〈一三〇八〉）閏八月一六日、天皇崩御を受けて出家している。後宇多院のことはみえない。

尚侍であったことから、現在も辞典類では頊子を後二条の後宮とするものがある。しかし、後二条より一七歳年長であり、増鏡によれば、後宇多院の後宮としか読めず、問題である。

増鏡の文章にも疑問がある。当代（後二条）が外戚の堀川の大臣（基具《もととも》か具守《とももり》）の家にいた頃に、頊子は上臈として一六歳で出仕した、とする。しかし頊子一六歳は後二条の誕生前である。これにつき和田英松氏は「頊子十六の時は、弘安六年にて、後二条帝御降誕の二年前なれば、事実恊はず。さて廿六は、永仁元年、後二条帝九歳の御時にて、堀川の大臣の家に渡らせ給ひしほどに、よくかなへるをや」と、年齢には一〇歳の誤りがあり、二六歳の永仁元年（一二九三）に後二条（当時は邦治親王）のいる堀川家に出仕した、とする（和田一九二五）。以降の注釈はこれに従うが、摂家の出である頊子が、大臣の家に出仕するであろうか。また二六歳は高齢すぎると思う。頊子の出仕と、後二条が

関係系図

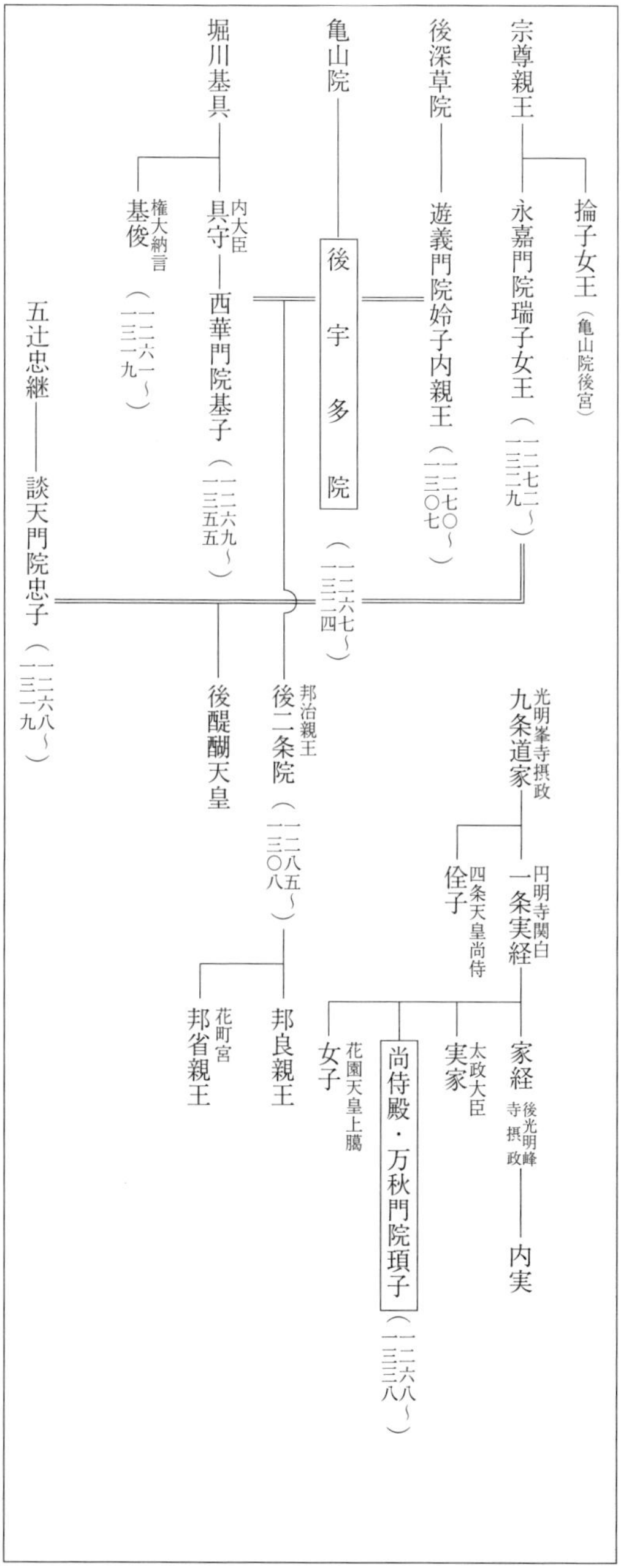

関連年表

年	西暦	月	頊子の年齢	事項
弘安6	1283		16	上臈として出仕.
8	1285	3	18	邦治親王誕生，母堀川基子．堀川邸で養育.
10	1287	10	20	後宇多天皇譲位，仙洞は冷泉万里小路殿.
正応2	1289	10	22	堀川基俊，将軍久明親王に供奉し鎌倉下向.
永仁6	1298	6	31	邦治元服.
		8		邦治立太子.
正安3	1301	正	34	邦治践祚（後二条），後宇多院政.
嘉元元	1303	3	36	除目で尚侍となり，従三位に叙され，頊子と名乗る.

誕生後に堀川家で暮らしていた時期とは、ひとまず切り離して考えたい。

それから岡一男氏は、増鏡にのっとって、後宇多が頊子を寵愛し、尚侍に任じたとするが、後宇多院・堀川基俊・頊子が三角関係にあり、源氏物語《げんじものがたり》に登場する朱雀院《すざくいん》・光源氏《ひかるげんじ》・朧月夜《おぼろづきよ》になぞらえられているとした。「昔おぼえて」とは、「源氏物語の朧月夜内侍が源氏の君と関係があつたのに、その須磨《すま》左遷後、朱雀院に参り、尚侍に任ぜられたのに似てゐてをかしいといふのである」と解した（岡一九四八）。

これに対して、源氏物語の影響は深く烈《はげ》しいものではないとする立場から、「昔おぼえて」という場合の「昔」は、あくまで現実に起きた過去であって、物語の内容ではない。長い空白時が埋められて女官最高位の尚侍の登場を見たことが「昔おぼえておもしろし」ではなかったか、とする反論も出ている（伊藤一九九二）。

以上を整理すれば問題点は、

(1)頊子の出仕先はどこか？

(2)年齢の矛盾はどう解決するか？

(3)後宇多は頊子をなぜ廃絶していた尚侍にしたのか？

となる。

二　内裏の上臈から院の上臈へ

頊子はまず後宇多の在位中に上臈として内裏《だいり》に参った、と解すべきであろう。

上臈には、女房の階層（大臣大納言の女で位は二位三位、典侍《ないしのすけ》となる）を指すのと、固有の地位を指す用法とがある。後者は「典侍に出るよりも高い家格、清華《せいが》家の出身者であり、奥向きで最も高貴な出自の女房であった。その上臈局《つぼね》の職掌《しよくしよう》は天皇身辺に関する奉仕以外に際立った特筆すべきものはない」（吉野一九八四）。三条公忠《さんじようきんただ》女厳子《げんし》が応安四年（一三七一）に践祚《せんそ》直前の後円融《ごえんゆう》天皇に出仕して以来、定着するとされるが、実はもっと古くから存在した。花園《はなぞの》天皇の正和四年（一三一五）に行われた、詠法華経和歌《えいほけきようわか》は京極為兼《きようごくためかね》の勧進《かんじん》で、彼の失脚の遠因となった催しである。これに「内裏上臈」が詠を寄せている。「後一条入道関白女」との注記があり、実経の女、つまり頊子の姉妹となる。この上臈は花園院宸記《しんき》には所見がないが、花園もまた在位中に中宮・女御の冊立がなかったから、その欠を補するため、形ばかりの奉仕をしたのであろう。頊子も同様ではなかったか。

それでは「当代、堀川のおとゞの家に……はじめつかたは基俊の大納言うとからぬ」の解であるが、当代後二条天皇、つまり邦治親王が生母基子の実家堀川家で養育されたことは記録で確かめられる。しかし第一皇子であるゆえ、行始《ゆきはじめ》や御魚味《おぎよみ》といった通過儀礼の時には、父の後宇多のもとに参上したらしい。たとえば、後宇多譲位後であるが、弘安一〇年（一二八七）一二月一二日、仙洞《せんとう》万里小路《までのこうじ》殿にて邦治の御魚味があり、この日、儀同三司《ぎどうさんし》（堀川基具）第より入御したとある。その陪膳をつとめたのは中納言であった堀川基俊であった（実躬卿記《さねみきようき》）。親王の出行には、基俊がつきしたがったゆえ、後宇多の上臈である頊子と関係が生じた、という事情なのであろう。

正応二年（一二八九）一〇月、基俊は新たに鎌倉幕府将軍となった久明《ひさあき》親王に供奉《ぐぶ》して東下する。そのまま帰京せず将軍に奉仕したので、頊子があらためて後宇多院に召され寵愛されたのである。ここで頊子の歌歴をみると、永仁六年（一二九八）、後宇多が近臣たちと亀山殿で開催した五首歌合《うたあわせ》に出詠している（拾遺現藻和歌集《しゅういげんそうわかしゅう》）。おそらく身分としては在位の時より引き続いて、院の上臈として活動しているのであろう。

しかし、正式な配偶ではない。退位後に後宮の女性を皇太后、ついで女院とする例は過去にあるが、それはほぼ国母《こくも》であったからである。また鳥羽《とば》上皇に入内《じゅだい》して女御となった、藤原忠実《ただざね》女泰子《たいし》の例はあるが、実家の一条家はそうした意欲をみせない（理由は後述）。そこで後宇多は頊子の処遇に心をめぐらしたのであろう。珍しく摂関家の生まれなので、後二条の即位を期して、その尚侍とする構想が生じてきたのだと思われる。

三　尚　侍

尚侍は、内侍司《ないしのつかさ》の長官であり、天皇の側近くで伝宣《でんせん》・奏事《そうじ》を担当し、また後宮を統轄する重要な官とされる。老練の女性が任ぜられ、たいてい既婚者でもある。それが一〇世紀末より摂関が自らの女を幼くして任じ、成長してから皇太子や天皇に配する事例が続出した。とりわけ藤原道長が三人の女子をあいついで尚侍としたことから、「執柄《しっぺい》（摂政・関白）の女など是《これ》に任ず。女御・更衣、同じ程の事なり。近代はこの官《かん》に任ずる人まれなり」（百寮訓要抄《ひゃくりょうくんりょうしょう》）といった理解が定まった。

尚侍が労功ある高級女官から、摂関家の「きさきがね」の女子を待遇する地位へと変化していった時期、源氏物語ほかの作り物語にも尚侍が登場し、かつそこではしばしば天皇の寵愛を受ける設定がされた。このため尚侍についての先行研究はこの時期の分析に集中する。尚侍は藤原教通《のりみち》女の真子《しんし》をもって一度中絶し、鎌倉期になって九条道家《くじょうみちいえ》女佺子《せんし》、ついでこの頊子が孤立的に出現する。

佺子は、頊子の叔母にあたる。増鏡やその典拠である五代帝王物語《ごだいていおうものがたり》には、父道家が長女竴子《しゅんし》を後堀河天皇に入内させた後、宮仕えしたとある。しかし、尚侍に任じたのは仁治元年（一二四〇）のことである。道家の意向ではあったが、すでに後堀河は崩御していた。また時の四条天皇には、まもなく道家嫡男故関白教実《のりざね》の女彦子《げんし》が入内し女御となるので、佺子は「きさきがね」の女子ではなかったであろう。

道家は佺子を多くの子女のうち最も鍾愛していたため、この官に任じたとみられる。摂関家の女子を待遇するためにこの官が用いられたという点は、頊子の場合にも参照されたであろう。なお、道家は、天慶（忠平《ただひら》女貴子《きし》）・寛弘（道長女研子《けんし》）の例を意識したと語っている（平戸記《へいこき》）。頊子について、増鏡が「昔おぼえておもしろし」とするのは、やはりこうした摂関家全盛期を象徴する、過去の任官の例を指すのであろう。

しかし、増鏡には、源氏物語の影響がきわめて強いのも事実である。個別の語句も、ほぼすべて源氏物語に用例が求められる。文章もよほど作り物語のそれに近い。事柄を細部まで忠実に伝えることよりも、源氏物語の表現を用いることを優先したともいえる（小川二〇一七）。

たとえば、冒頭に引用した、増鏡の「浦千鳥」巻の書き出しで、後宇多を「院の上」とするのは、もとより上皇を指しながら、この語が源氏物語でとくに用いられることに留意しなくてはならない。増鏡では、風流韻事《いんじ》にかかわって治天の君を語ろうとするとき、この語を使おうとする傾向がある。続いて「中〳〵さるべき女御更衣もさぶらひ給はざりし」とするのは、更衣は絶えて久しいので錯誤と言えるが、これも「女御更衣」が、後宮の女性を意味する語として、よくなじんでいたので使ったまでのことである。こうした筆法は、史書としての価値を損なうが、くだくだしい説明を省けるし、当時の読者には意図もよく伝わったであろう。「いとよくまぎれさせ給ふ」も、男主人公が非公式に女性と関係を結んでそのもとに通うことを意味する、物語ならではの語である。

とすると、頊子が「上﨟に十六にて参り給ひて」にも、「(御息所《みやすどころ》は)十六にて故宮に参りたまひて、二十にて後れたてまつりたまふ」(賢木《かしわぎ》巻)という文章が想起される。もとよりこうした年齢は厳密ではなく、一六歳という点にあまりこだわることはないのかもしれない(出仕は一八歳から二〇歳の間となる)。

増鏡は源氏詞《ことば》でできているとはいえ、影響は構想や思想に及んではいないとして、伊藤氏のような評価も生まれるかもしれない。たしかに朧月夜のことは考えなくともよいと思うが、源氏物語にはもう一人尚侍が登場する。頭《とうの》中将《ちゅうじょう》と夕顔《ゆうがお》の遺児で、源氏が養女にした玉鬘《たまかずら》である。玉鬘は源氏の計らいで尚侍となったものの、出仕以前に鬚黒《ひげくろ》が玉鬘に通ずる。その後、ようやく出仕するが、帝《みかど》は未練があってかきくどく。真木柱《まきばしら》巻である。

「あやしうおぼつかなきわざかな。よろこび(叙位)なども、思ひ知りたまはんと思ふことあるを、聞き入れたまはぬさまにのみあるは、かかる御癖なりけり」とのたまはせて、

などてかくはひあひがたき紫をこころに深く思ひそめけむ、

濃くなりはつまじきにや」と仰せらるるさま、いと若くきよらに恥づかしきを、(源氏と)違ひたまへるところやある、と思ひ慰《なぐさ》めて聞こえたまふ。宮仕《みやづかえ》の労もなくて、今年加階《かかい》したまへる心にや。

いかならむ色とも知らぬ紫を心してこそ人はそめけれ

(冷泉帝《れいぜいてい》は玉鬘に「変に心もとない態度だ。今度の叙位などからも、私の気持ちもよく理解されたと思っていたのに、

まるで気にも留めていない様子であるのは、そういう性格なのだな」とおっしゃって、

どうしてこのように逢うことのできない紫の衣の人を心に深く思いはじめてしまったのか

これ以上は深くはなれない仲だったか」とおっしゃられた様子、実に若く美しく、こちらが気後れするほどなのを、あの光源氏と同じでいらっしゃるのだ、と気持ちを落ち着かせ、御返歌申し上げる。宮仕の功労もないのに、今年位階を賜った謝意を表したのか。

どのような情けとも分らない紫の色、これは格別のお気持ちで賜《たまわ》りましたのですね）

尚侍玉鬘の「加階」が叙従三位であることは河海抄《かかいしょう》の指摘がある。この場面を想起すれば、「宮仕の労もなくて、今年加階したまへる心にや」という一文が、尚侍となっても（後二条には）仕えた経歴もなくて加階した頊子とよく重なる。源氏物語の影響はやはり相応に重くみる必要があろう。

四　頊子の実父

ところで、玉鬘は光源氏の養女として宮仕えに上がった。これは源氏の計略でもあったが、頊子にも実は似たような事情があったらしい。

増鏡の本文には諸本異同がないが、ただ一つ、「一条摂政殿の姫君」のところ、十九巻本の最古写本である尊経閣《そんけいかく》文庫蔵後崇光院《ごすこういん》筆本には、本文と同筆で「太政大臣実家《さねいえ》の御むすめ」という傍注がある。十七巻本でも桂宮《かつらのみや》本（江戸前期写）に「太政大臣実経《さねつね》（ママ）御女」とあり、この傍書は十七巻本・十九巻本にも等しく存在することで原本にあった

と目され、かつ後崇光院筆本がほんらいの形を伝えていると思われる。

頊子は実は太政大臣実家の女であるという。これは一条実経の二男の実家（一二四九～一三一四）である。実家は、一家を構えられず、兄家経の一条室町《むろまち》第に同居していたようで、権大納言《ごんのだいなごん》に任じてからは官歴が停滞し、弘安二年（一二七九）正月一〇日、鷹司兼忠《たかつかさかねただ》に左大将《さだいしょう》を超越されると、官を辞退し籠居した。その鬱憤は道理にあたらず、といわれた（兼仲卿記《かねなかきょうき》）。才覚も財力も乏しかったのであろう。そのまま、実に二〇年以上出仕しなかったのである。はじめ頊子が上臈として宮仕えしたのは、摂家といってもそのような庶子の女であったからなのであろう。尚侍に任ずるにあたり、おそらく後宇多の計らいで、頊子はすでに没して久しい祖父の関白実経の子とされたのであろう。このことを裏づけるのは、嘉元三年（一三〇五）閏一二月二一日、実家が突如内大臣《ないだいじん》に任じられたことである。頊子の後援が容易に推測されよう。

頊子の邸は花町第で、実家の一条室町第の敷地にあった（桃華蘂葉《とうかずいよう》）。後宇多院の御幸《ごこう》がしばしば確認される。嘉元元年五月二四日、この第から尚侍の拝賀を行ったが、後宇多の命により、左大臣九条師教《もろのり》以下、実に九人もの公卿が扈従《こしょう》させられた（公茂公記《きんもちこうき》）。徳治元年（一三〇六）三月二六日には春日社に参詣したが、これもすべて後宇多の沙汰《さた》であり、「一向女院御幸の儀たるべし」と命じられた（実躬卿記）。もって後宇多の寵が甚だしいことを知るが、一方で廷臣たちの反感を買っていたことも分かる。これも頊子の出自に理由があるのであろう。

なお、頊子には後宇多からいくつかの荘園の領家職《りょうけしき》が与えられ、経済的な基盤も得たが、このうち四辻宮《よつつじのみや》家領であった筑前国植木荘《うえきのしょう》は、後に後二条の第二皇子であった邦省《くにみ》親王に譲られた（東寺百合文書《とうじひゃくごうもんじょ》）。邦省は後に花町宮と号したので、これも後宇多の計らいによって、頊子と猶子《ゆうし》の関係にあり、その没後、邸第を相続したものであろう。

五　任官興行

ところで、後宇多と頊子の贈答歌は、新後撰和歌集《しんごせんしゅう》にも入集する（雑中・一四〇四～〇五）。後宇多が下命《かめい》し、二条為世《ためよ》が撰進した、一三番目の勅撰集である。奏覧は嘉元元年（一三〇三）一二月であるので、まさに当代の作品である。再掲する。

除目《じもく》のあした、尚侍藤原頊子朝臣《あそん》にたまはせける　太上天皇

そのかみにたのめし事のたがはねばなべて昔の世にやかへらむ

御返し　尚侍藤原頊子朝臣

ちぎりこし心のすゑはしらねどもこのひとことやかはらざるらん

男女の間の恋歌であるが、この集で前後の和歌は任官に関わる感慨を詠むので、勅撰集としては尚侍の官の再興に焦点を合わせている。一事が万事、こうやって、すべてが古い時代に戻るであろう、と後宇多はいい、頊子がそれを肯定する、という唱和になる。尚侍は、佺子を除けば、ほぼ二〇〇年ぶりの再興であった。

後宇多の治世にはこうした古い官職を復活させることがみられる。乾元元年（一三〇二）二月二七日に土御門雅房《つちみかどまさふさ》を弾正尹《だんじょうのいん》に任じた。弾正尹は承徳二年（一〇九八）より二〇〇年間も闕員《けついん》であった。後宇多は弾正台の再興に関心があり、続いて徳治元年（一三〇六）一一月二七日、大弼《だいひつ》に洞院公敏《とういんきんとし》、少弼《しょうひつ》に万里小路宣房《のぶふさ》を任じた。弼に公卿の任じられるのは長保以来であった（実躬卿記）。かつ、いずれも後宇多の信任した廷臣である。嘉元二年三月七日には、尊治《たかはる》親王を大宰帥《だざいのそち》に任じたが、帥の正官は治承より、親王の任官は延久より絶えていた。

官職の補任に、家格を重視する近代の慣例を排して、過去の秩序を再興しようとする、「任官興行」ともいえる動きは、どの治天の君にもみられるが、後宇多により復活した官は、だいたい摂関期から中絶しているもので、極端である。かつ、そこに寵臣を任じているのである。尚侍の再興もこの流れの上にあると評価できよう。

おわりに

頊子にはほかにも注目すべき点がある。たとえば和歌事績でも、花町第で歌合を主催したこと、後宇多の召した嘉《か》元百首《げんひやくしゅ》の作者となったことなどが挙げられる。その嘉元百首には珍しいことに自筆清書本の断簡が現存する（大東急文庫蔵手鑑《てかがみ》〈鴻池家旧蔵〉）。稿をあらためて論じたい。この時期の女院は独立性に欠け、治天の君に頼る存在であったし（そのことは増鏡でも春の別れ巻で万秋門院となった頊子のことを「故院の御かげにてのみすぐし給へれば」とする）、摂関家も存在感が乏しいが、頊子には珍しく自身の活動がある。現在それは埋もれてしまっているが、増鏡が物語風に脚色しながらも、頊子に着目したことは史書としての価値であろう。後宇多も、他の女性には見られない、頊子のそういった才能を愛して、ともに四十歳近くなっても引き立て、処遇したように思える。

〈参考文献〉
伊藤敬「私注三則」（『増鏡考説—流布本考—』新典社、一九九二年）
岡一男校注『増鏡』（朝日新聞社、一九四八年）
小川剛生「四鏡」（『歴史と地理　日本史の研究』二五八、二〇一七年）
後藤祥子「尚侍攷—朧月夜と玉鬘をめぐって—」（『源氏物語の史的空間』東京大学出版会、一九八六年）

山田彩起子「平安中期以降の尚侍をめぐる考察」（『古代文化』六四―二、二〇一二年）
吉野芳恵「室町時代の禁裏の上臈―三条冬子の生涯と職の相伝性について―」（『国学院雑誌』八五―一、一九八四年）
和田英松ほか校注『重修　増鏡詳解』（明治書院、一九二五年）

娘の密通、そのとき母は……

清水克行

一　怒る母

室町時代の社会を考えるうえでの基本史料とされる、伏見宮貞成親王《ふしみのみやさだふさ》の日記『看聞日記《かんもんにっき》』(『図書寮叢刊　看聞日記㈠〜㈦』明治書院、二〇〇二〜一四年)。そこには政治史上の重大事件から、彼が住んだ京郊伏見の御所内外での公《く》家《げ》・侍《さむらい》・荘民《しょうみん》との日常的な交流も詳細に語られている。以下では、そのなかから彼の御所《ごしょ》内の女房社会に注目して、当時の女性の地位や恋愛観・家族観を考えるうえで興味深い二つの逸話を紹介してみたい。

まず一つめは、永享五年(一四三三)閏七月に伏見宮家で起きた些細《ささい》な醜聞事件である。まずは関連史料を読み下し文にして掲げよう。

(閏七月二二日)そもそも清賢《きよかた》、南御方局女《みなみのおんかたつぼねめ》小督《こごう》蜜会《みつかい》せしむるの由《よし》、母日司申し出ず。他人申さず、母申すの条、不可説なり。よって清賢(生島)起請《きしょう》を書かしめ、さらに実犯《じつぼん》なし、向後《きょうこう》また同前、その外《ほか》、宮中女房狼藉《ろうぜき》いたすべからざるの由書きおわんぬ。もし虚名《きよめい》たらば、親の身として子を讒言《ざんげん》、不思議の事なり。（閏七月二五日）清賢告文《こうもん》三ヶ日質《（失）》なく無為《ぶい》なり。よって母日司退出すべきの由仰《おお》す。虚言申し出で然《しか》るべからざるの間《あいだ》、向後のため厳密に仰す。

ある日、伏見御所に出入りしていた地下官人《じげかんじん》、生島清賢《いくしまきよかた》が、貞成の正室である南御方（庭田幸子《にわたゆきこ》）の局女、小督と密通しているという噂が流れた。小督は二年前に真乗寺の麗首座《れいしゅそ》の紹介で南御所の局女となった女性である（『看聞日記』永享三年一一月一四日条）。こうした宮女《きゅうじょ》の密通事件は、この時代の宮廷社会ではさして珍しいことではない。しかし、今回の事件の特殊なところは、これを告発したのが、ほかならぬ当事者の母親だったことだ。

この時二人の仲を告発した母親「日司」も、同じ伏見宮家に仕える女房であったらしい（「日司」は「非司」とも。台所に仕える下級女房。松薗二〇一八）。清賢の父は同じく地下官人で伏見御所に頻繁に出入りする生島明盛《みょうせい》であるが、清賢の母、つまり明盛の妻は「明盛夫妻」として別に『看聞日記』に登場する（永享六年正月一九日条）。そのため、この日司は清賢の母ではなく、もう一方の小督の側の母であろう。

この日司からの告発を受け、清賢は無実を主張して起請文《きしょうもん》を書き、今回の件は潔白であること、今後もそのようなことは誓ってないこと、そのほか、伏見御所内でふしだらな振る舞いはしないこと、の三ヶ条を神仏に宣誓した。これに対して、日記の記主貞成は「もし冤罪《えんざい》だったならば、親の身でありながら実の子を誣告《ぶこく》するとは、思いも寄らぬことである」と、小督を告発した母日司への不信感を吐露している。

はたして三日後、起請文を書いても神罰を示す「失」の徴候は現れず、清賢の無実は証明された。しかし、根拠もなくわざわざ実の娘を告発した日司に対する貞成の嫌悪は収まることはなかった。貞成は日司を御所内から追放処分とした。虚偽の告発を行ったのは怪しからぬことであり、今後、似たようなことが起こらぬためにも、ことさらに厳罰に処したらしい。

ところが、この母親の心配は杞憂《きゆう》ではなかった。本題からは逸れるが、その後の小督についてみておこう。この事件から二年後の永享七年四月、小督は突然「老母」（日司）の病気見舞いと称して、宿下がりを願い出る。ところが、不審に思って問いただしてみると、彼女の宿下がりの真相は「密通」の結果の「懐妊」のため、であった。しかも、そのお腹の子供の父親は、伏見荘の地侍《じざむらい》で庭田家の青侍、小川重氏。事情を知った貞成が厳罰に処そうとしたところ、彼女はいち早く前日に御所を出奔してしまう（永享七年四月二八日条）。密通の相手こそ違ったが、母親の心配は現実のものとなったのだった。あるいは、日司はすでに二年前から彼女の異性関係のそんな危うさを察知していたのかもしれない。

ただ、この逸話を読むかぎり、貞成の言うとおり「親の身として子を讒言」するのは「不思議の事」であり、当時でも通常は考えられないことだったようだ。母親ならば、わが子が不義を犯したというような、わが子の不利益になることをみすみす暴き立てるはずはない、ということだろう。だとすれば、日司の母だけが、特別に倫理的に厳格な女性だったのだろうか。あるいは、さすがの実母もみかねるほど、小督の男出入りは度を越したものだったのだろうか。そのほかの事例をみてみると、どうもそうとばかりはいえないようだ。

二　慌てる母

つづいては、さきの一件からわずか二ヶ月前の同年五～六月に同じく伏見宮家で起きた、似たような醜聞事件をみてみよう。少々長いが、その関係記事を以下にまとめて読み下し文で列挙する。

（五月一八日）南御方・春日・御乳人《おちのひと》・重賢《しげかた》(庭田)、清水に参詣す。(南御方)局やがて下向《げこう》す。春日・御乳人は七ヶ日参籠《さんろう》すべしと云々《うんぬん》。春日宿願《しゅくがん》ありて断食すべしと云々。荒行《あらぎょう》穏便ならざる事か。かねて暇《いとま》も申さず、隠蜜《おんみつ》に参らしめ、御乳人同じく参籠すべしと云々。

（五月二一日）春日断食の事、外聞《がいぶん》も然《しか》るべからざるの間《あいだ》、三ヶ日ニて止《や》むべきの由仰《よしおお》せ遣《つか》わす。然れども宿願の間、七ヶ日果たし遂《と》ぐべきの由申す。窮屈《きゅうくつ》ならず、殊《こと》なる事なしと云々。

（五月二五日）春日殿・御乳人、清水より下向す。断食無為《ぶい》なり。心神《しんしん》殊なる事なしと云々。風呂に入る、例の如《ごと》し。春日いささか虚名の事あり。よって此《かく》のごとく断食か。

（六月三日）そもそも春日、北野参るの由申す。虚名の事、長資朝臣《あそん》(田向)蜜通の由、ある人告げ申すの間、母御乳人密々切諫《せっかん》すべきの由仰すの処《ところ》、かってもってその儀なきの由、誓状《せいじょう》をもって陳《ちん》じ申す。しかるになお聖廟《せいびょう》参籠すべしと云々。虚名の上は、沙汰《さた》に及ぶべからざるの処、諸方参籠外聞然るべからざるの間、父卿(庭田重有)ニ切諫申せしめおわんぬ。

（六月四日）雨下る。重賢出京す。春日同道《どうどう》せしめ帰参すべきの由仰す。もしなお帰参せざれば、御乳人ニ中を違《たが》うべきの由、誓文《せいもん》をもって申し遣わす。重賢帰参す。御乳人驚き申す。さらに退出の所存なきの由申す。北野三ヶ日参籠果たし遂げ、六日必ず帰参すべきの由申す。長資朝臣も種々陳じ申す。さらニその儀なきの由誓状をもって申す。両方此のごとく申す上は、虚名の条子細《しさい》なきか。

（六月六日）春日殿、北野より帰参す。御宮笥《おみやげ》・樽《たる》持参す。御乳人内裏《だいり》いまだ祗候《しこう》せずと云々。虚名落居《らっきょ》、無実の条珍重《ちんちょう》なり。

ことは五月一八日、貞成正室の南御方と、伏見御所の女房春日局《かすがのつぼね》（庭田重有《しげあり》の娘）とその母賀々《がが》（後花園《ごはなぞの》天皇御乳人。庭田重有の妻）、庭田重賢（庭田重有の嫡子《ちゃくし》）の四人が連れ立って清水寺《きよみずでら》に参詣したことに始まる。この時、南御方はすぐに御所に帰ったが、春日局と母賀々だけは七日間参籠するといって、清水寺に居残ってしまった。しかも春日局のほうは「宿願」があって「断食」するという。この話を聞いた貞成は、この「荒行」に対して「穏便ならざる事か」との感想を漏らしている。春日局は事前に貞成に暇乞《いとまご》いもせず、勝手に清水寺に参詣し、母賀々もそのまま一緒に参籠することになってしまったらしい。日記の書きようからすると、この時点で貞成は春日局の周辺で何が起こっているのか、まだまったくわかっていなかったようだ。

そして同二一日、春日局の断食も三日目に突入。さすがに「外聞」も悪いので、貞成は春日局に断食の中止を命じた。しかし、彼女は「宿願」であると譲らず、七日間の断食をあくまでも成し遂げると返答してきた。彼女の返答によれば、体調に悪いところはなく、とくに問題もないとのことだった。

やがて七日目の同二五日、断食を終えた春日局と賀々母子は無事に伏見御所に帰ってきた。心身に問題はなかったという。しかし、ここで初めて貞成は、春日局に「虚名」の問題が浮上していることを知り、それが「断食」の原因なのではないか、と疑いをもつ。

翌月の六月三日、春日局は突然、こんどは北野社に参籠すると言い出す。きっかけは貞成の一言だった。すでにこれ以前、春日局が田向長資《たむけながすけ》と「蜜通」しているとの噂が御所内に流れていた。これを「或人《あるひと》」から耳にした貞成は、春日局の母賀々に「密々」に春日局に「切諫」するように要請した。ところが、これに春日局はヒステリックに反応した。彼女は決してそのような事実はないと「誓状」を認《したた》めて猛烈に反論し、そのうえさらに「聖廟」（北野社）への参籠を企《くわだ》てたのである。

きっと先の五月一八日から二五日の清水寺での「断食」も、貞成が予測したとおり、この「虚名」の潔白を証明するための行為だったに違いあるまい。母賀々は貞成に言われるまでもなく、五月の時点で娘に対する「密々」の「切諫」を行ったのではないだろうか。しかし、これに反発した娘は抗議の「断食」を決行。収まりがつかなくなった賀々は、仕方なくそのまま娘と一緒に参籠するはめになったといったところではないか。その時、清水寺では母娘の間で、噂の真偽をめぐって相当に激しい応酬が展開されたであろうことは想像に難くない。

ちなみに、前節で紹介した逸話で南御方の局女と密通の疑いがかけられた生島清賢も、事件発覚二ヶ月前に石山寺《いしやまでら》に参詣して、やはり七日間の謎の「断食」を行っている（六月一一日・一九日条）。この時点で、すでに清賢の身辺に噂が流れはじめており、清賢の行動にそれへの抗議の意図があったのだとすれば、当時、身に覚えのない醜聞への抵抗として寺社への参籠・断食はしばしばとられる手段だったのかもしれない。

なお、春日局の醜聞の相手である田向長資は伏見御所に祗候する公家で、当時すでに四〇歳前後。春日局の実母賀々とほぼ同年代と考えられている（植田・大澤二〇一五）。親子に近い年齢差からしても、春日局にしたら、この醜聞はなんとしてでも打ち消さねばならないものだったのかもしれない。

貞成の一言が引き金になって二度目の参籠がなされようとしたのに対して、貞成は「冤罪だというのならば何の問題もないのに、あちこちに参籠をするのはかえって聞こえの悪いことになる」と、こんどは実父の庭田重有に「切諫」を要請した。ここで、今回の事件にやっと父、重有の名が登場する。

翌四日、貞成は春日局のきょうだいである重賢を上京させ、北野社から彼女を一緒に連れ帰ってくるように命ずる。そのうえで賀々に「もしまだ帰参しなければ、親子の縁を切る」との「誓文」を書いて送り届けさせた。貞成最後の強硬手段である。しかし、結果、重賢は一人で京から帰ってきて、賀々を驚嘆させることになる。春日局は「北野社を出る気は毛頭ない、ただし三日間の参籠を果たした六月六日には必ず帰参する」との返事をかえしてきた。さらに密通相手と名指しされた田向長資もさまざま抗弁を行い、まったく身に覚えがない、との「誓状」を貞成に宛てて認めた。こうなると、さしもの貞成も強硬手段をとることはできず、「当人二人がそこまで言うのならば、冤罪であることは間違いないだろう」と、事態を静観することになった。

かくして約束の六月六日、春日局は北野社から無事に帰参する。ご丁寧に彼女は土産と酒樽まで持って御所に現れた。この間の心労から賀々は内裏への出仕はできない状態にあったが、とりあえず「虚名」は晴れて、めでたく「無実」が証明された、と貞成は日記に書き記している。

ただ、このあと春日局は同年八月末にも「にわかに思い立」って天王寺《てんのうじ》に下向している。表向きの理由は、天王寺比丘尼《びくに》御所妙厳院《みょうごんいん》に入室して先頃得度した、貞成の娘「めここ」に会いに行くためだったが（八月二八日条）、天王寺への滞在は三ヶ月におよび、ようやく伏見に帰ってきた時も、貞成は日記に「いささか子細あり。記すにあたわず。無為の上洛珍重なり」（若干事情があったが、それは日記に記すまでもないことである。ともあれ無事の帰宅でよかった）と記している（一一月三〇日条）。その後も、わだかまりは残っていたのだろう。真実は藪の中だが、ともかくもこの一件は、こうして落着をみた。

三　娘の性に対する母親の監督役割

以上、紹介した二つの逸話からは、中世社会において、わが子が不義を働いた（という噂が流れた）時の母親の役割がみてとれる。前半の事例では、母は率先して娘を告発して、むしろ貞成から顰蹙《ひんしゅく》を買っているほどである。また、後半の事例でも、貞成からの要請を受ける前に、母は自主的に娘の不義を独自追及しているようである。いずれにしても、両事例とも、母親が娘の不義の醜聞に対して真っ先に追及を行おうとしていることが確認できる（前者はそれを公にして告発しようとするのに対し、後者は内々に隠蔽しようとしているという違いはみられるが、それは二人の母の個性の相違に由来するものだろう）。そして、そのどちらの事例においても、この問題に関して家父長として厳格な態度を示してもおかしくないはずの父親の影は、むしろ薄い。基本的には母親が表に立って事態が推移しているのである。

こうした現象がみられる背景の一つとしては、これらの問題が娘と母親に共有される〝女の領域〟に関わる問題であるという点は大きいだろう。そこには同じ家族であっても男性にはあずかり知らない機微があり、娘と母の関係のなかで優先的に処理されるべき問題であるという認識があった可能性は高い。実際、後半の事例の場合、貞成が最初、父ではなく母に「切諫」を求めたのも、そうした娘の性に対する母親の監督役割への配慮があったに違いない。これは、中世日本における母系の役割という観点からも無視できない現象である。

ちなみに、日本古代社会においても、近年、「娘の性に対して母親が大きな影響」をもっており、「娘の性についてその母の承認をえて、男性が女性の許へと通う事実の集積が婚姻とみなされた」ことが指摘されている（今津二〇一五）。

しかし、もう一つ、ここでの母親らの追及は現代人の感覚からすると少々過激に走りすぎている印象も受ける。実の娘の密通を暴き立てた前半の事例はいうまでもなく、後半の事例も、娘を結果的に「断食」にまで追い込んでしまっている。この手の問題が起こった際、同性である母親は娘を擁護する側にまわりそうなものだが、むしろここでは娘を率先して指弾する側にまわっているのである。「娘の密通」という問題に直面した時の、この母親らの厳しい追及は、いったい何に由来するものなのだろうか。それを考える時想起されるのは、少々突飛な話題ではあるが、南アジアや中央アジアなどに今もみられる女性に対するさまざまな差別的・抑圧的な慣習の数々である。

一例をあげれば、タブーを破り自由恋愛（婚前・婚外交渉）を行ったとみなされた女性が「家族や地域の名誉を汚した」として近親者や地域民に殺害されてしまう、いわゆる「名誉殺人」がある。その凶行は多くの場合、父親や兄などの家父長によって行われることが多いようだが、場合によっては、同じ女性であるはずの実の母親によって主導されることも少なくなかった。

具体例をあげれば、二〇一二年一一月、パキスタン北部のカシミールでは、通りがかりの少年を見たというだけで一五歳の少女が母親に酸を浴びせられ殺害されている（「「少年を見た」娘、母親が酸を浴びせて死なす」二〇一二年一一月六日AFP通信ニュース）。二〇一六年五月には、同じくパキスタン北部で、友人の駆け落ちを手助けした一六歳の少女が、「少女の母親」ら一三人によって首を絞められ殺害され、遺体が燃やされている（「駆け落ち助けた少女殺害」『日本経済新聞』二〇一六年五月六日夕刊）。

また、男性が女性を突然強引に連れ去り、結婚を強要する掠奪婚《りゃくだつこん》の習俗は、中央アジアのキルギスでは違法とされながらも、今なお行われている。その実態を取材したフォトジャーナリストの林典子氏によれば、「被害者の親も同じ価値観を持っていることが多いため、娘を救出に行くよりも諦めさせる方に傾きがち」だという。さらに「首謀者の親族女性たちが「私も誘拐されたけど幸せになれたから大丈夫」と被害者を説得する現実もあった」（「誘拐結婚、キルギスの文化か」『朝日新聞』二〇一三年一二月三日夕刊、林二〇一四参照）。

家父長制的な社会において、その性差別的な体制を再生産していくのが男性のみとはかぎらない。時として女性も、その体制の再生産に寄与することがありえた。自身が半生の間に抑圧的な体制に慣れ親しんでしまったがゆえに、母親はかえって次の世代への抑圧を後押ししてしまう立場にもなりえる。本章で紹介した娘の不義を追及する二人の母親たちの心理にも、同様のものがあったのではないだろうか。

中世後期になると、人妻と密通した間男《まおとこ》に対する制裁である「妻敵討《めがたきう》ち」について、姦夫《かんぷ》・姦婦《かんぷ》双方を殺害するという対応が一般化してゆく。このうち不貞を犯した妻への制裁が、この時期に強化されていく要因としては、当事者間の相殺観念もさることながら、妻を夫側の家の従属物とみなす考えの定着や性意識の変化なども想定されている（五味一九八二、海老澤二〇〇〇など）。本章で述べたような娘の性に対する母親の監督役割も、逆説的ながら、そうした風潮を推し進めることに一定の役割を果たした可能性はないだろうか。だとすれば、当該期の女性の地位をめぐる問題は、さらに複雑で根深いものがあったといわざるをえない。

〈参考文献〉

今津勝紀「古代の家族と女性」（『岩波講座日本歴史4　古代4』岩波書店、二〇一五年）
植田真平・大澤泉「伏見宮貞成親王の周辺―『看聞日記』人名比定の再検討―」（『書陵部紀要』六六、二〇一五年）
海老澤美基「密懐」（総合女性史研究会編『史料にみる日本女性のあゆみ』吉川弘文館、二〇〇〇年）
勝俣鎮夫「中世武家密懐法の展開」（『戦国法成立史論』東京大学出版会、一九七九年、初出一九七二年）
五味文彦「女性所領と家」（女性史総合研究会編『日本女性史2　中世』東京大学出版会、一九八二年）
林典子『キルギスの誘拐結婚』（日経ナショナルジオグラフィック社、二〇一四年）
松薗斉『中世禁裏女房の研究』（思文閣出版、二〇一八年）

宮中の恋
——室町後期の女房たちの出会い——

遠藤珠紀

一 「やや」の出奔

天正一一年（一五八三）一〇月、次代の天皇と目されていた誠仁《さねひと》親王の御所から、一人の女房がいなくなった。この女房は下級官人である大外記《だいげき》中原師廉《なかはらのもろかど》の娘「やや」で、丹波横山城（福智山《ふくちやま》城）に仕える男性、あるいは滝川家《たきがわけ》に仕える男性とともに丹波に赴いたという（『言経卿記《ときつねきようき》』同年一〇月三日条。『兼見卿記《かねみきようき》』同年一〇月六日条）。この時期の丹波は羽柴秀吉《はしばひでよし》の勢力下である。出奔《しゆつぽん》にあたっては誠仁親王の姫宮の乳母《めのと》が仲介したらしいとも記される。

宮中、院御所、親王御所などでこうした女房の出奔事件はいくつかみられる。本稿では室町時代後期、一六世紀ごろの女房たちの恋模様を追っていきたい。

当時の宮中の女房はおおよそ上臈《じようろう》（上臈局・典侍《ないしのすけ》など）・中臈《ちゆうろう》（内侍《ないし》など）・下臈《げろう》（伊予局《いよのつぼね》・御乳人《おちのひと》など）、女嬬《によじゆ》などそれ以下の女官《にようかん》に分かれていた。女房の身分は出身の家格と連動しており、上臈・中臈は殿上人《てんじようびと》以上の公家《くげ》の娘、下臈には地下《じげ》の公家の娘や賀茂社《かもしゃ》などの社家《しゃけ》の娘が出仕した。より下級の女官には寺院坊官《ぼうかん》の娘や幕府奉行人《ぶぎょうにん》・国人《こくじん》の娘たちがいた。女房たちは四つのシフトにわかれて勤務し、天皇の身の回りの世話、年中行事への参仕、番衆の勤務状況の把握、神社仏閣への代参、女房奉書《ほうしょ》の発給、天皇への取次・口《くち》利き、宮中の経理などを担っていた。

またこの時期の女房の役職は代々特定の家に受け継がれ、おばから姪に職を伝える、また姉妹で出仕している例が多くみられる。他家の女性が女房となる際にも、代々その女房を出している家の養女になって出仕した。一方、皇后・女御《にょうご》などの天皇のキサキは一四世紀南北朝時代以来立てられておらず、女房たちが天皇の子を産んでいた。

さて「やや」は天正三年一一月に誠仁親王御所に出仕した。もともとは「よめ御《ご》もし」と呼ばれていたが、出仕にあたり、「ややの御局」とされた。これは当時五歳の和仁王《かずひとおう》（誠仁親王の一宮。のちの後陽成《ごようぜい》天皇）が名付けたという（「大外記中原師廉記」天正三年一一月二九日条）。出仕の折に一〇代前半から半ばだったとすると、出奔した天正一一年には二〇歳前後であろうか。

「やや」の姉妹たちも宮仕えをしている。姉妹の一人はやはり誠仁親王の御所に「中将《ちゅうじょう》」として仕えていたが、天正八年に正親町《おおぎまち》天皇の御所に移り、「今参局《いままいりのつぼね》」となった（『御湯殿上日記《おゆどののうえのにっき》』同年二月四日条）。この年、中納言中《ちゅうなごんなかの》院通勝《いんみちかつ》と時の伊予局の間に「くせ事」があり、通勝は勅勘《ちょくかん》を受けて出奔、出家した。伊予局も親もとへ返されたようである。かわって「今参局」が「伊予局」となった（『御湯殿上日記』同年八月一五日条）。その後も「伊予局」としてつとめ、正親町天皇の譲位に伴い院御所に移り「播磨局」と呼ばれた（本稿では以降「播磨局」と呼ぶ）。この伊予局の役職は、姪にあたる師生《もろき》の娘をはじめその後も中原氏の女性がみられる。「播磨局」は文禄二年（一五九三）に正親町院が亡くなると出家し、生家に戻る。父中原師廉の没後家を継いだ弟師生は当時まだ幼く、「播磨局」は弟の後見をつとめていたようである。慶長一〇年（一六〇五）頃から、後陽成天皇の生母新上東門院《しんじょうとうもんいん》に「東式部局《あずましきぶのつぼね》」として出仕し（『慶長日件録《けいちょうにっけんろく》』慶長一一年九月二日条など）、のち高松宮好仁《たかまつのみやよしひと》親王の女房となった（『雑々勘例《ざつざつかんれい》』）。ほぼ一生を女房としてつとめた人物といえよう。

また宮中内侍所《ないしどころ》に「おさい」としてつとめたややの姉妹もいる。この姉妹は天正一二年、一四歳で出仕し、三五年つとめて死去した。宮中につとめるかたわら、神祇伯白川雅朝王《じんぎはくしらかわまさともおう》の室となったようである（『慶長日件録』慶長八年一二月二四日条。『雑々勘例』『押小路家譜《おしのこうじかふ》』）。神鏡を祀る内侍所に祇候《しこう》する「おさい」と、神祇伯である雅朝王、あるいは仕事上の交流があった結果の結婚なのであろうか。

中原氏の子孫が記した『押小路家譜』にはほかに宮中の采女《うねめ》をつとめた姉妹もいる。姉妹の多くが宮中に女房として出仕しており、この時期の下級官人の娘のキャリアがうかがわれる。

二　宮中での出会い

「おさい」のように宮中に仕える女性のなかでも、公家や武家と結婚している人物、子をもつ女性もみられる。たとえば一六世紀の中級公家山科言継《やましなときつぐ》の母は女嬬という下級の女官であった。言継自身も女官を恋人とし、娘を儲けている。言継の生母はその後周防に、恋人は越前朝倉《あさくら》氏に身を寄せたという（清水二〇〇六）。このほか言継の外祖母の妹は禁裏台所に仕える女性で、薄以緒《すすきゆきつぐ》の妻でもあった。同時期の末衆《すえしゅう》「かか」「たと」にも子がある。「かか」は大《だい》納言広橋国光《なごんひろはしくにみつ》の妾《しょう》、「むめ」は権中納言滋野井公古《ごんのちゅうなごんしげのいきんふる》の妻であった。内侍所にも「五辻女中」と呼ばれる女官がいる。さらに伊予局に仕える「五々《ごご》」は幕府奉行人治部光栄《じぶみつひで》との間に子がいる、といった事例である（松薗二〇一八）。こうした関係は公家社会で認識されており、とくに問題とはされていないようである。

一般に後宮というと男子禁制で、女性と男性の侍臣《じしん》はおたがいに交流がないというイメージがある。では室町後期、女房たちのいる宮中はどうだったのであろうか。

永享二年（一四三〇）、ある密通事件をきっかけに後小松院《ごこまついん》は「厳法」を定め、公卿・殿上人、さらに医者・陰陽《おんみょう》師《じ》たちはそれを承った旨の請文《うけぶみ》を提出した（『看聞日記《かんもんにっき》』永享二年五月一一日条）。この「厳法」の内容は次のとおりである。

禁裏・院御所で女犯《にょぼん》を行ったら、その相手の女房の身分の上下（上中下﨟）によらず罪科に処す。（罰の内容は）

一、遠流とすること。

一、所帯を召し放ち、その所帯は由緒のある人、あるいは適当な人物に与える。

女公人《にょくにん》とであっても罪（女犯）があったら、同様に所帯を没収する。

右、条々の厳法については、室町殿（足利義教《あしかがよしのり》）と相談し定め置いたところである。

永享二年五月七日

応永〜永享年中の密通事件について検討した坂本和久氏によれば、「厳法」が定められた直後はそれ以前より厳密に処断されているという。しかしその後は時々の状況によるが、男性は勅勘として出仕をとどめられ、女性は宮仕えを退くことが多いようである。また法の制定が、「室町殿と相談」とあることからは、処罰の実行性が室町殿に委ねられていることも想定される。

もう一つ注目されるのは「女公人」であっても、という表現である。「女公人」とは、室町時代に編まれた『名目抄《みょうもくしょう》』では「女官の総名」とされ、采女を筆頭に刀自《とじ》・得選《とくせん》などがあげられている。『永享九年十月二十一日行幸《えいきょうくねんじゅうがつにじゅういちにちぎょうこう》記《き》』では「女公人とも」として得選・女嬬・刀自などが書き上げられる。すなわち上・中・下臈の女房たちより下級の女官たちを指す表現である。翌永享三年に出産した女官目々《めめ》は、「女官といえども」「近日禁裏・仙洞《せんとう》で厳密の沙《さ》汰《た》」、すなわち先述の法があるため隠密に退出している（『看聞日記』永享三年四月一〇日条）。ここから、通常であれば下級の女官との関係はある程度黙認されていたが、この「厳法」では彼女たちまでも対象とした、と推測される。そうした雰囲気のため先述の山科言継の母や恋人のような下級の女官たちは公家たちと結ばれ、その後も宮仕えを続けていたのではないだろうか（内裏で出産をした場合は触穢《しょくえ》の観点から問題とされている）。これに対し、より上位の女房たちが処罰されたのは、潜在的に天皇の配偶であることにもよるだろうか（中世前期までは既婚の女房もいる）。

さらに永享四年にも密通事件が起こり、激怒した足利義教は後小松院院御所の「女中」「侍臣」が混合しないよう祗候する対屋《たいのや》を別棟とした（『看聞日記』永享四年一〇月二六日条・二九日条）。これ以前は、男女とも同じ建物に控えていたのであろう。こうした一連の規制に、貞成親王《さだふさしんのう》は「前代未聞」「不可説」と述べる。

室町時代後期、天皇の周囲には公家たちが小番衆《こばんしゅう》と呼ばれる番を組んで仕えていた。禁裏小番は内々番《ないないばん》と外様番《とざまばん》に編成され、とくに内々は天皇の近くに仕え、朝廷運営もこの人びとに担われていたと指摘されている。女房たちと内々の番衆たちは、ともに酒宴に参加したり、双六《すごろく》・和歌などを楽しんでいた。天皇への口利きの依頼や参内した時には、女房を訪ねたり、縁者の女房の局を控え室としている。永享二年に公家たちのほかに請文の提出を求められた医師・陰陽師も、身分は低いがその職掌柄天皇の居所に参仕し、女房たちと接する機会があったのであろう。

慶長八年（一六〇三）、内々・外様の小番衆の規則がそれぞれ定められた（『慶長日件録』同年九月二日条）。このうち内々衆の三条目には、常御所《つねのごしょ》には、早朝御所の格子《こうし》を上げる以前、夜格子を下ろして以後は出入りしないこと、昼間も御用がなければ申口《もうしぐち》の間（女房の控の間）・男末《おとこずえ》（御湯殿上間の次の間）・大台所までも参らないこと、と定められている。常御所は天皇の日常の居所であり、女房たちもここに詰めていた。永享年中以後も、そうしたところに内々の番衆たちが日常的に出入りしていたことの裏返しであろう。

このように中世の女房と公家たちは決して断絶しているわけではなく、交流があった。密通事件ではそうした日ごろの交流の結果か、女房と内々衆や関係者とが結ばれる例が比較的多いようである。

三　宮中から退出した女房

一生宮中に仕える女性がいる一方で、宮中を退出したのち結婚したり、ほかの家に仕えたりする女性もいた。清水克行氏は公家の子女を出産した女性が地方武士や戦国大名の妻妾や侍女として活動の場が開かれていたと指摘する（清水二〇〇六）。松薗氏も下級の女官について「下級の女房であっても禁裏で長年勤め、かつ堂上《とうしょう》公家の生活にも通じているベテランの女房は、地方の新興の大名や国人たちにとって、必要な人材であったことは確かであろう」「堂上公家たちと彼女たちとの関係はさまざまな意味で親密であり、さらに幕府関係者や近在の国人などの武家、それに京内外の寺社のメンバーたちとも盛んに交流し、その活動はさらに遠くの国々に及んでい」たと指摘する（松薗二〇一八）。

宮中を退出した女性について、ここでもいくつかの事例を紹介したい。

冒頭で紹介した「やや」の姉妹「播磨局」は正親町院の崩御《ほうぎょ》後、宮仕えを退いていた。ところがある日、豊臣秀吉に呼ばれ、室北政所《きたのまんどころ》の女房にスカウトされた。しかし出家していること、弟が幼く後見していることを理由に断っている（伝「大外記中原師生母記」文禄四年〈一五九五〉三月二六日条）。「播磨局」は宮中・院御所につとめるなかで、武家との取次にあたったり、参内時の配膳をつとめている様子がみえる。また聚楽《じゅらく》行幸の時には、ホストである聚楽第の人びとに作法を教える役割も果たしていた（『院中御湯殿上日記』天正一六年〈一五八八〉四月一二日条）。有能な女房であると秀吉にも知られていたのであろう。

文禄三年一〇月、安芸の大名毛利秀元《もうりひでもと》と羽柴秀長《ひでなが》息女の婚姻が行われた。この祝儀に毛利方から、「やや」（冒頭の「やや」とは別人）を雇いたい、内裏に仕えていた折に気になっていたのである、と申し入れがあった。「やや」はまだ若いので、と聖護院道澄《しょうごいんどうちょう》を通じて断ったが、是非にと望まれ、最終的には代わって「やや」の母親が下向したようである（伝『大外記中原師生母記』文禄四年記紙背《しはい》文書。同記文禄四年四月二日条）。「やや」も、おそらく代理となったその母も宮仕えをしていたのであろう。女房たちが宮仕えするなかで、その有能さ、あるいは容色《ようしょく》が、祗候する公家・武家たちに知られていた様子がうかがえる。

同じく「播磨局」の同僚であった「御《お》いま御料人《ごりょうにん》」も文禄四年に越後に下向した（伝『大外記中原師生母記』同年五月一〇日条）。「御いま御料人」は上杉《うえすぎ》家への出仕か結婚であるかは不明だが、短期の滞在ではない口吻《くちぶり》である。

江戸時代初期の後水尾院《ごみずのおいん》は、幼い後光明《ごこうみょう》天皇のために記した『後水尾院当時年中行事《とうじねんじゅうぎょうじ》』に次のように記している。

> 武家に嫁いだ人はもともとは一切天皇の御前には参らないものである。例えば「いげ」という人は能証院内府《のうしょういんないふ》（万里小路秀房《までのこうじひでふさ》）の娘で、筑紫の大内《おおうち》（義隆《よしたか》）に嫁いだ人である。正親町院が若宮の時に上臈としてつとめていたが、正親町院の御元服の日（天文二年〈一五三三〉一二月一二日元服）に退出して、以後二度と御前には参らなかったという。この人は陽光院《ようこういん》誠仁親王の母方の親戚でもあり、正親町院が幼くていらっしゃる時からの奉公の人でもあり、大内氏も身分の低いものではない。御前へ参られても問題ないであろうが、それでも参らなかった。ましてそのほかの人は参るようなことはなかったが、現在はみだりに多い。

中国地方の大名大内義隆の室は、中級公家万里小路秀房の娘であったが、この記憶が正しければ、結婚前は親王時代の正親町院に女房として仕えていた。妹房子《ふさこ》も宮仕えをしており、正親町天皇との間に誠仁親王を産んでいる。天文四年の後奈良天皇の即位費用を大内氏が援助したことも知られている。

彼女を筆頭に述べられているように、上臈・中臈の女房でも退出後に武家に嫁いだ女房が一定数存在したであろうことがうかがえる。たとえば後土御門《ごつちみかど》天皇の内侍菅原言子《すがわらのときこ》は近江の蒲生貞秀《がもうさだひで》室となっている（松薗二〇一八）。上臈の女房から下級の女官まで、こうしたもと女房たちの活動は注目されよう。

四　「やや」のその後

最後に、冒頭でご紹介した「やや」はその後どうなったのであろうか。恋愛により宮中を退出した多くの女房のその後は不明である。そのなかで幸い「やや」のその後はある程度わかる。「やや」は一五年ほど後の文禄年中には、岐阜で平穏に暮らしていたようである。

本稿でたびたびご紹介した伝「大外記中原師生母記」（東京大学史料編纂所所蔵）は、実は「やや」の姉妹の「播磨局」の日記である。そしてその日記本文、および紙背文書には「美濃のやや」とのやりとりがみえる。手紙の内容からも親しい身内のようであり、おそらく中原師廉の娘で「播磨局」の姉妹、天正一一年（一五八三）に出奔した「やや」その人であろう。三〇代半ばから後半となった「やや」は、母や姉妹たちに小袖や銀を送ったり、薬を送ってくれるよう頼んだり、かつての主である誠仁親王の妃勧修寺晴子《かじゅうじはれこ》への手紙や美濃柿を託したりしている。

またその夫と推測される「とうへもん」という人物も日記に登場する。この人物は、文禄四年（一五九五）には大仏普請《ふしん》のため伏見《ふしみ》に滞在しており、「播磨局」の家にも折々たずねてきている。どういう人物なのか。この人物が「岐阜の」「美濃の」「津田《つだ》の」と呼ばれている点が注目される。後代の史料であるが『押小路家譜』には、中原師廉の娘に「筑後守津田某室栄安《ようあん》」という人物がいる。これらを考え合わせると、「とうへもん」は津田藤右衛門元綱《とうえもんもとつな》（のち筑後守）と推測される。織田信長《おだのぶなが》の子息羽柴秀勝《ひでかつ》の家臣から、この時は岐阜城主だった織田秀信《ひでのぶ》に仕えており、関ケ原の合戦後に鳥取藩池田《いけだ》家の家老となった人物である。

津田元綱が出奔した天正一一年時とはたして同じ相手であるか、激動の時代をどのように過ごしたのかは不明であるが、「やや」はその後武士の妻として生きたのである。

〈参考文献〉

遠藤珠紀「中世後期の女性の日記—伝『大外記中原師生母記』について—」（『日本文学研究ジャーナル』二、二〇一七年）

奥野高廣『戦国時代の宮廷生活』（続群書類従完成会、二〇〇四年）

金子拓・遠藤珠紀「正親町院の遺勅　東山御文庫所蔵史料勅封一〇一函—一—七「正親町天皇覚書類」の紹介」『日本目録学の基礎確立と古典学研究支援ツールの拡充—天皇家・公家文庫を中心に—二〇一二年度～一六年度科学研究費補助金（基盤研究(s)）研究成果報告書（最終報告）』（代表田島公、二〇一七年）

神田裕理『戦国・織豊期の朝廷と公家社会』（校倉書房、二〇一一年）

木村洋子「室町時代中・後期の女房職相伝をめぐって—大納言典侍広橋家を中心に—」（前近代女性史研究会編『家・社会・女性—古代から中世へ—』吉川弘文館、一九九七年）

坂本和久「室町時代の公武の密通について—『看聞日記』を中心に—」（『福岡大学大学院論集』四三—一、二〇一一年）

清水克行「山科言継をめぐる三人の女性—実母・愛人・長女—」（『史観』一五四、二〇〇六年）

松薗斉『中世禁裏女房の研究』（思文閣出版、二〇一八年）

吉野芳恵「室町時代の禁裏の女房」（『国学院大学大学院紀要（文学研究科）』一三、一九八二年）

脇田晴子『日本中世女性史の研究—性別役割分担と母性・家政・性愛—』（東京大学出版会、一九九二年）

近世

大奥女中の恋愛事情

畑　尚子

一　恋愛にかかわる事件

大奥を舞台とした恋愛にかかわる事件として、すぐに想起されるのは「絵島《えじま》生島《いくしま》事件」である。しかし、この二人が恋愛感情をもっていたのか、単に大奥女中の性のはけ口として美男な歌舞伎役者があてがわれたのかを見分けることはできない。

江島（事件や芝居では絵島）は尾張徳川《とくがわ》家に仕えていたが、その後甲府徳川家に移る。甲府藩主徳川綱豊《つなとよ》が六代将軍家宣《いえのぶ》となり江戸城に入るのにともない大奥入りし、家継《いえつぐ》を産んだお喜世《きよ》（左京《さきょう》・月光院《げっこういん》）付となる。

家継が七代将軍となり月光院が力をもつようになると、江島も権力を伸ばしていく。月光院は家継に皇女を迎える願書《ねがいがき》に、天英院《てんえいいん》（六代家宣御台所《みだいどころ》）とともに名を連ねる。また、参勤交代などの際に諸大名は挨拶として銀子《ぎんす》を老女・表使《おもてづかい》に贈るが、大和郡山《やまとこおりやま》藩柳沢《やなぎさわ》家の例では、宝永七年（一七一〇）の参勤御礼では、将軍家宣付豊原《とよはら》に白銀《はくぎん》五枚、その他四人に三枚、御台所付ひて・つほねに三枚、表使とお喜世付江島に二枚が贈られた。この時江島はまだ表使で、左京付老女となるのは翌正徳元年（一七一一）である。しかし、正徳三年家継の代になると、天英院付老女の名前が消え、江島に加え月光院付老女福井《ふくい》・宮路《みやじ》の二人が対象となった。

「絵島生島事件」の背景には天英院派と月光院派の権力争いがあったともいわれる。しかし、最近では大奥の風紀粛清・奢侈《しゃし》禁止の動きの一環として捉えるべき、という考え方も出てきた。

事件のあらましを述べよう。正徳四年正月一二日、月光院の代参で江島は増上寺《ぞうじょうじ》、宮路は寛永寺《かんえいじ》へ参詣し、その帰路に木挽町《きびきちょう》の山村座《やまむらざ》に立ち寄り芝居を見物した。そのため帰城が遅れて門限（申刻《さるのこく》・七ツ時〈現在の午後四時〉）を過ぎ評定所の審議を受ける。芝居終了後に山村座の美男役者である生島新五郎《しんごろう》と茶屋で遊興した疑惑が深まった。これにより宮路は親類へ預かりになったのに対し、江島は死罪を免じられ高遠《たかとお》へ配流《はいる》となった。

問題となったのは刻限であるが、元和四年（一六一八）の「壁書《かべがき》」（奥長官昵近《じっきん》諸士　幷《ならびに》　後房女部定則一二四四『徳川禁令考　後集第三』）には、「夕方の六時を過ぎたら、御門（平川門）より外へ出入してはならない」とある。刻限に申刻が出てくるのは万治二年（一六五九）の「御奥方御条目《おんおくかたごじょうもく》」（同前一二五一）であるが、事情があり老女の手形があれば、それ以降でも通れるとある。江島が手形をもっていなかったかは詳《つまび》らかではない。

さて、事件からわずか二年後の享保元年（一七一六）に定められた「奥向御法度条目」（同前一二六三）には左の条目が追加された。

一長持《ながもち》・櫃《ひつ》・葛籠《つづら》を運び入れたり出すときは、一〇貫目（三七・五キロ）までは、蓋《ふた》を開けて改める必要はないが、それより重く不審なときは、蓋を開けて確認してから通す事

生島が長櫃に入り大奥の江島のもとへ忍び込んだという話は、芝居の脚色として語り継がれているが、このような規則が追加されたということは　大奥へ忍び込む男性がいたことの裏づけとなると考えられる。

一一代将軍家斉《いえなり》政権期には延命院《えんめいいん》事件・智泉院《ちせんいん》事件という僧侶と奥女中との密通事件が起きている。この二つの事件は絵島生島事件以上に、恋愛というよりは性の提供という色合いが強いが、延命院事件には絵島生島事件との共通点を見出すことができる。

広敷用人《ひろしきようにん》井関親経《いせきちかつね》の義母隆子の日記（天保一二年〈一八四一〉三月二四日条）には次のようにある。延命院では歌舞伎芝居の俳優を呼び女中たちをもてなした。住職は艶書《えんしょ》を送り、また尼に扮《ふん》して長櫃《ながびつ》に入って尾張家に仕えた初瀬《はつせ》の長局《ながつぼね》などに忍び込んだりもした。住職側の意図は金銭的なものかもしれないが、女中側は美男の住職日道（日潤）に夢中になったといえる。

二　男女間の恋愛

次に規則より男女の関係をみていきたい。享保六年（一七二一）に八代将軍吉宗《よしむね》が定めた女中が提出する誓詞《せいし》（『古事類苑《こじるいえん》』官位部六三）には「好色がましい事は言うに及ばず、宿下《やどさが》り（休暇）の時分は物見遊山《ものみゆさん》に出かけてはいけない」という条文がある。しかし宿下りの時、芝居見物などにでかけることはむしろあたりまえで、多くの事例から規則は守られていなかったことが確認できる。よって「好色がましい事」も守られていなかった、と推察できる。

一方、男性側に対しては「種姫君様《たねひめぎみさま》御附添番格《おつきそえばんかく》侍《さむらい》　諸役起請文前書《しょやくきしょうもんまえがき》」（『古事類苑』官位部六三）に、

一女中方と不行義の好色を行った者は、たとえ御附御用達《おつきごようたし》と同役といえども、用捨《ようしゃ》なく若年寄《わかとしより》や目付《めつけ》・御用人《ごようにん》まで申し上げるように

とあり、大奥や御守殿《ごしゅでん》で、仕事上の接触がある男性役人と奥女中との恋愛を禁止している。

大奥へ出入りすることができた男性は広敷役人だけでなく、普請《ふしん》のための職人、奥医師・奥絵師、さらに老中などがあげられる。とくに奥医師の子弟は奥女中を診察することから、恋愛の対象となりやすい。森鷗外の『渋江《しぶえ》抽《ちゅう》斎《さい》』に弘前藩津軽家の医官であった抽斎の父允成《ただしげ》についての逸話が挿入されている。美男子であった允成が、公務が終わり藩邸を退くと、允成が飲んだ茶碗の底の余滴を女中たちが争ってなめたというのである。允成は藩主の侍医であるとともに姫君や正室付も兼ねていたので、奥女中に顔を見られる機会も多かったのだろう。

また、老中《ろうじゅう》阿部《あべ》正弘《まさひろ》と老女姉小路《あねのこうじ》は協力して一二代将軍家慶《いえよし》の時世を支えた。

大奥の姉小路（御用掛り老女）と老中阿部正弘とはことのほか同腹《どうふく》で、将軍家慶より出た事は、一から十まで姉小路へ廻され、阿部へ御相談あり、何事もこの二人で内密に相謀《あいはか》り物事を決めていた（高橋多一郎『遠近橋』）

二人は政治向きのことから将軍家に関わる婚礼まで何事も相談して処理していたといわれる。老中と老女の対面の場として使われたのは、御鈴廊下《おすずのろうか》近くの御錠口《おじょうぐち》である。仲がよかったことは確かではあるが、美男として大奥女中からも人気のあった阿部正弘、美人として錦絵にも描かれた姉小路、老中と老女トップ同士の恋愛があったかは謎のままである。

三　奥女中間の恋愛

江戸時代は現代よりも同性愛に寛容であった。男色で知られる将軍として三代家光《いえみつ》・一一代家斉がいる。家斉の相手とされる中野清茂《なかのきよしげ》（石翁《せきおう》）は、それゆえに結婚しなかったと伝えられる。御三卿《ごさんきょう》清水《しみず》家の祖徳川重好《しげよし》や一橋《ひとつばし》家出身で尾張家を継いだ徳川斉朝《なりとも》も男女の道を知らなかったといわれる。

当時、人びとは奥女中間で同性愛関係が生じているのではないかと、さまざまに推察をめぐらせ、川柳にも「長局まづ重役が下になり」と詠まれている。

東京都日《ひ》の出町《でまち》の野口定一家文書（個人蔵）のなかには御用留《ごようどめ》や村明細《むらめいさい》など地方史料に混じって、江戸城大奥に奉公に行った二人の女性、藤波《ふじなみ》と行善《ぎょうぜん》に関する約二二〇通の書状がある。大奥での奉公の実体や隠居した女中の生活がわかる貴重な史料といえる。行善の書状の大部分は藤波に宛てたもので、藤波宛の書状は弟郁三郎《いくさぶろう》など家族からのものと、ほかの女中からのものがある。また、藤波が家族へ出した手紙も残っている。

野口家は八王子千人同心《せんにんどうしん》（平《ひら》同心）で上平井《かみひらい》村に居住し、農業も営んでいた。八王子千人同心は八王子周辺に土着していた江戸幕府直属の郷士《ごうし》集団で、甲斐武田氏旧臣を中心に構成され治安維持にあたった。千人同心は初期の頃は、関ヶ原の戦や大坂の陣などで軍事的役割を果たした。慶安五年（一六五二）に日光《にっこう》火の番を命じられ公務の中心となり、平時は農耕にも従事した。一〇名の千人頭が一組一〇〇人の同心を配下とする組を基本としており、各組はさらに一〇人ずつ一〇組に分けられ、一人の組頭が置かれた。千人頭・組頭は拝領地である千人町や八王子周辺に、平同心は農村地域に居住した。

行善は藤波の大叔母（祖父伊右衛門《いえもん》の姉）で、家斉の御使番頭《おつかいばんとう》にまで出世した。御使番頭の時の女中名をさつといい、奉公中に腰高又四郎《こしだかまたしろう》を養子に取った。家斉の死去により奉公を退き、行善という剃髪名をもらい、江戸市中の下《した》谷《や》に隠居した。

藤波は野口《のぐち》金兵衛の娘で文化八年（一八一一）に生まれ、とら（奉公中にとうと改名）と名づけられた。藤波は大叔母行善の伝で奉公に上がった。藤波が大御所家斉の御使番として奉公に上がった時、行善は家斉付御使番頭さつとしてまだ現役であった。直接の上司が大叔母であったことは、どんなに心強かったであろうか。家斉の死後は一二代家慶付となり、一三代家定《いえさだ》、一四代家茂《いえしげ》と四代にわたり御使番として奉公することとなる。藤波は慶応二年（一八六六）三月、現役のまま五六歳で亡くなった。生涯独身であった。

藤波は過去に奉公していた女性から熱烈なラブレターをもらっている。少し長いが尚書《なおがき》を省《はぶ》き、「左様《さよう》に御座《ござ》候《そうろう》」以下の具体的な内容を紹介したい（野口定一家文書九二）。

先日は久し振りにゆっくりとお目にかかり、誠にうれしく思います。おまえ様（藤波）とお別れしてからいまだに懐かしく、毎日おまえ様のことばかり思って暮らしています。何をしても手に付かず、寝ても覚めても少しも忘れる日はありません。私はこんなに思っていてもおまえ様は私のことなど忘れてしまったでしょうか。あまりの御懐かしさ□□□お察しください。□□□。さて、私はおまえ様からいただいた襦袢《じゅばん》を葛籠から取り出して、おまえ様と一緒に寝ているような心地で肌身離さず持っております。（中略）さて、先日お借りいたしました傘、大変ありがとうございました。今日お返しいたします。どうぞ、おまささま・おきせさま、その他の皆々様へよろしくお伝えお願い申し上げます。

どうぞ、この手紙は御覧になった後は、裂いて下さい。人に知られるとまずいので、そのようにお願いします。

こがれし
大ばかより
まつより

恋しき
御かたさまへ
おとらさま

人々
御中上

＊□□は虫食い、判読不明

傘を返す際に手紙を添え、思いのたけを打ち明けたといえる。宛名と差し出し名が振るっていて「恋しき御かたさまへ」「こがれし大ばかより」とある。藤波という女中名ではなく、おとらという実名を使っているところに、気持ちが現れている。

まつは以前、藤波とともに奉公していたようで、今はやめて田舎にいるものと思われる。文中に名前がある二人も奉公仲間で、藤波に手紙を出している。まさは八王子の名主《なぬし》一族荻島《おぎしま》家の喜尾《きお》と考えられ、この時暇《いとま》をもらい仕事を辞めていた。きせは阿波守に仕えている。阿波守は徳島藩主蜂須賀斉裕《はちすかなりひろ》で、一一代将軍家斉の子である。斉裕が天保一四年（一八四三）に蜂須賀家を継いだ際、幕府から付けられた女中の一人にきせもいたものと考えられる。きせの出身地は定かでないが、三人が多摩の出身であることから、きせも同じ地域の者ではないだろうか。

まつはこの手紙を人に見られてはまずいと思っていたようで、読み終わったら裂いてくれと頼んでいるが、藤波はなぜかとっておいた。藤波が返事を出したかはわからないが、この手紙を処分せずに持っていたということは、嫌悪感を覚えたというよりは、ちょっと誇らしげな気分だったのではないか。彼女の気が強い性格は「人に引けを取ることは、ほんとうに嫌いで」などという手紙の文面からもうかがえる。女性から思われる男っぽい気性だったのだろう。

まつが藤波（宛名は「おとらさま」）に出した手紙はもう一通（野口定一家文書九一）あるが、前の書状よりさらに状態が悪く下三分の一ほどが欠損している。そのため、解釈が正確でない恐れもあるが、どうやら藤波が田舎へ来るらしく、まつは何も手につかず藤波に会えるのを楽しみに待っているようである。このことから、こちらの手紙の方が先に紹介したものより、前に出した可能性がある。「いろ〳〵と申し上げたいことはありますが、心を尽くしがたいので筆をおきます」と意味ありげな言葉で締めくくっている。この時はまだ、気持ちを吐露しなかったのだろう。

まつは自分のことを仕事ができないと卑下しており、田舎では従兄弟《いとこ》の世話になっているようである。奉公を辞めた女性は大体結婚するのであるが、まつはうまくいかなかったのかもしれない。

藤波はやや小太りであった。宿下りの際、弟郁三郎に宛てた手紙に「自分は重いのでそのつもりで駕籠《かご》の人を頼んでほしい」とある。まつが恋した時の藤波は痩せていたのか、その時から太っていたのかはわからない。

天保一五年五月、江戸城本丸火災の折、登城した川路聖謨《かわじとしあきら》はその混乱の様子を「五月雨《さみだれ》のかがみ」と題して記している。そのなかに「本丸にいた女中たち二、三〇人あまりが、西丸の方へ逃げていくのに逢った。みんな身分の低いもので、肥えて太っていたので、息切れをして逃げるのが大変そうだった」という一文がある。藤波は天保一五年（一八四四）当時、将軍家慶付であるので、この火災に遭遇している。この「肥えて太った」一群に藤波が含まれていたかは定かではないが、食事が行き届き菓子など甘いものを食する機会も多く、かつ運動不足になりがちであったので奥女中には太った人が多かったと推察できる。

まつは辞めた後に意思表示をしたが、現役時代から藤波を思っていたような気がする。女中法度《はっと》には同性愛を禁止する項目はないが、「好色がましいこと」を慎むことに含まれると考えられる。

藤波とまつの事例は氷山の一角であり、奥女中間の恋愛は日常的にあったと考えられるが、そのことを立証する史料を見つけることはたいへん難しい。

〈参考文献〉

長野ひろ子『明治維新とジェンダー―変革期のジェンダー再構築と女性たち―』（明石書店、二〇一六年）
畑尚子『江戸奥女中物語』（講談社現代新書、講談社、二〇〇一年）
畑尚子『徳川政権下の大奥と奥女中』（岩波書店、二〇〇九年）
畑尚子「書評『茨城県立歴史館史料叢書17一橋徳川家文書　覚了院様御実録Ⅱ』」（『茨城県史研究』九九、二〇一五年）
深沢秋男校註『井関隆子日記』上・中・下（勉誠社、一九七八年）
松尾美恵子「月光院―踊り子から将軍生母へ―」（竹内誠ほか編『論集大奥人物研究』東京堂出版、二〇一九年）
丸山美季「川路聖謨著「五月雨のかゝみ」翻刻―附　解説―」（『学習院大学史料館紀要』一八、二〇一二年）
森鷗外『渋江抽斎』（岩波文庫、岩波書店、一九四〇年）
山本博文『徳川将軍家の結婚』（文春文庫、文藝春秋、二〇〇五年）
『内藤清成と高遠内藤家展―開館二十周年記念特別展―』（新宿歴史博物館、二〇〇八年）

ある宮家の「恋」

松澤克行

はじめに

一八世紀の公家である柳原紀光《やなぎわらもとみつ》は、鎌倉時代の亀山《かめやま》天皇践祚《せんそ》以降の歴史書である「続史愚抄《ぞくしぐしょう》」を編纂《へんさん》したことで名高いが、そのほかにも「閑窓自語《かんそうじご》」という随筆を寛政年間（一七八九～一八〇一）に書き綴っている。彼はそのなかに、同世代の公家堤栄長《つつみよしなが》の次のような話を書き留めている。栄長は若き日にある女性を見初《みそ》めるが、親の強い反対を受ける。しかし、彼は時間をかけ、ようやく彼女を家に迎え入れる準備を整えた。ところが、好事魔多しとはこのことか。彼女が疱瘡《ほうそう》にかかってしまい、それまでの美しい容姿が一変してしまう。あばたのせいで片目までもがふさがり、あたかも鬼のような顔かたちになってしまったのである。栄長の親は容貌の醜くなった彼女のことを気味悪がるが、彼はそんなことは少しも意に介せず、男子たるものに二言はない（「丈夫《じょうぶ》の一言変《へん》すへきにあらす」）と、彼女を予定通り迎え入れ、生涯養いともに過ごしたというのである。いくつかの障害を乗り越えて「恋」を成就させた栄長を、紀光は「たのもしとやいふへき」と評している。享保二〇年（一七三五）生まれの栄長が若い頃というのであるから、一八世紀中頃の出来事であろうか。

心に染みるいい話である。栄長は秋月《あきづき》藩主黒田《くろだ》長貞《ながさだ》の娘を正室としているので（「堤家譜《つつみかふ》」）、右の女性は側室であるが、「恋」の初心を貫徹させたということでは、「純愛」の話といってもよいであろう。これは随筆の記事であるが、江戸時代の公家の日記を読んでいても、男女の間の（時には男性同士の）「恋」に関する記事を目にすることがある。もっとも、わざわざ書き留められるくらいであるから、公家の日記にみられる「恋」の話とは、甘酸っぱかったり切なかったり、いつかは自分もしてみたいと憧れるような、ロマンチックなものではない。いわゆる「密通」と称される、スキャンダラスで不適切な「恋」ばかりである。

たとえば、慶長一四年（一六〇九）に起きた、当代一の美男子と囁《ささや》かれる猪熊教利《いのくまのりとし》をはじめとする二、三〇代の公家九人が、ハイティーンの女官《にょかん》五人としばしば密会し、それを知った後陽成《ごようぜい》天皇の怒りをかって男女ともに斬罪・配流などの厳罰に処された事件（猪熊事件）は有名である（熊倉二〇一〇）。ほかにも、寛文一二年（一六七二）、後水《ごみずの》尾《お》法皇の御所に出仕する見雲《みくも》（三雲）重村《しげむら》が、法皇の孫である女一宮《にょいちのみや》（後の孝子《たかこ》内親王）に仕える女房（女性家臣）と恋仲になり、妊娠させた彼女を出奔《しゅっぽん》させ隠匿《いんとく》したことから、佐渡に流されて絶家処分となった事件など（平井一九九二）、いずれも今だったら週刊誌やワイドショーが飛びつきそうな「恋」の話が日記に残されている。

これから紹介する話も、そうした「恋」の事件の一つである。時は江戸時代中期の明和年間（一七六四～七二）、舞台は有栖川宮《ありすがわのみや》という宮様の家。有栖川宮とは、江戸時代に四家あった世襲親王家の一つで、当時の当主は明和元年に御年《おんとし》五二歳（以下、年齢は数え年）の職仁《よりひと》親王である。

一　二つの密通事件

明和二年（一七六五）六月八日、有栖川宮家で、ある密通が発覚した。密通したのは、宮家に仕える近習の磯村（磯野とも）織部《おりべ》と、同じく女房の花小路《はなのこうじ》である。職仁親王の正室辰君《たつぎみ》（二条吉忠《にじょうよしただ》の娘）の従叔父《じゅうしゅくふ》にあたることから、事件の処理に関わることとなった左大臣九条尚実《くじょうひさざね》は、「花小路は四〇歳を越えている（享保七年〈一七二二〉の生まれなので、正確には四四歳）というのに、近習でまだ子供のような外見の磯野織部という一五歳の者と密通した」と、呆れたように日記に記している（「尚実公記《ひさざねこうき》」明和二年六月一九日の条。以下、特に出典を記さない場合は同日記の記事）。翌日、二人は直ちに処分を申し渡され、織部は永《なが》の暇《いとま》を出され、花小路は宮家の諸大夫《しょだいぶ》（上級家臣）の一人、粟津左《あわづさ》衛門尉《えもんのじょう》にお預けとなった。花小路についてはさらに一五日、親王の娘文亨《ぶんこう》が住職となっている大和国の円照寺《えんしょうじ》に永のお預けとされることになり、二三日には呼び名も格下の常磐木《ときわぎ》と改めさせられている。しかし、九月一日になると、彼女は病気がちであった親王の看病のため宮邸に召し戻され、玉野井《たまのい》、次いで菖蒲小路《あやめのこうじ》と改名して再勤することとなった。

それから二年近くがたった明和四年三月一三日、再び宮家で密通事件が起きる。密通者の一人は宮家の筆頭諸大夫で、職仁親王の信頼も厚い（明和二年六月二三日、八月五日の条）中川主税頭《ちからのかみ》であるが、その相手はなんと、またしても菖蒲小路であった。先の織部はまだ少年であったが、主税頭はこの年三三歳の分別も地位もある大人である（『地《じ》下家伝《げかでん》』四）。菖蒲小路はそれより一回りも年上であるが、男盛りの彼を色香で惑《まど》わしたのだから、さぞや魅力的な女性だったのであろう。主税頭は一六日に隠居を仰せ付けられるが、彼女も同日、大和国の中宮寺《ちゅうぐうじ》（この寺も職仁親王の娘栄恕《えいじょ》が住職）へ再び永のお預けという処分となり、二〇日に同寺へ送り届けられている。

一度ならず二度も密通事件を起こした菖蒲小路。彼女はこの後、自業自得とはいえ、都から遠く離れた大和国で寂しく余生を送ることになったに違いない。大方の読者はそう考えるであろう。ところが、現実は我々の予想を大きく裏切る。中宮寺に預けられてからわずか四ヶ月後の七月二〇日、彼女は病気療養ということで、再び京都に戻ることを許されるのである。八月三日に帰京した彼女は、中立売《なかだちうり》にある実家に入るが、二ヶ月後の閏九月二〇日には、さらに職仁親王の看病のため宮邸へ召し出され、明和六年一〇月二〇日に親王が薨《こう》ずるまで奉公を続ける。そして、文化一一年（一八一四）八月一九日、京都で九三歳の天寿をまっとうするのであった（「職仁親王実録」一一）。

二　宮家の事情

さて、ここまでの話で、読者は不思議に思うのではないか。なぜ菖蒲小路は何度も過ちを犯しながら許されたのだろうか、江戸時代の密通は厳罰に処さるべき罪だったのではないのか、と。たしかに、江戸時代、密通は死罪などに処される重罪であり、江戸幕府の「公事方御定書《くじかたおさだめがき》」には密夫・密婦の殺害（妻敵討《めがたきうち》）を容認する規定までもがあり、各藩でもそれが実行された事例が豊富にみられる。しかも、それは武士だけにではなく、庶民にまで認められた権利であった（氏家一九九六）。では、江戸時代の朝廷は、密通に関してどのような法をもっていたのだろうか。試みに、一六世紀末から一八世紀末までの朝廷・公家関係の法度一七三件が収集されている朝幕研究会編『近世朝幕関係法令史料集』をひもとくと、そのうちの四件の法度（七〇・一一〇・一一一・一七〇の各号）に、「男女之間之御法度」や

「男女（之）制法」の遵守と、違反した際に処罰することを定めた一条がみられる。この「男女之間之御法度」「男女（之）制法」が具体的にいかなる法をさすのかは未詳であるが、右四件の法度はいずれも、宮中での天皇側近や公家の勤番中の行動規制を目的としたものであることから、「男女之間之御法度」「男女（之）制法」も、公家社会一般における不適切な男女関係ではなく、宮中におけるそれを規制したものであると考えてさしつかえなかろう。法度の所在のさらなる調査は必要かもしれないが、江戸時代の朝廷は、天皇のいる公的な空間における男女関係を取り締まる法度はもっていたが、公家諸家の私的空間で起きたそれまでも対象にするものはもっていなかったと考えられそうである。つまり、公家の屋敷で起きた密通事件は、それぞれの家の事情と独自の判断で処理されていたのである。

となると、菖蒲小路の処分が軽いのには、有栖川宮家における事情が何か影響したに違いない。では、どのような事情があったのであろうか。実は、彼女はただの宮家に仕える女性家臣ではなかった。職仁親王の手がついて、子供を産んでいるのである。親王は五六年の生涯に一一人の子供をもうけているが、実にそのうちの五人（二男三女）が彼女の所生であり、そのなかには宮家の継嗣《けいし》である織仁《おりひと》親王もいた。彼女の二度目の密通の際に、九条尚実から相談を受けた摂政の近衛《このえ》内前《うちさき》が、「兵部《ひょうぶ》卿宮《きょうのみや》（織仁親王）や於佐宮《おさのみや》（織仁親王の姉、職子《よりこ》女王）などの生母なので、処分は寛大なものとし、病気療養ということにして中宮寺へお預けになり、二度と宮家へ立ち入らぬようになさるのがよいでしょう」と述べていることからも（明和四年〈一七六七〉三月一六日の条）、彼女の処分にあたっては、宮家の子供の生母であるという事情が考慮されていることがわかる。そもそも、身柄を預けられることとなった円照寺や中宮寺の住職も彼女が産んだ娘であり、両寺へ永のお預けという処分ですら、かなり配慮されたものだったといえよう。そして、いずれの事件の際も、実子である織仁親王と於佐宮が、時には親孝行という殺し文句を持ち出すなどして諸方に働きかけをし、その結果、彼女の帰京や帰参が実現しているのである（明和二年六月一九日、八月二〇日、明和四年三月一六日、七月二〇日の各条）。しかしそうなると、織仁親王と於佐宮は、信頼する家臣に愛妾を寝取られた父の気持ちや面子よりも、生母への情を重んじて立ち働いたということなのであろうか。

三　宮様の「恋」

ところで、ここまで密通をした菖蒲小路のことばかりみてきたが、家臣であり愛妾でもある彼女に裏切られた職仁親王は、この事態をどう受け止めていたのだろうか。ここで再び九条尚実の日記に目を移すと、そこには親王の興味深い言動が記されている。

まずは最初の密通が露顕し、菖蒲小路（当時は花小路）が諸大夫のもとに預けられた時の親王の様子である。彼女の密通と宮家追放を知らされた親王は、無念には思ったが、むしろそれよりも彼女への愛情の方が強く、なんと眠ることも食事をすることもできなくなってしまったのである（「ここにおいて中書王職仁親王、無念の儀、かえって愛憐の情あり、寝食を忘れらる」）。そのため、こうした父の哀れな姿を見た織仁親王と於佐宮は、菖蒲小路が宮家に戻って再び父の側で仕えることができるよう、辰君の弟である円満院門跡《えんまんいんもんぜき》の祐常《ゆうじょう》になんとかしてくれるよう頼み込む。その結果、辰君の扱いで彼女の帰参が実現したのである。前節でふれた織仁親王と於佐宮の動きは、決して父を軽んじたものだったのではなく、逆に父の気持ちを汲んでのものだったのである。また、この頃の職仁親王は久しく病気がちであり、菖蒲小路はその看病にもあたっていた。そのため親王は、「私の病気は菖蒲小路が介抱してくれているおかげで快を得ているので、彼女がいなくなったら大変難儀することになってしまいます」と、周囲に訴えかけたりもしている。すると、これが摂政の耳に入る。実は、親王は当時の宮廷歌壇の重鎮であり、二条流の和歌の秘伝を継承する唯一の人でもあった（「紀光卿記《もとみつきょうき》」明和六年一〇月二二日の条、「定晴卿記《さだはるきょうき》」同日の条）。そのため摂政は、彼女が側にいなくなり親王に万が一のことがあったら、歌道が断絶することになってしまうと危惧し、「今回は物事の理非に関係なく、親王の望み通りに取り計らうようにしてください」と、菖蒲小路の帰邸と親王の側近奉仕を許すよう、尚実に指示をするのであった（以上、明和二年六月一九日、六月二〇日、八月五日の条）。

そして次に、二度目の密通が露顕した時であるが、職仁親王はこの時にも、「主税頭は厳重に処罰するべきだが、菖蒲小路には実質的な処分がないようにしたい」と、彼女をかばう発言をしたり（明和四年三月一六日の条）、「これまで自分や織仁親王・於佐宮の生活や衣服の世話などは、菖蒲小路が万事取り計らってくれていた。しかし、ほかにそういうことをしてくれる者はいないので、彼女がいなくなったら私は一体どうしたらいいのだろうか……」と泣き言を述べ、彼女のことがどうしても必要なのだと、歎いてみたりもしている（明和四年三月一七日の条）。

実は、菖蒲小路が密通事件を起こしたのはこの二回だけではなく、過去に四、五回にものぼる〝前科〟があった（「既に件《くだん》の事、これまで四度、数度に及ぶ」明和四年三月一六日の条）。しかし、いずれの際にも親王は、彼女の行為を許してきたのである。裏切られても裏切られても憎むことができず、やはり愛しくて仕方がない――。これが彼女に対する親王の偽らざる気持ちだったに違いない。親王は彼女に深く「恋」をしていたのである。親王の子供を産んだだけではなく、親王の変わらぬ愛情があったからこそ、彼女は過ちを犯しても繰り返し許されることになったのである。菖蒲小路の二度に及ぶ密通という、スキャンダラスな「恋」の話から始まったが、そこからたどりついた職仁親王の彼女に対するひたむきな想いは、もはや「純愛」と呼んでもよいのかもしれない。

四 「恋」の波紋

もっとも、そうした親王の気持ちと、それを周囲がどう思うのかとは、別の話である。親王の菖蒲小路への「恋」は、周囲に波紋を及ぼすことになる。

最初の密通事件の際、彼女が宮邸に戻り再び親王の側近く侍る方針が示されると、諸大夫たちはそれに強く反発する。そして、彼らはなんと、一同で宮家を退去することにしたいという連判状《れんばんじょう》を作成する。主人を見限るという非常手段に訴え、抗議の意思を示したのだ。これには摂政たちも驚き、菖蒲小路（この時は常磐木）の宮家での待遇について、親王に自筆の書付を認《したた》めさせて明確化し、ようやく諸大夫たちを納得させて、宮家からの退散を思いとどまらせている（明和二年六月二一日、二二日、二三日の条）。

ところで、この親王自筆の書付には、「家内のこと全般について、常磐木に用向きを申し付けることはしない」という一条があった。この件について諸大夫たちはさらに、「常磐木へこのことをしっかりと申し聞かせ、請け状をとっていただきたい」と親王に要求し、彼女から、「御家の事について取り計らうようなことはないようにせよとの親王様の仰せ事、承知いたしました」という一札《いっさつ》が差し出されている。どうやら彼女は、親王の寵愛を背景にして家政に口を出していたようであり、密通の件よりも、諸大夫たちはそちらの方を苦々しく思っていたようである（明和二年六月二一日、三〇日の条）。せっかく追い出すことができたのに、宮様はなんということだ……。菖蒲小路帰参のことを知った時の諸大夫たちの、呆れ果て、そして眉をひそめて困惑する顔が目に浮かぶ。

実は、連判状作成に先立って諸大夫たちは、自分たちが御前に出る時も彼女が親王の側に控えているのは不都合だと難じ、御前から下がらせるよう親王に申し入れていた。それに対して親王は、そういうことを言われるとは、まるで敵のなかにいるようで心が安まらないと漏らしている（「諸大夫参り候節《せつ》は立ち去り申す様の事、甚《はなは》だ敵中に居るがごとく、安心せず」明和二年六月一九日の条）。彼女と一時《ひととき》でも離れるのを嫌がり、そのことを要求する上級家臣たちを「敵」呼ばわりするとは、正気の沙汰ではない。「恋は盲目」とはいうが、菖蒲小路に対する想いが親王の理性を狂わせ、主従不和、家中騒動の導火線にまでなったのである。

さて、二度目の密通事件から二年後の明和六年一〇月二二日、職仁親王は五七歳の生涯を閉じる。辞世は「老か身の哀《かなし》みはてぬ心地してうき世の夢ハ今そさめぬる」であった（「定晴卿記」明和六年一一月二八日の条）。親王が没すると直ちに、菖蒲小路は剃髪を願い出る。しかし、織仁親王や諸大夫たちは、先に身辺整理をさせるべき女房がほかにおり、菖蒲小路をどうするかはその後のことであると難色を示すが、これは彼女のわがままな申し出ではなかった。職仁親王は遺言を残しており、そのなかに、自分の死後、菖蒲小路を直ちに剃髪させるようにというものがあったのである。織仁親王から話を聞いた九条尚実は、「各々方の考えはもっともですが、菖蒲小路の願い出は大変殊勝なことではないですか」と返答する。遺言があり、彼女の決心が固いこともあり、織仁親王は結局これを許可した（明和六年一〇月二二日の条）。剃髪して自分の菩提を弔い、死後も仕え続けてもらいたい――。願いは叶い、職仁親王は菖蒲小路に「恋」をしおおせたのである。

〈参考文献〉

氏家幹人『不義密通―禁じられた恋の江戸―』（講談社選書メチエ、講談社、一九九六年）
熊倉功夫『後水尾天皇』（中公文庫、中央公論新社、二〇一〇年、初版一九八二年）
平井誠二「江戸時代の公家の流罪について」（『大倉山論集』二九、一九九一年）

「閑窓自語」（日本随筆大成編輯部編『新版 日本随筆大成』第二期八、吉川弘文館、一九七四年）
『近世朝幕関係法令史料集』（朝幕研究会編、学習院大学人文科学研究所、二〇一〇年）
「定晴卿記」（東京大学史料編纂所所蔵謄写本）
『地下家伝』（正宗敦夫編纂・校訂、日本古典全集第六期、日本古典全集刊行会、一九三八年）
「堤家譜」（東京大学史料編纂所所蔵謄写本）
「尚実公記」（宮内庁書陵部所蔵自筆本）
「紀光卿記」（東京大学史料編纂所所蔵謄写本）
「職仁親王実録」（吉岡眞之・藤井讓治・岩壁義光監修『四親王家実録三二　有栖川宮実録第六巻　職仁親王実録（三）』ゆまに書房、二〇一八年）

駆落・心中と近世の村社会

――村における恋のゆくえ――

大藤　修

一　村の若者と娘の恋愛・婚姻をめぐる習俗の変遷

筆者に与えられた「村人の恋（恋愛）」というテーマに関しては、民俗学者の瀬川清子氏の研究が先駆をなしており、そこで描かれた若者と娘の恋愛・婚姻をめぐる習俗の歴史的な変遷は、おおむね次のように要約できる。

近世村落においては、中・下層農民の子女は若者組と娘仲間の集団交際を通じて結婚に至るのが伝統で、若者組の管理下での自由恋愛婚が支配的であったのが、近世後期になると婚姻に家長や親の意向が強く働くようになり、男女交際と婚姻に対する若者組の管理機能は衰退していった、と。

近世には、固有の家名・家産・家業をもち、男系直系のライン（養親子という擬制を含む）で代々継承されてゆく、永続志向の組織体である「家」の形成が、庶民層においても広く進んだ。村落においては、地域差はあるものの、一七世紀後半から一八世紀にかけて小経営体の「家」が広く成立するところとなる。「家」の存続をはかるために家長の家族管理権も強まり、それは子女の交際と婚姻の領域にも及んでいった（大藤一九九六）。その結果、若者と娘の交際・婚姻をめぐって、当事者や若者組と家長・親との間で相克も生じた。結婚に家長や親が反対した時、若者が若者組の支援を得て意中の娘を盗み、結婚の承諾を迫る「嫁盗み」の習俗は、そうした相克から生まれたものである。たとえば川鍋定男氏は、甲斐国（現山梨県）の郡内《ぐんない》地方（都留《つる》郡一帯の地域呼称）における嫁盗み（連れ出し）に関する史料を分析し、一八世紀中葉を境に慣行として成立したことを指摘している。

また、恋仲の男女が無断で家と村から出奔《しゅっぽん》し、寺院・神社や地域の有力者の家などに駆け込み、家長や親に結婚の承諾を掛け合ってもらったり、あるいは承諾を得ないまま夫婦生活を始めたりする「駆落《かけおち》（欠落）」も頻繁に起きるようになり、慣行化した。この世で想いを遂げられない時には、あの世で添い遂げようとして「心中《しんじゅう》」することもあった。

恋情は時として、既成の秩序や規範を逸脱した行動に走らせるエネルギーを生み出し、それが秩序や規範を変えてゆく契機ともなる。そうした行動が発生すると、権力や社会はそれを「事件」として捉え対処する。近世後期の村方《むらかた》文書《もんじょ》には、恋情から発生した「事件」への対処に関する文書も少なからずみいだせる。駿河国駿東《すんとう》郡御厨《みくりや》地方の山之《やまの》尻《しり》村（現静岡県御殿場《ごてんば》市山之尻）の名主《なぬし》役を世襲していた滝口《たきぐち》家の当主または隠居が、安永二年（一七七三）から安政二年（一八五五）まで約八〇年間にわたって書き継いだ日記にも、自村と近隣の村々で起きた男女の駆落や心中に関する記事が散見される。

では、近世の村社会においては、駆落や心中が発生した時、いかなる立場の者たちがどのような仕方と論理でもって対処し、解決をはかろうとしたのであろうか。そして、恋はどのような結末を迎えたのであろうか。小稿では、その考察を通じて、個人の意思と「家」「村」の関係の一端を浮かび上がらせるとともに、「公儀」の法とは異なる、在地に生ける慣習法に迫ってみたい（既婚者の絡んだ事件もあるが、紙数の関係で未婚者の事例に限定する）。なお、筆者は同様な観点から、同日記に出てくる親子間や夫婦間のトラブルに関する記事を分析し、拙論二篇を発表しており、小稿はそれらとは姉妹論文の関係にある。

滝口家伝来の日記は、『御殿場市史史料叢書2　山の尻村の「名主日記」』として刊行されている（御殿場市史編さん委員会発行、一九七七年）。ただ、男女関係をめぐる事件の記事は、当事者がどの家の先祖なのか地域住民に特定されないよう配慮されたのか、人名が□で処理されており、人間関係を把握するのが困難である。本稿は「学術的書籍」に収載するものであるので、原本で人名を確認し表記して叙述することにしたい。本論に入る前に山之尻村の概要について少しく述べておこう。

同村は富士山の東南に広がる平野部に位置しており、名主家の日記が記された時期は小田原《おだわら》藩主大久保《おおくぼ》氏が領知《りょうち》していた。正保四年（一六四七）の検地で確定された村高《むらだか》は三三二石六斗一升一合、反別四〇町三反六畝一八歩（田方《たかた》一七町六反二畝二三歩、畑方《はたかた》二二町七反三畝二五歩）である（『御殿場市史』第八巻、一六八頁）。戸口《ここう》は、寛保元年（一七四一）「山之尻村指出帳《さしだしちょう》」（同前第二巻所収）では家数五〇軒（百姓家四一、地借《じがり》六、寺方《てらかた》三）、三一一人（男一五八、女一五〇、出家《しゅっけ》三）、安政五年「山之尻村切支丹宗門改帳《きりしたんしゅうもんあらためちょう》」（同前別巻Ⅱ所収）では家数六四軒（名主一、組頭《くみがしら》四、組頭格二、小百姓《こびゃくしょう》三六、無田《むでん》二〇）、二九九人（男一六一、女一三八）となっている（ただし、安政五年の史料には寺家は含まれていない）。

日記をみると、何かもめごとが起きると、「近所」と「組内《くみうち》」（五人組）の者が村役人とともに仲裁に入って解決に努めているのが通例である。なお、現在の静岡県の御殿場市と小山町《おやまちょう》および裾野《すその》市北部の旧駿東郡に属する地域は、平安時代末か鎌倉時代初めの頃に伊勢神宮の荘園である御厨が設けられたことに由来して、「御厨」と呼ばれるようになり、人びとの心性に地域的な一体感を形作っていた。本稿に登場する村々はとくに注記しないかぎり御厨地域に属する。

二　恋仲男女の駆落（「欠落」）

恋仲の未婚男女が駆落（日記での表記は「欠落」）した記事で注目されるのは、そうした行動をとられると、家長・親や村役人たちは当事者の意思を受け入れざるをえなくなっている点である。

(A)　寛政元年（一七八九）五月下旬、山之尻村名主が名主役を兼帯していた隣村山尾田《やまおだ》村の市左衛門《いちざえもん》の倅《せがれ》与右衛門《よえもん》と、山之尻村の十兵衛《じゅうべえ》の妹さなが「欠落」し、富士《ふじ》郡に行ったが、六月下旬に帰参させて「夫婦《めおと》」にし、村方への披露は一〇月にすることにしている。

(B)　寛政九年一〇月下旬に、山尾田村の源右衛門《げんえもん》の倅菊左衛門《きくざえもん》が同村の岡右衛門《おかえもん》方に奉公中、吉久保《よしくぼ》村から同家に奉公に来ていた女と「欠落」した件でも、駆落相手の女を菊左衛門が嫁にもらうことで落着している。

次のような事例もある。

(C)　山之尻村の「無田」（耕地を所持しない水呑《みずのみ》）である要右衛門《ようえもん》の娘いそは、寛政八年五月に甲州郡内に田植えに行った際、無宿者《むしゅくもの》と「欠落」してしまった。「組内」の者が所々尋ねたところ富士郡木伐山《きぎりやま》村に両人がおり、帰るよう説得したものの、応じようとしない。やむなく、それならば村方より「御地頭《おじとう》様」（領主）に願い出て「帳替《ちょうがえ》」（人別帳からの除籍）にするので、このうえは出生村を絶対に名乗らないよう申し付けて、組の者は引き返した。それより村役人と組の者が相談したうえで小田原に赴き、二度にわたり所々を尋ねたが見つからなかったと届け出て、「帳替」にした。

他所への出稼ぎは家長や親の管理から自由になれる機会であり、異性との交際も束縛されない。甲州郡内地方に田植え稼ぎに行った娘が無宿者と「欠落」したのは、恋仲になったからであろう。組の者が探索して見つけ出し、帰るよう説得しても聞き入れないので、人別帳から除籍しているが、これは娘も「無宿」にすることにより無宿者と一緒に暮らせるようにした措置《そち》である。その際、村方に難儀がかからないよう、以後出生村を絶対に口外しないよう命じ、小田原藩には、二度にわたり捜索したものの見つからないので、人別帳から除くと偽って届け出ている。しかも、小田原への往還に要した費用は村中で負担する（「村中ニて助け合い仕《つかまつ》り候《そうろう》」）ことにしている。「欠落」して「公儀」の法を犯した娘の意向を、「村中ニて助け合い」までしてかなえてやったのである。もっとも村としては、我意を通そうとする娘と縁を切る意味もあったのかもしれない。

駆落した男女を借家住まいさせた例も二件みえる。

(D) 天保五年（一八三四）六月下旬、山之尻村の名主をつとめていた滝口家が永塚《ながつか》村より預かっていた「下女《げじょ》」と、十郎左衛門《じゅうろうざえもん》の倅源五郎《げんごろう》が「ふぎ（不義）致し」（密通し）、「欠落」して竹之下《たけのした》村まで参った。そこで永塚村へも掛け合い、当分の間、両人を奥金《おくがね》というところに「借屋」させることにした。

(E) 弘化四年（一八四七）一〇月一〇日夜、深沢《ふかさわ》村の男と西田中《にしたなか》村の女が「不儀（義）」を犯して滝口家に「掛入《かけいり》」（駆入）してきたので、両村へ人を遣わした。深沢村、西田中村それぞれより「組・近所」の者などが三度も派遣され、駆入した両人に意見し、別れるよう説得したものの、当人たちは頑《がん》として聞き入れない。そこで滝口家が両人の身柄を預かり、山之尻村の仲右衛門《ちゅうえもん》家への借宅を斡旋し、生活用品や米・味噌を遣わすなど、いろいろ世話をした。

(D)は滝口家が預かっていた下女の他村への駆落事件、(E)は他村から男女が駆落して滝口家に駆け込んだ事件であるが、滝口家はともに借家を斡旋し、実質的に夫婦生活を送れるよう世話をしている。なお、(D)の下女は近世初期に広く存在した家内奴隷的な譜代《ふだい》下女ではなく、有期雇用の奉公人である。下女の駆落事例はもう一件ある。

(F)　寛政四年一二月下旬に、山之尻村の専右衛門《せんえもん》の弟佐右衛門《さえもん》が、山尾田村の藤左衛門《とうざえもん》方に奉公していた「下女」を引き連れて「欠落」した。組の者が尋ね富士郡杉田《すぎた》村に留め置き、名主に注進してきた（注進を受けた山之尻村名主はその後、どのような措置をとったのかは記されていない）。

日記の記事ではないが、同じ御厨地域に属す大御神《おおみか》村では、天明七年（一七八七）、下女との結婚をめぐって、次のような親子間の訴訟事件が起きている（当時は幕府領）。

甚右衛門《じんえもん》倅の定右衛門《じょうえもん》は雇っていた下女を女房にしたいと希望したが、父親は承知せず訴訟に及んだ。幕府役所は父親の言い分を認めたものの、甚右衛門は宿に下がってとくと思案したところ、将来「家」の相続が覚束《おぼつか》なくなると心配になり、結局、倅の結婚を認めることにした。そして今度は倅の心任せにしたいと役所に願い出て、認められている（『小山町史』第二巻・近世史料編Ⅰ、№二二三文書）。

雇っていた下女と倅が恋仲になり、結婚を望む倅を父親が幕府役所に訴えてまで拒絶しようとしたのは、下女奉公に出すような家とは不釣り合いだと考えたからに違いない。そこには、結婚に際し家格の釣り合いを重視する「家」の論理が働いていたのだが、最終的には、「家」の存続という、これまた「家」の論理から、父親は結婚を認めざるをえなくなったのである。

恋仲男女の駆落事件は、通常は上述のように、当事者の意思を受け入れる形で解決している。だが、駆落した男女が跡取《あとと》り同士だった場合は、互いの「家」の利害が対立して事態はこじれた。日記にはそうした事例も一件みえる。

(G) 寛政二年三月九日晩に、山之尻村の政七《せいしち》の倅政右衛門《せいえもん》が下古城《しもふるしろ》村枝郷《えだごう》百姓の娘を「連れ出し欠落」したと、近所の幸左衛門《こうざえもん》が「内分ニて」申し参った。近所の者が尋ね、富士郡吉原宿《よしわらじゅく》で見つけて連れ戻し、「内分ニて」大《おお》堰《ぜき》村組頭の弥五右衛門《やごえもん》方へ預け置いたが、「欠落」相手の方も「遺跡《いせき》娘」（跡取り娘）であるので、難しい事態となった。

この事例は、男が恋仲の娘を連れ出している点では、川鍋定男氏が甲州郡内地方で検証された「嫁盗み（連れ出し）」の慣行に類似している。しかしながら、甲州の「連れ出し」慣行では、地域の有力者にあらかじめ結婚の斡旋を依頼しておいて連れ込むのに対し、本事例では御厨地域外に出奔している。結局、両人は捜索していた近所の者に富士郡吉原宿で見つけられ、連れ戻されて大堰村組頭の弥五右衛門に「内分ニて」預け置かれた。弥五右衛門は両人の意を酌《く》んで双方の父親に掛け合ったものと思われるが、娘の方も跡取りであったので事態はこじれたのである。どのような形に落着したのかは記されていない。

三　恋仲男女の心中

恋仲だったと思われる未婚男女の心中事件のあらましを、まず紹介しておこう。

(H) 寛政九年（一七九七）正月一七日に、「御殿場《ごてんば》みよしや」源八《げんぱち》の下女と印野《いんの》村の新八《しんぱち》の倅が「心中」した。息が絶えていたように見受けられたので、男は印野村に渡して「かいしゃく《（介錯）》」し、旦那寺《だんなでら》の宝持院《ほうじいん》が引導《いんどう》を渡して新八の屋敷内に「取置《とりおき》」（埋葬）した。女は中畑《なかばた》村の者で大乗寺《だいじようじ》の旦那であるので、同寺内に「取置」した。関係者はこれで内々にすませようとしたが、小田原藩に知られるところとなり、四月上旬に小田原より御殿場、印野、中畑の三ヶ村に「差紙《さしがみ》」（呼び出し状）が来て、心中の届けをしなかったのはどういうわけか吟味《ぎんみ》するので出頭せよ、と命じられた。

宝持院と大乗寺は寺社奉行《じしやぶぎよう》に呼び出され、無沙汰《ぶさた》にて心中死骸を埋葬した件に関して吟味を受けた。ことに宝持院が百姓地内に埋葬したことについては、「御年貢地を汚すとは何事だ」と譴責《けんせき》されたので、死骸を掘り出して寺内に埋葬し直した。その後、小田原より検使が参り、両寺の男女の死骸を掘り出させられて検分を受け、村方と寺方は「一言の申し訳もございません」と詫びた証文を差し上げた。

五月上旬になり、またまた寺方・村方双方が一緒に呼び出され、処罰を申し渡された。それは、二ヶ寺と三ヶ村の名主は、その所業は「公儀御定法《こうぎごじようほう》」に則ればそれぞれ遠島《えんとう》（島流し刑）、追放に処すべきところ、「殿様御慈悲」をもって両寺は押込《おしこめ》（一定期間、門を閉ざし、外出を禁じる刑）、名主はいずれも名主役取り上げ、「三ケ村下役・五人組」はそれぞれ過銭《かせん》（罰金）を科す、というものであった。心中の隠匿《いんとく》に関与した村も、村役人は押込を仰せ付けられた。村役人の押込は一〇日、寺の押込は二〇日にて御免となった。

(Ⅰ) 天保五年（一八三四）六月一七日晩、新橋《にいはし》村の甚四郎《じんしろう》の下女と「同村いしや（石屋）」新右衛門《しんえもん》の倅が甚四郎宅の裏手の若宮というところで「新ぢう」（心中）し、一八日朝に発見されたよし、山之尻村名主にも連絡があった。下女は金沢《かねざわ》村の者ということである。「色々取り込みの様子」であった。小田原表にはただちに一八日朝に出立し、藩役所に届け出た。「御検使様」は一九日夕方に参られる予定である。新右衛門が女の死骸も貰い請け、両人一緒に弔《とむら》いをした。

(J)　天保七年一〇月二二日の夜明けに、柴怒田《しばんた》村小羽根山《こばねやま》の平七《へいしち》方に奉公していた男女が林の中で「しんぢう」（心中）した。男は同村十兵衛《じゅうべえ》の倅、女は北久原《ほっくばら》村の者であった。皆々が立ち合い検視したところ、医者は二人とも助かると診断した。山之尻村名主も近村の縁で小羽根山の組頭、北久原村の役人に同道して小田原に赴き、藩役所に注進した。心中しようとした男女は療治していたが、女の方は死去してしまった。そこで、男の方も「病死」したと藩には届け、「内済《ないさい》ニて」十兵衛方にて「祝言《しゅうげん》致し」、女の死骸は十兵衛の旦那寺に葬《ほうむ》って弔い、男も寺に遣わすことで落着とした。

(K)　天保一一年三月一九日朝、山之尻村の勇右衛門《ゆうえもん》の倅忠右衛門《ちゅうえもん》と東田中《ひがしたなか》村の八郎右衛門の娘はなが「相対死《あいたいじに》」（心中）したことを、大工の善蔵《ぜんぞう》が聞きつけ、早速、名主のもとに訴えてきた。所々へ連絡して、「村中の者」ならびに「東田中組合の衆中」が立ち合い相談したうえで、はなは東田中村が「もらい請け」、医者に疵口《きずぐち》を縫ってもらったが、そのまま「病死」してしまった。忠右衛門の方は医者が疵を改めたところ「少々ニて」（軽傷であったので）、縫うには及ばなかった。そのうち小田原表に注進したところ、「女のみ死んで男の方は死なかったならば、難しい事態となろう」と言われたので、よんどころなく、「親類・組内」話し合いのうえ忠右衛門に申し聞かせ、丸山に引き連れて「じがい」（自害）させた。そして男女一緒に二二日に郡方《こおりかた》役人の検死を受けた。検死がすみ、忠右衛門の旦那寺である久成寺《くじょうじ》が娘の旦那寺の東田中村宝持院と相談し、「相対死の者」を久成寺が貰い請け、両人一緒に埋葬した。

さて、四件のうち三件は下女奉公人相手の心中であり、うち(J)は同じ家に奉公していた男女が心中しようとした事件である。駆落にも相手が下女である事例が三件みられる。恋の相手が下女の場合、男方の親は結婚に反対しがちである。そのため駆落や心中という行動に走りやすかったのであろう。未婚の男女のみならず、新柴《あらしば》村の名主が自家の下女と恋に落ちたのか、心中するという事件も天明八年（一七八八）に起きている。

元禄期（一六八八～一七〇四年）頃より心中が流行したので、幕府は厳罰で臨むようになり、享保八年（一七二三）、「相対死」仕置令《しおきれい》を発した。死骸は取り捨てにし（遺棄し）、弔うことは禁じる。一方が存命ならば下手人《げしゅにん》（斬首刑）とし、双方が存命の場合は三日間晒《さら》し者にしたうえで非人《ひにん》の手下《てか》とする。このような内容で、寛保二年（一七四二）制定の公事方御定書《くじかたおさだめがき》にも踏襲された。

だが、上記の事例をみるかぎり、村方での処理の仕方は公儀の法とは大分異なっている。

(H)の事例では心中した男女の死骸を双方の旦那寺が引き取り埋葬している。しかもそれで内々にすませようとしたのだが、小田原藩に知られるところとなり、関係者は処罰を受けた。これに懲《こ》りたのか、以降の事例では藩に注進はしている。しかしながら(J)では、男は存命であったにもかかわらず藩には病死として届け、女の死骸を男の家に引き取って内証に祝言を挙げ、そののちに女の亡骸《なきがら》を男の旦那寺に葬り弔っている。妻にしたうえで葬送し供養したのである。男は寺に遣わすことにしているが、公式には存命していないことになっているので、人別帳から除き、出家させて亡《な》き妻の菩提《ぼだい》を弔わせたのであろう。

(K)でも男は助かっているが、藩に注進したところ、女のみ死んで男は生きているとなると面倒なことになると申し聞かされ、やむなく親類と組内の者が相談したうえで男に因果《いんが》を含めて自害させ、藩役人の検死を受けてから一緒に埋葬している。(I)では男女ともに死亡しているものの、男の父親は女の死骸も貰い請けて一緒に弔っている。あの世で夫婦として暮らせるようにとの思いから、そうしたのであろう。

駆落では、男女ともに跡取りだった場合以外は、当事者の意思を受け入れ、一緒に暮らせるように配慮することで決着させるのが通例であったが、心中においても、不憫《ふびん》に思ったのか、恋情を酌んだ措置をとっていたのである。

〈参考文献〉

大藤修『近世農民と家・村・国家―生活史・社会史の視座から―』（吉川弘文館、一九九六年）
大藤修「近世後期の親子間紛争と村落社会―親子・個人と家・村―」（同前書所収、初出一九九二年）
大藤修「夫婦喧嘩・離婚と村落社会―駿河国駿東郡山之尻村の名主家の日記から―」（『近世の村と生活文化―村落から生まれた知恵と報徳仕法―』吉川弘文館、二〇〇一年、初出一九九五年）
川鍋定男「近世の婚姻慣行―自由結婚の歴史的考察―」（『講座日本近世史10　近世史への招待』有斐閣、一九九二年）
佐藤孝之『駆込寺と村社会』（吉川弘文館、二〇〇六年）
瀬川清子『若者と娘をめぐる民俗』（未来社、一九七二年）

〈恋文集〉について

綿抜豊昭

一 「恋文集」

江戸時代、元号が「文化」と改められたころから幕末までの六〇年間余りは、江戸在住の町人文化が栄え、とくに文化・文政期（一八〇四〜三〇）の「化政文化」は「町人文化」の一つの頂点とされてきた。当時の重要な「文化装置」の一つが「出版物」であったことは贅言《ぜいげん》を要しまい。たとえば、この時期に、多くの読者を得て、一冊、二冊といった単位ではなく多量に、しかも挿絵をともなって出版された文学作品をみると、滑稽本《こっけいぼん》『東海道中膝栗毛《とうかいどうちゅうひざくりげ》』（正編九編一八冊）、人情本《にんじょうぼん》『春色梅児誉美《しゅんしょくうめごよみ》』（四編一二冊）、合巻『偐紫田舎源氏《にせむらさきいなかげんじ》』（三八編一五二冊）をあげることができる。これらは現在の日本文学史において記載が漏れることのない、この時期を代表する文学作品であり、注のほどこされた活字本を入手することができる。

またこうした著名な作品がある一方で、今日、周知されているとはいいがたいが、現存数から推し量るに、かなりの部数が発行されたと考えられるものもある。手紙の書き方などの学習テキスト「往来物《おうらいもの》」は、それに含めてよいであろう。その大半は、現在、注の付された活字本として刊行されていない。

往来物は、いわば実用書であり、文学作品に比すれば、当時の人びとにとって必要度が高い出版物であった。しかし、そのなかには、ごく一部の人にとっては必要度が高くとも、人によっては娯楽的な性格が強いものもある。その一つが「恋」を主題とした往来物である。これに関しても、これまでとくに注目されることなく、ジャンル名が与えられていないので、本稿では、仮に「恋文集」と称することにする。

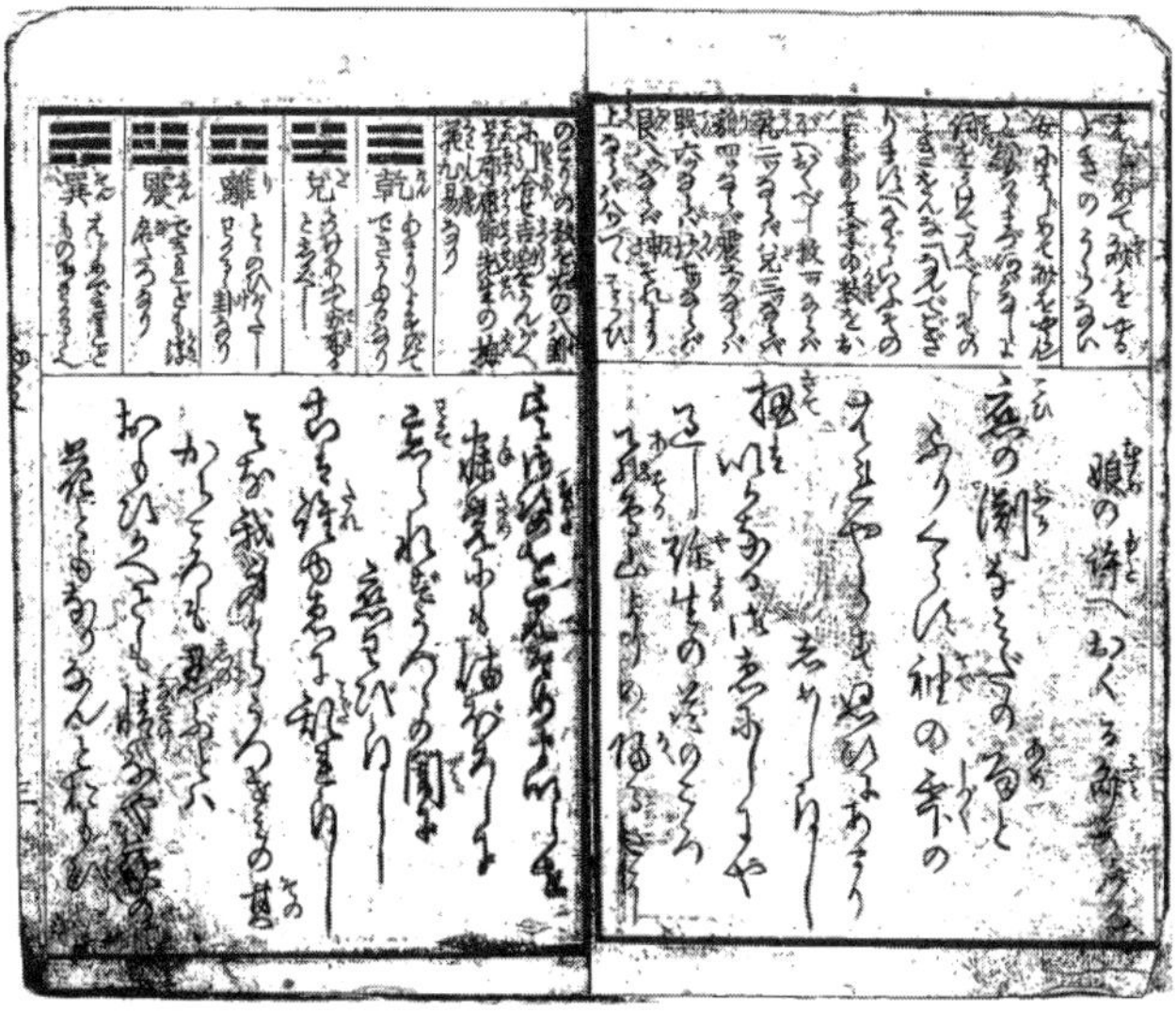

図1 『しんぱん文のはやし』

恋文集は、一点一点は一冊本として刊行され、『文《ふみ》のはやし』『筆のたより文のはやし』『文しなん』『がん（雁）のふみ』『花の恋路文のしをり』『艶道通言《えんどうつうげん》文のゆきかひ』など少なからず出版されている。図1『しんぱん（新版）文のはやし』のごとく、一面は、下段に恋文の「模範例文」、上段に恋に必要な「知識」などを載せた構成をとる。これはほかの往来物の一面構成と同じである。形態としては横長の「横本」などもあるが、その大半は現代の新書本ほどの大きさの「中本」であり、管見に入るものでは「中本」のほぼ二倍の大きさである「大本」はない。たとえば四季折々の挨拶などの模範例文を載せる往来物には「大本」があり、この「大本」を書見台《しょけんだい》に置いて読んでいる図があったりする。この「中本」という形態は、たとえば四書五経のごとく、居住まいをただすなどして、あらたまって読むものでなく、個人的に必要あるいは興味に応じて読む内容であったことをうかがわせる。冒頭にあげた文学作品も「中本」であったことを考え合わせると、「恋」に直接にかかわっている状況にある人にとっては実用書であるが、その一方で、今日でいうところの「書簡体」の「恋愛小説」としても読まれたと考えられる。

以下、恋文集の下段にあげられた「模範例文」と上段にとりあげられた「知識」を具体的にみていくことにする。

二　恋文集の「模範例文」

江戸時代の「恋文集」の最初に載る模範例文は、管見に入るものでは、必ず男性から女性に告白する手紙である。「男性女性のどちらから告白したか」といった統計が残されているわけではないので、当時の文学などから推測するしかないのだが、女性から男性への告白というのはたいへん珍しいことであったと考えられる。

恋文集には、どのような模範例文があげられているのか、恋の始まりに男性から女性に出された模範例文の一つとして、前掲『しんぱん文のはやし』の最初にあるものを以下に意訳し、紹介する。

恋という深い淵にはまり、涙の雨が降り続き、涙をぬぐう袖はその雫《しずく》に濡れ、晴れることはありません。そうした思いのあまりにお手紙さしあげます。どのようなご縁があったのでしょうか、あの三月の花のさかりのころ、飛鳥山《あすかやま》に花見に行きました帰りに、あなたのお姿を見初めましてから、寝ても覚めてもあなたのまぼろしが見え、あなたを忘れることができず、今闇の中にいるようで、あなたに恋したゆえにつらく思っています。いったい誰のせいでこんなに心が乱れているのかといえば、みんな自分のせいなのですが、蟬の抜け殻のようになっており、この恋をあきらめようと耐え忍ぶのですが、情けないことにそうできず、自分の心さえ思うようにできず、心はもつれております。なんとかあなたに救っていただきたいと、恥ずかしながら申し上げます。ただただ情けあるご返事をください。哀れ、不憫と思われてよい返事を下さいますようお願いします。何事も人目を忍んで申し上げます。

読み書きのできる人たちにとって、人を評価する基準の一つが古典和歌などの知識の有無であった。勅撰和歌集に選ばれた恋の和歌では、切々とした自分の思いをつづる。むやみに相手の容姿を誉めることはない。右の恋文も古典和歌によくみられる表現をふんだんに用いて、情けにすがっている。何を伝えるかのみでなく、どのように伝えるか、それも重要であったのである。これに対する女性の返事は以下のようなものである。

思いがけないお手紙をいただき、あわてて開き、じっくり読みました。先日の花見の帰り道で、後になったり、先になったりし、いろいろお世話いただきましたこと嬉しく、お心のやさしい方だと思っておりましたが、今日、お手紙いただき、じっくりとながめてしまい、嬉しくたまりません。しかし、いまだ男の方からお手紙をいただいたことのない、ふつつかな身で、しかもきびしい両親がおり、内緒でいようとしても、もし悟られては両親の心に背《そむ》くことになり、その顔を見ることもできませんので、二人の事は何事につけても他人に少しもお話しされないのであれば、思ってくださいますことも恥ずかしいことながら、お心にしたがいます。

ほかの恋文集も同様で、何はともかく両親のことが気にかかる、といったことが記されている。「恋はいつから隠す世のためし」（転世評一枚摺・宝暦）という句が読まれているが、文字の読み書きの教育を受けられない「家」はともかく、手紙の読み書きができるように教育をする「家」では、親が許可するまでは、恋は秘めたるものであったといえよう。

三　恋の知識

次に恋文集の上段に載る知識がいかなるものかを例示するため、以下に三つ紹介する。

現代の日本において、午前に放映されるテレビの情報番組などには「今日の占い」のコーナーがあり、また雑誌やインターネット上にも「占い」コーナーがあり、「恋愛運」について占われることがある。江戸時代の人たちも占い好きで、さまざまな占いがあり、恋文集にも占いが載る。たとえば先の図1の上段左側がそれである。「初めて恋文をやる時の占い」が載っている。恋文を送ろうとする女性に、何気にことばをかけて、そのときの返事の文字数を占いの「八卦」に引き合わせて占うのである。相撲のかけ声「はつけよい」の「はつけ」は「八卦」であるという説があるほど、よく知られた占いである。たとえば女性の返事が「え」一文字であれば八卦の「乾」にあたり、「あまり良すぎてできかねる」ということになる。また「なんでござりますえ」と八文字を超える場合は、八を引いた残りとなる。この場合も一文字となることになる。

科学的にはまったく根拠のないことである。かつて「当たるも八卦、当たらぬも八卦」といわれたことを考慮すれば、多くの人が八卦の結果を盲信したとは考えがたい。しかし、江戸時代の人たちが占いに興味・関心を寄せ、「恋」においてもさまざまな占いが存在した、とは明言できよう。

二つ目は、恋文集の一つ『文のはやし』の上段にある「人にひろわれて恋としれざる文」（図2）である。恋文を落としても、それを拾った某《なにがし》に読まれて秘密の恋が露見しないための知識である。例文は以下のごとくある（「／」は改行を示す。適宜漢字に改めるなどした）。

この間は御馳走下され／よほど食べよい／いろいろ御世話になり／しつれい至極／の御事ども何／ぶんよろしく

行頭の音をひろうと「こよいしのぶ」（今晩、忍んでいくよ）とある。現代では横書きを用いる人が多いため「縦読み」となるが、当時は縦書きのため「横読み」といわれる技法である。江戸時代に多く読まれた文学作品の一つに『伊勢物語《いせものがたり》』がある。とくに「あづま下り」の段は有名で、「あづま」ということで江戸の人に好まれた。この段にある、句頭に「かきつばた」を詠み込んだ、

からごろも　きつつなれにし　つましあれば　はるばるきぬる　たびをしぞおもふ

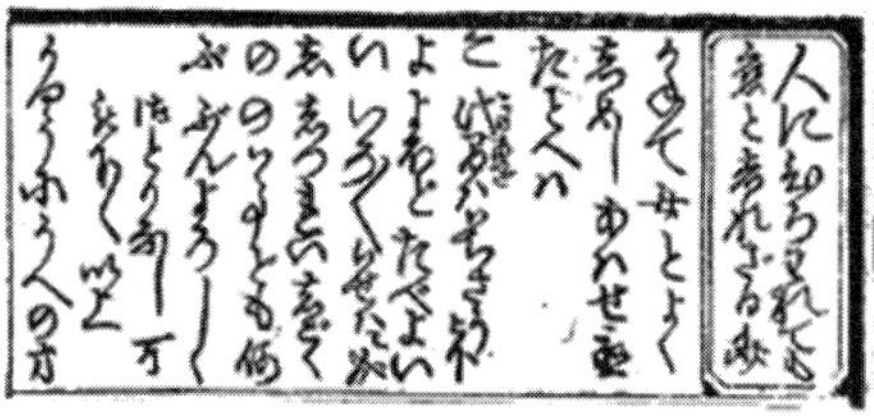
図2　『文のはやし』上段

は多くの人に知られていたといって過言ではない。その折句の技法を応用したものである。人形浄瑠璃《にんぎょうじょうるり》および歌舞伎《かぶき》の人気演目で、今日でも演じられることの多い『仮名手本忠臣蔵《かなでほんちゅうしんぐら》』の「仮名手本」は、「いろは歌」の四七字と「四十七士」を掛けるだけでなく、いろは歌を七字で行がえをして末尾の文字を横読みすると「とがなくてしす（罪がないのに死ぬ）」となり、そのことも暗示している。恋文集も、こうした言語文化のなかにあったことがうかがえよう。

最後は女性の口説き方である。恋文集の一つ『艶道増補恋の千話文』の上段には、女性に気に入られるために身につけたいことなどが一五項目掲載されている。項目名は以下の通りである。

「第一たしなみの事」「第二常に心付《つく》べき事」「第三万《よろず》芸能の事」「第四芝居の事」「第五

女を批判する事」「第六針しごと見やうの事」「第七髪の餝《かざり》調度の事」「第八よみかたの事」「第九狆猫《ちんねこ》の類ひ愛すべき事」「第十女におもひつかるゝ事」「第十一恋の歌といふ事」「第十二成不成《じようふじよう》の事」「第十三男女情態《なんにょじょうたい》の事」「第十四女の性により悪《いみ》きらひあるべき事」「第十五畳ざんの事」

右のうちの一つ「狆猫の類ひ愛すべき事」をとりあげることにする。これには、婦人は獣（ここでは「pet」の意）を愛し、とくに愛するのが狆と猫であるから、もしそのような婦人に気に入られようと思ったら、自分が嫌いでも好きなふりをして、菓子などをあげてなつくようにすれば七、八割はうまくいく、といったことが書いてある。「流行猫の狂言づくし」「猫身八毛意《ねこみはつけい》」などの「猫絵」を描き、猫好きで知られる幕末の浮世絵師歌川国芳《うたがわくによし》（一七九八～一八六一）は男性であり、当時、狆や猫をペットとして愛玩するのは女性に限らないが、『艶道増補恋の千話文』の記述は、女性が愛玩する傾向があったことが背景にあると考えてよいだろう。当時の浮世絵においても狆や猫を抱えた女性が描かれたものは少なくない。

恋文集の上段に記載された知識のすべてが、今日に継続するものではない。しかし、たとえば「星座占い」などの占い、縦読みという技術、ペット仲間といったものが恋愛と結びつくのであれば、恋文集の知識は様相を変えてはいるものの、断絶はしていないとみなせよう。

四　結び文

最後に恋文の形態についてふれておきたい。

かつては恋がかなう、すなわち思いが結ばれるようにとの願いをこめて、恋文は「結び文」にすることが多かった。結び文とは、手紙を細く巻いて、たたんで、その手紙の上を折って結び、その結び目に一筋墨を引いたものである。日本史の史料としておなじみの、結封《けっぷ》の書状と同じ形態である。

結び文とする利点は、「結ぶ」という言霊《ことだま》的なことだけではなく、実際に渡すときに便利な一面があったからである。わざわざ包紙《つつみがみ》を用意せずにすむだけでなく、直接渡す場合、先にあげた「横読み」の手紙のような短い文面であれば、小さな結び文にして渡しやすく、受け取る側も受け取ってから着物にしまいやすい。またはじめて恋文を女に渡す場合、手渡しでなくても相手の袖に入れやすい（ただし、結び文は、投げる時に飛ばしやすいため、受け取りを拒否して投げ返されやすいという難点もあった）。

図3　『艶道文の真砂』

図4　『遊仙沓春雨草紙』

恋文集の一つ『艶道文《えんどうふみ》の真《まさ》砂《ご》』にのる挿絵・図3を参照いただきたい。男性が女性に手渡そうとしているのが結び文で、すなわち恋文とわかる。男女ともに人目《ひとめ》を気にしている様子である。図4は当時の流行小説の一つ緑亭川柳《りょくていせんりゅう》『遊仙沓春雨草紙《ゆうせんくつはるさめそうし》』（八編上）の口絵である。多くの結び文が娘の前にならんでいる。口絵にそえられた和歌は、

いづれをか　まこととしりて　たどらまし　ふみまどわせる　恋の山道

とある（ふみは「文」と「踏み」の掛詞）。多くの男性から恋文を送られたが、どれが誠意ある人のものなのか迷ってしまう、といった内容である。もちろん読み物上のことではあるが、いつの時代でも多くの人から告白される人というのは、こういった悩みを抱えるものなのであろう。結び文だからといって、二人が結ばれるとは限らないが、こうした非科学的なことにもこだわってしまうのが、当時の恋であり、そうしたことは今日の恋においてもみられるのではないかと思われる。

おわりに

江戸時代、書籍を読むことができる人びと、すなわち読み書きができる人にとって、恋心を相手に伝える方法として第一にあげられるのは手紙であった。恋文集の一つ『艶状《えんじょう》文の便り』の口絵に次の和歌が掲載されている。

見そめても渡せる橋のなき中は　神にもまさる文のたよりぞ

あの人を見そめて恋をしても、二人の間を橋のようにつないでくれる人がいないなら、（恋頼みをする）神様よりも（恋を伝える）手紙が頼りになる、といった内容である。

多くの恋文集が出版されたということは、その需要が見込まれたことを意味する。文字の読み書きのできない人たちなど、当時のすべての人にあてはまることではないが、恋文集の記述は、江戸時代末の六〇年間ほどの「恋事情」をうかがうことができる、いわば「恋愛の記憶遺産」ともいうべきものである。それは、何が現代と異なり、何が同じで、何が変化したのかを考えるうえで貴重な史料といえよう。

〈参考文献〉

国立国会図書館ミニ電子展示「本の万華鏡」「第26回　恋の技法―恋文の世界―」二〇一九年五月一〇日公開（https://www.ndl.go.jp/kaleido/index.html）

勤王芸者と徳川贔屓の花魁

箱石　大

はじめに

幕末維新政治史のなかで活躍した人物たちの恋愛・性愛問題としてまず思い浮かべられるのは、幕末の志士たちの色恋沙汰ではなかろうか（本稿では男女間および同性間の恋愛・性愛関係にもとづくさまざまな事柄を「色恋沙汰」と表記しておく）。代表的な事例として、長州藩士の木戸《きど》孝允《たかよし》（当時の名は桂小五郎《かつらこごろう》）と京都・三本木《さんぼんぎ》の芸者幾松《いくまつ》（のちに木戸の正妻となる松子《まつこ》）との関係をあげることができよう。二人の恋愛物語は、後年さまざまなメディアで増幅・再生産され続け、維新の元勲《げんくん》とされる木戸の人物像形成にも一役買っているという（髙橋二〇一六）。

木戸と幾松の関係だけでなく、幕末志士の色恋沙汰は、明治維新の裏面史として人びとの興味の対象となり、小川煙村《えんそん》『勤王芸者』（明治四三年〈一九一〇〉）、鹿島桜巷《おうこう》『明治英雄情史』（大正三年〈一九一四〉）、井筒月翁《げつおう》『維新俠艶《きょうえん》録《ろく》』（昭和三年〈一九二八〉）などの書籍が刊行された。これらは、当事者からの聞き取りを主な素材としており、ほかの史書からはうかがいしれない秘話の数々は貴重であるが、読者の興味を引くために過剰な脚色が加えられ真偽不明の記述も多く、史実と虚構の境界が不明確になっている。とはいえ、高杉晋作《たかすぎしんさく》とおうの、坂本龍馬《さかもとりょうま》とお龍《りょう》など、幕末維新期に活躍した人物の男女関係は、現在でも多くの人びとから関心を持たれている。

幕末維新当時は、現代と異なる身分・婚姻制度や恋愛観、さらには権力によって公許・黙認されていた性売買の制度が厳然と存在していた。こうした歴史的条件のもとで、どのような恋愛事情があったのだろうか。本稿では、幕末維新政治史に登場する人物たちの色恋沙汰を中心に、幕末維新政治史の周辺に見え隠れする恋愛・性愛問題をとりあげながら、当時の政治的・社会的背景についても読み取ってみたい。

一　勤王芸者と幕末の志士

明治一〇年（一八七七）京都で生まれ、『やまと新聞』の記者を経て作家となった小川煙村の著書『勤王芸者』は、中西君尾《なかにしきみお》という京都の元芸者から著者が聞き取った直話をもとに、脚色を施しながら執筆されたものである。

本題に入る前に、芸者の名称について簡単に整理しておくと、現在では一般的に、東京では芸者、京都では芸妓《げいこ》と称し、見習い修行中の者を東京では半玉《はんぎょく》または雛妓《おしゃく》、京都では舞妓《まいこ》と称するものと理解されている。明治期以降は芸妓《げいぎ》と総称され、遊女の呼称となった娼妓《しょうぎ》とともに、法令用語としても芸妓・娼妓、芸娼妓と併称されるようにもなるが、芸妓ではなく芸者と呼称する慣習も続いている。ただし、京都の芸妓・舞妓は、かつては芸子・舞子と表記され、芸者・芸子・芸妓の表記がしばしば混用されている。

さて、『勤王芸者』の主役である君尾は、丹波国福井郡西田村《にしだ》の博徒《ばくと》の親分友七《ともしち》と袖《そで》の娘で、本名を君《きみ》といった。

文久元年（一八六一）春、一七歳で祇園新地の島村屋という置屋《おきや》（現在の京都では一般に屋形《やかた》という）から芸妓として売り出された。まもなく高杉晋作の取り持ちで井上馨《いのうえかおる》の馴染みとなるが、長州藩尊攘派の依頼を受け、あえて関白《かんぱく》九条尚忠《くじょうひさただ》の腹心である島田左近《しまださこん》の「情婦」となって活動したこともあったという。その後、元治元年（一八六四）の池田屋事件から禁門《きんもん》の変以前の頃には品川弥二郎《しながわやじろう》と馴染みとなり、鳥羽《とば》・伏見《ふしみ》の戦いに際して品川が作った《都《みやこ》風流《ふうりゅう》トコトンヤレ節《ぶし》》は君尾が節付けをしたものとされる。同書には、高杉晋作と祇園町の置屋井筒の芸妓小りか、桂小五郎と三本木の芸妓幾松、山県有朋《やまがたありとも》と祇園町の舞妓小菊《こぎく》・小美勇《こみゆう》、久坂玄瑞《くさかげんずい》と島原《しまばら》の芸妓辰路《たつじ》など、長州藩士らの馴染みとなった京都の芸者たちの名もあげられている。桂と幾松については、桂が「箱廻しの源助」と偽って潜入活動をしていたところ、新選組の近藤勇《こんどういさみ》に見咎められたが、君尾の機転で窮地を脱するという逸話も紹介されている。

次に、井筒月翁『維新俠艶録』で述べられている幕末の志士と女性たちとの情交もみておこう。井筒は、京都の中西君尾や大阪南地の富田屋《とんだや》お雄《ゆう》ら当事者本人と、刊行の二〇年前に直接対話した内容を記したノートを骨子として執筆している。同書では、下関《しものせき》時代における長州藩士たちの女性関係についても触れている。山県の馴染みは、宮屋の津山太夫《つやまだゆう》という遊女であった。もともと津山太夫には西出孫三郎《にしでまごさぶろう》という千石船《せんごくぶね》の大旦那が付いていたが、太夫の方が山県に惚れて恋仲になっている。高杉は、芸者のおそのと相思相愛の仲になった。おそのとは高杉の病没後に出家して梅処尼《ばいしょに》と称したおうののことである。井上は、芸者の力松を落籍させて二ヶ月ばかり所帯をもったが別れ、竹《たけ》兵《ひょう》という茶屋の舞妓お照とも関係を結んだが短期間で別れている。後年、伊藤博文《いとうひろぶみ》の妻となる梅子《うめこ》も下関の芸者であった。下関で遊んだ長州藩の志士たちにとって、遊女は高嶺の花であったらしい。遊女と遊ぶには厄介な手数と時間と莫大な金を要するとされていたからである。このため、彼らは遊女の付属物扱いされていた手軽な芸者と遊ぶ方を好んだということである。

久坂の馴染みの芸者となった辰路については、『勤王芸者』がさらに詳述している。君尾の場合と同じく著者は、取材した当時六七歳で京都に居住していた辰路本人から直接話を聞いている。辰路は、本名を辰といい、姓は西村、京都の遊廓《ゆうかく》である島原の置屋（遊女屋）桔梗屋《ききょうや》（抱主《かかえぬし》は小林長兵衛《こばやしちょうべえ》）に在籍する芸妓であった。島原には遊女だけでなく芸妓もおり、祇園町などほかの遊所にも芸妓に加えて遊女がいた。辰路が久坂と出会ったのは一八、九歳の頃である。同書で叙述された二人の関係において特筆すべきことは、辰路宛の久坂玄瑞書状が紹介されていることである。これは、著者による聞き取り当時、辰路の手もとに残されていたものであるという。真偽のほどは未詳だが、志士と芸者の情交に関する史料としては、どうしても本人や関係者からの談話に依拠することが多いので、こうした文書の存在は珍しい。この書状は文久三年八月二〇日のもので、その二日前の文久三年八月一八日の政変によってやむなく都落ちすることになった久坂が、「其後《そのご》もお前様《まえさま》の事のみおもひ続け候《そうろう》」と後ろ髪引かれる切ない気持ちを辰路に伝えている。

ほかに遊所の女性との情交について具体的に記した文書としては、新選組の土方歳三《ひじかたとしぞう》が郷里の小島鹿之助《こじましかのすけ》に送った文久三年一一月付の書状が知られている。文中で土方は、島原遊廓の花君《はなぎみ》太夫と天神《てんじん》（転進）の一之、祇園の芸妓三人ほど、北野（上七軒《かみひちけん》）の舞妓君菊《きみぎく》と小楽《こらく》、大坂新町遊廓の若鶴《わかつる》太夫ほか二、三人、北の新地（曽根崎《そねざき》新地）では筆紙に尽くしがたいほど沢山の女性たちといったように、京都・大坂で関係をもった遊女や芸者の名前と人数を書き連ね、彼女たちから恋い慕われていると自慢している（『土方歳三・沖田総司全書簡集』）。島原の遊女には太夫《たゆう》・天神（転進）・鹿恋《かこい》（囲）・端女郎《はしじょろう》といった序列があり、花君太夫と一之は輪違屋《わちがいや》という置屋に在籍する遊女であった（『新撰京都叢書』所収『四方のはな』慶応三年〈一八六七〉版）。

こうした聞き取りにもとづく著作物によると、幕末の志士たちの色恋沙汰の相手は、素人の女性ではなく、ほとんどが芸者や遊女といった玄人の女性たちであったことがわかる。芸者の側の心構えとしては、馴染みの客が、勤王の志士ならば自分も勤王となり、佐幕派ならば自分も佐幕派になるとされていた。一方、志士の側は複数の芸者や遊女と情交をもったのであるが、幾松のように結婚して正妻とすることも少なくなかった。

ところで、現在では一般に花街《かがい》と呼ばれる場所の芸妓・舞妓たちは置屋（屋形）に在籍していて、そこから宴席が催される「お茶屋」に派遣されるという営業形態をとっているが、『勤王芸者』には、幕末当時の京都における遊所での遊興上のしきたりについても言及されている。志士たちが足繁く通った京都の遊所は、各自の好みによって大体決まっていたようであり、木戸は三本木、高杉・井上は祇園町、久坂は島原であったという。当時は諸藩ごとに遊ぶ茶屋が定まっており、これを「お宿坊《しゆくぼう》」と称していた。したがって、「お宿坊」以外の茶屋には滅多に行かなかったとされる。たとえば、長州藩は縄手大和橋北入東側《なわてやまとばしきたいる》の魚品《うおしな》、薩摩藩は末吉町《すえよしちよう》の丸住《まるずみ》、土佐藩は富永町《とみなが》の鶴屋《つるや》、新選組は一力《いちりき》をそれぞれの「お宿坊」と定めていた。また、志士と芸者が出会って情交を深めるきっかけも、遊所のしきたりに則るものであった。井上の場合は、高杉の依頼により、長州藩出入りの茶屋である魚品の取り持ちで芸妓を四、五人呼び、好みの女性を物色する「見られ」という段取りを経て、そのなかの一人であった君尾を見初めている。木戸の場合、幾松にはすでに近江商人の旦那が付いていたところを、伊藤博文が置屋の女将を刀で脅して木戸との仲を認めさせたのだという。その手段はかなり強引ではあるが、幾松が在籍していた置屋の内諾を一応はとりつけているのである。

後年、長州藩・薩摩藩出身者を筆頭とする志士たちの多くが政府の高官となったため、彼らと芸者・遊女との情交がさまざまな著作物の題材にもなり広く世間に知られるようになったが、彼らだけが遊所での遊興に耽《ふけ》っていたわけではない。幕末期に至り続々と入京した諸藩士たちも多かれ少なかれ同じような行動をとっていた。とくに在京する諸藩の留守居《るすい》や周旋方《しゅうせんかた》などの役職者たちは、たとえば、鳥取藩京都留守居の安達清風《あだちせいふう》が、近頃の宴会では皆が国家の大計を論じるけれども、国事を妓楼にて議論するのは誠に愚の至りである（『安達清風日記』文久二年一一月一一日条）と自嘲気味に述べているように、他藩などとの交際上の付き合いや情報収集の必要性から、遊所への出入りを頻繁に行っていたのである。

安政五年（一八五八）に伊予松山藩の京都留守居として赴任した内藤房之進《ないとうふさのしん》は、遊所で会飲するような粋な行動は不得手《ふえて》であったが、留守居となったからには諸藩との交際に努めなければならないと決意している。祇園町における松山藩の「お宿坊」は茶屋の鶴屋であったが、大宴会だけは一力で催すことになっていた。諸藩の留守居はそれぞれ馴染みの芸妓をもつ必要があるとされ、房之進の馴染みは小縫《こぬい》という芸妓であった（『鳴雪自叙伝《めいせつじじょでん》』）。

武蔵国の豪農出身で、元治元年御三卿《ごさんきょう》の一橋徳川《ひとつばしとくがわ》家に仕官した渋沢栄一《しぶさわえいいち》は、諸藩の京都留守居や周旋方との交際を担当する御用談所《ごようだんしょ》に勤務し、上役である用人《ようにん》筆頭の黒川嘉兵衛《くろかわかへえ》に随従して、祇園町・木屋町《きやまち》などで頻繁に催される宴会に出席する日々を過ごしていた。慶応元年正月頃、夜中の宴会が終了した鴨東のある家で、気を利かせた黒川が女性を取り持ち、夜具を備えた別室を用意していたのだが、当時の渋沢は二六歳の血気盛んな時分であったにもかかわらず、「酒はもとより飲まず婦人にも一切接せぬ」との決意を固めていたため、怒ってその場を飛び出したと、後年渋沢自身が語っている（『雨夜譚《あまよがたり》』）。

遊所での遊興は、幕府によるたびたびの禁令にもかかわらず、留守居が組合を結成して交際するような近世的政治システムのもとでは、必要悪とでもいうべき慣習とみなされており、幕末政治の展開とともにますます盛んとなっていった。こうした近世以来の風習は王政復古政変後も継続されていたため、明治二年二月五日、新政府は諸藩主に対して公用人《こうようにん》（もと留守居）の宿弊一洗《しゅくへいいっせん》を命じている。

二　吉原の花魁と旧幕臣

江戸に目を転ずると、幕末維新政治史周辺の色恋沙汰として、戊辰《ぼしん》戦争期の江戸・東京を舞台とした吉原《よしわら》の遊女と旧幕臣たちとの逸話があげられよう。明治期以降、出版物の題材にもされたこれらの色恋話の内容には創作や脚色が多いと思われ、どこまでが史実であったのかを確認することは難しい。新政府軍が進駐し、江戸城が明け渡された後の江戸でも、旧幕臣を中心に結成された彰義隊《しょうぎたい》の武士たちが吉原の遊女にたいへんもてたらしいことは、「どうせ戦いになれば命はないものと思っているから、毎夜のように吉原へ通う、金の使いッぷりの綺麗なのと、江戸っ児が多いのでひどくもてた。「情夫《いろ》に持つなら彰義隊」という言葉が廓内にあった。その反対に官軍の兵隊はこの方面ではひどく嫌われた」という旗本出身の渋谷真琴による証言を根拠としている（『戊辰物語』）。

後年諸書にとりあげられてよく知られているのが、新吉原遊廓の角町《すみちょう》にあった稲本屋《いなもとや》という遊女屋に在籍していた小稲《こいな》という遊女にまつわる話である。慶応四年（一八六八）の玉屋山三郎《たまやさんざぶろう》蔵版『吉原細見記《さいけんき》』によると、稲本屋庄三郎は、大籬《おおまがき》大見世《おおみせ》・半籬《はんまがき》交《ま》じり（中見世《ちゅうみせ》）・惣半籬《そうはんまがき》（小見世《こみせ》）という遊女屋の序列のなかでは二番目の格式である半籬交じりであった。稲本屋に在籍する遊女の筆頭が小稲で、呼び出しという当時の新吉原の遊女としては最高級の地位にあり（慶応四年の『吉原細見記』では「よびだし新造附《しんぞうつき》」とされ、見習い遊女の新造が付く）、紋日《もんび》以外の平日における揚代金《あげだいきん》は昼夜で銀七二匁、夜のみで銀三六匁の規定であった。呼び出しのような高級遊女が花魁《おいらん》と呼ばれていた。なお、小稲という名は代々襲名されたものであり、戊辰戦争期の逸話を後世に伝えているのは四代目の小稲である。

当時の小稲の人気を物語るものに錦絵がある。たとえば、《新吉原角町　稲本楼内小稲》（二代歌川国貞《うたがわくにさだ》、慶応三年正月改)、《日千両《ひせんりょう》大江戸《おえど》賑《にぎわい》　廓《くるわ》千両　稲本楼小稲》(豊原国周《とよはらくにちか》、慶応四年正月改)、《生写《いきうつし》美人鏡　新よし原角町いな本楼うち　小稲》(二代国貞、明治元年〈一八六八〉一一月改カ)、《よし原十二ヶ月のうち　文月《ふづき》　稲本楼小稲》(落合芳幾《おちあいよしいく》、明治二年八月改)などに小稲の艶姿を見ることができる。なかでも、噺家《はなしか》の初代三遊亭圓朝《さんゆうていえんちょう》・遊女の四代小稲・役者の四代中村芝翫《なかむらしかん》を画題とした三枚続の《日千両大江戸賑》には、詞書《ことばがき》に圓朝作の「芝居よし原席亭」と題する三題噺を載せ、「ある人が道にて咄《はな》すを聞《きけ》バ、当時役者ハ中村芝翫、よし原の全盛ハ先《まず》誰でありやせう、誰といつて外《ほか》にハない、稲本楼小稲さんサ」と、当時の吉原における小稲の全盛時代を伝えている。写真が現存しているかどうかは未確認だが、江戸の町名主であった斎藤月岑《さいとうげっしん》が小稲の写真を購入している(『斎藤月岑日記』明治八年一〇月三一日条)。ただし、時期的には四代小稲ではなく五代目の写真である可能性が高い。また、小稲は、明治五年に高橋由一《たかはしゆいち》が描いた油絵《美人(花魁)》(東京藝術大学大学美術館所蔵、国指定重要文化財)のモデルともいわれている。『東京日日新聞』六二一号(明治五年四月二八日)によれば、ほかの遊女たちは錦絵に描かれることの方を望み、油絵に描かれることを承知しなかったが、ただ一人、小稲だけが悠然とこれを承諾し、十二分に着飾った姿を描かせたこと

図1　日千両大江戸賑　廓千両　稲本楼小稲(早稲田大学演劇博物館所蔵)

図2　美人(花魁)(東京藝術大学大学美術館所蔵，画像提供：東京藝術大学大学美術館／DNPartcom)

から、遊女のなかでも秀でた開明性が称賛された。ところが、小稲は完成した油絵を受け取ると、「妾《わらわ》はこんな顔ちやありません」と泣いて怒り、その絵を突き返したということである（高橋由一の弟子彭城貞徳《さかきていとく》の回顧録による）。

さて、小稲と旧幕臣たちとの関係であるが、条野採菊《じょうのさいぎく》の『廓雀小稲出来秋《さとすずめこいなのできあき》』（明治一九年）に小稲と中野梧一《なかのごいち》についての話が出てくる。同書の挿絵は、月岡芳年《つきおかよしとし》の推薦によって水野年方《みずのとしかた》が描いたものである（『こしかたの記』）。中野は旧名を斎藤辰吉《たつきち》といい、旧幕臣の出身ながら、のちに初代の山口県令となり、辞官後は藤田組《ふじたぐみ》に入社し、藤田組贋《がん》札《さつ》事件で逮捕されたりもしている人物である。小稲は、本名を亀井定《かめいさだ》といい、幼時に遊女屋へ売られ禿《かむろ》となった。一五歳で左近《さこん》と名乗り、三代小稲を姉とする新造として「突き出し」というお披露目の行事を経て、客をとりはじめた。中野は、慶応二年春に四代小稲を襲名する以前、左近時代からの馴染みであり、江戸開城後、中野が旧幕府脱走軍に与《くみ》し朝敵として追われる身となった際には、稲本屋の小稲のもとで一時匿《かくま》ってもらった話などが出てくる。平野伝《ひらのでん》吉《きち》編『絵入　藤田伝三郎《ふじたでんざぶろう》実伝記』（明治一二年）には、中野と小稲の深い関係を示す別の話も出てくるが、真偽のほどは不明である。中野は前述の新聞記事を読んでおり、その際、もはや小稲に八年前の艶姿はなく惜しむべきことだと慨嘆し、「嗚呼《ああ》人生五十、小稲も半生を過《すぎ》、既ニ老婆ノ仲間入」と日記に認《したた》めている（『中野梧一日記』明治五年五月一四日条）。中野は新聞だけでなく、油絵に描かれた小稲の姿を見ることができたのであろうか。それにしても、諸書に記されているような馴染みの関係が実際にあったとしたら、あまりにも素っ気なく残酷な物言いである。

ほかに、諸書にみえる戊辰戦争期の小稲と旧幕臣たちの関係を紹介しておこう。有名な逸話として、遊撃隊《ゆうげきたい》の伊庭《いば》八郎《はちろう》に関するものがある。これは、若年ながら新選組に入り、榎本武揚《えのもとたけあき》率いる旧幕府脱走軍にも参加した田村銀之助《たむらぎんのすけ》が大正一〇年（一九二一）に史談会で語った談話が典拠となっている（『史談会速記録』第三一四輯）。それによれば、箱館の旧幕府脱走軍に合流する機会をうかがいながら横浜に潜伏していた伊庭が、同じ遊撃隊の本山小太郎《もとやまこたろう》に手紙を託して小稲に五〇両の金子を無心したところ、伊庭の手紙を読み終えた小稲は両眼を泣きはらしてこれを承知し、翌日には五〇両を用意して本山に渡し、伊庭の窮迫を救ったというのである。田村は談話のなかで小稲を評し、「遊女でこそあれ情誼《じょうぎ》もあり、侠気《きょうき》もある、誠に感心なものと思ひます」と語っている。箱根の戦いで左腕を失うほどの伊庭の奮戦ぶりは、戊辰戦争後、錦絵にも描かれて徳川贔屓《びいき》の人びとを中心に追慕されていたが、前述した伊庭と小稲の逸話も巷間に知られるようになり、その後は小説や映画などの素材としてもとりあげられ、小稲と旧幕臣の色恋沙汰としては最も有名なものとなっているように思われる（中村二〇一四）。

また、彰義隊の毛利秀吉と小稲の話もよく知られている。話の典拠は、彰義隊士として上野戦争に参加した後、榎本武揚率いる旧幕府脱走軍に合流して箱館に転戦した経歴をもつ旧幕臣寺沢正明の談話をもとに叙述された山崎有信《やまざきありのぶ》編『幕末秘録』である。明治元年一一月二日、松前藩領の福島における旧幕府脱走軍と松前藩との戦闘で戦死した毛利のことを、寺沢は「彰義隊の一士、彼《か》の小稲一件に浮名を流した毛利秀吉」といっているが、この小稲一件とは次のような話であった。ある日、稲本屋で新政府軍の兵士と彰義隊士たちが鉢合わせとなった際に、上野から加勢として乗り込んできた彰義隊の一員で「見るも眩《まばゆ》きばかりなる一人の美男」であった毛利を小稲が見初め、付け文を出して登楼を乞い馴染みの関係となった。しかし、毛利が小稲に金一〇両を無心したことが原因となり、小稲の方から縁を切られてしまったというのである。寺沢は、わずか一〇両の金子で毛利が男を下げてしまったことは残念だが仕方がないと述べている。

さらに、会津藩家老の内藤介右衛門信節《ないとうすけえもんのぶこと》の弟で、のちに彰義隊に加わった内藤信臣も小稲と関係があり、村井弦斎《むらいげんさい》・福良竹亭《ふくらちくてい》編『絵入通俗　西郷隆盛《さいごうたかもり》一代記』第五篇（明治三三年）にその話が出てくる。信臣は、会津藩主従が退去した後の江戸に武川式部《ぶかわしきぶ》と改名して潜入し、まもなく彰義隊に加入して上野戦争に参加したが、敗退後、市中に潜伏していたところを新政府軍側に捕らえられ処刑された。信臣は、上野戦争に参加する前夜、江戸潜伏中すでに馴染みとなっていた小稲と一夜を共にし、上野から落ち延びる際にも稲本屋の小稲のもとを訪れている。この話によると、小稲は年季が明けて家に帰った後もほかに嫁《か》すことなく、信臣の菩提《ぼだい》を生涯弔《とむら》ったことになっているが、前述の『廓雀小稲出来秋』によれば、神田関口町《かんだせきぐちちょう》の有馬屋清右衛門《ありまやせいえもん》に身請《みう》けされ、清右衛門の死後、元の抱主である稲本屋庄三郎の妾《めかけ》になった後、元町奉行所与力《まちぶぎょうしょよりき》の吉田駒次郎《よしだこまじろう》と夫婦になったということである。

一方、新政府軍側には、次のような話もある。慶応四年四月中旬、山県有朋が福田俠平《ふくだきょうへい》・飯田竹次郎《いいだたけじろう》らをともない稲本屋に赴き、小稲をはじめとする遊女らと遊興しているうち、そのなかにいた彰義隊贔屓の女といざこざが起こったところに、彰義隊の一隊が乱入して小競り合いとなったが、まもなく木梨精一郎《きなしせいいちろう》からの要請を受けた勝海舟《かつかいしゅう》の仲介でことが納められた一件があったというのである（加来一九九八）。しかし、徳富猪一郎《とくとみいいちろう》（蘇峰《そほう》）編『公爵山県有朋伝』では、この事件の現場は小稲がいる稲本屋ではなく「栄喜岡本楼」（慶応四年の『吉原細見記』によると、稲本屋と同じ角町にある永喜・岡本屋勝次郎という惣半籬の遊女屋のこと）で、紛擾《ふんじょう》の相手も彰義隊ではなく旧幕臣の乳虎隊《にゅうこたい》（のちに龍虎隊《りゅうこたい》と称する）であり、山県の一行が遊女屋から乳虎隊に連行されているところを、ちょうど出くわした巡邏《じゅんら》中の佐賀藩士小笠原源左衛門《おがさわらげんざえもん》の一隊に助けられ、九死に一生を得たという話になっている。そこには、小稲も彰義隊贔屓の女も出てこない。

新吉原の遊女たちに一番もてたのは彰義隊であり、新政府軍は嫌われたというのは、こうした逸話の残り方からもよくわかる。当時の新吉原で全盛の花魁であった小稲と浮き名を流していたのが、新政府軍側ではなくいずれも旧幕府側の人びとであったというのは、徳川贔屓の江戸っ子たちにとって痛快なことであり、小稲に対して称賛の気持ちを抱くようになったとしても決して不思議なことではないであろう。

おわりに

木戸孝允のように芸者を正妻とすることは、近世の武家社会における通念からすると非常に大変なことだった。しかしながら、儒教の軌範・道徳に背き、身分や家の制度、支配の仕組みと社会の秩序を破壊し、国家の体制を脅かすような密通や心中《しんじゅう》に行き着く色恋沙汰は厳禁される一方で、権力による管理・統制から逸脱しない限りにおいて、性の売買は事実上の人身売買を前提として公認・黙認されたものであり、日常的で必ずしも特別な行為とはみなされなかった。恋愛・性愛問題も視野に入れた広義の幕末維新政治史をみるにあたっては、さまざまな色恋沙汰の逸話を興味本位にとりあげて表面的な部分を面白がるだけでは、重要な歴史的背景を見落としかねない。

戊辰戦争期においても、近世的な体制のもとでさまざまな色恋沙汰が展開していたのであろうが、その裾野には、恋愛感情をともなわない単なる性欲の捌け口としての関係も広範に存在したものと思われる。戊辰戦争は、近世的な諸制度を総動員した内戦であり、戦場になったか否かを問わず全国規模で社会に影響を及ぼした。もはや紙幅も尽きたが、戊辰戦争期における大規模な軍隊の広域的な移動にともなう軍隊と性の問題に関しても、やはり各地にその痕跡を残していることを指摘して稿を閉じたい。

〈参考文献〉
井筒月翁『維新俠艶録』（中公文庫、中央公論社、一九八八年）
今西一『遊女の社会史―島原・吉原の歴史から植民地「公娼」制まで―』（有志舎、二〇〇七年）
岩崎英重編『安達清風日記』（日本史籍協会、一九二六年）

小川煙村『勤王芸者』復刻版（マツノ書店、一九九六年）
加来耕三『真説上野彰義隊』（中公文庫、中央公論社、一九九八年）
鏑木清方『こしかたの記』（中央公論美術出版、一九六一年）
菊地明編著『土方歳三・沖田総司全書簡集』（新人物往来社、一九九五年）
京都市『京都の歴史7　維新の激動』（学芸書林、一九七四年）
采菊散人『廓雀小稲出来秋』（迎春堂、一八八六年）
彭城貞徳「明治洋画の黎明期」（『中央公論』五三―八、一九三八年）
渋沢栄一述／長幸男校注『雨夜譚―渋沢栄一自伝―』（岩波文庫、岩波書店、一九八四年）
新撰京都叢書刊行会編著『新撰京都叢書』第九巻（臨川書店、一九八六年）
杉森哲也「島原―近世京都の遊廓社会―」（佐賀朝・吉田伸之編『シリーズ遊廓社会Ⅰ　三都と地方都市』吉川弘文館、二〇一三年）
髙橋小百合「〈木戸孝允〉を支えた女―幾松の「維新」と「復古」―」（『北海道大学大学院文学研究科研究論集』一六、二〇一六年）
玉屋山三郎蔵版『吉原細見記』慶応四年刊（一八六八年）
田村貞雄校注『初代山口県令　中野梧一日記』（マツノ書店、一九九五年）
寺沢正明著／山崎有信編『幕末秘録』（大道書房、一九四三年）
東京大学史料編纂所編『大日本古記録　斎藤月岑日記　十』（岩波書店、二〇一六年）
東京日日新聞社会部編『戊辰物語』（岩波文庫、岩波書店、一九八三年）
徳富猪一郎編『公爵山県有朋伝』上巻（山県有朋公記念事業会、一九三三年）
内藤鳴雪『鳴雪自叙伝』（岩波文庫、岩波書店、二〇〇二年）
中村彰彦『ある幕臣の戊辰戦争―剣士伊庭八郎の生涯―』（中公新書、中央公論新社、二〇一四年）
平野伝吉編『絵入　藤田伝三郎実伝記』（柳々堂、一八七九年）
古田亮『高橋由一―日本洋画の父―』（中公新書、中央公論新社、二〇一二年）
村井弦斎・福良竹亭編『絵入通俗　西郷隆盛一代記』第五篇（報知社、一九〇〇年）
横山百合子「幕末維新期の社会と性売買の変容」（明治維新史学会編『講座明治維新　第九巻　明治維新と女性』有志舎、二〇一五年）
横山百合子「遊女の終焉へ」（高埜利彦編『近世史講義―女性の力を問いなおす―』ちくま新書、筑摩書房、二〇二〇年）
「田村銀之助君の旧幕府の勇士伊庭八郎に関する談話」（『史談会速記録』三一四、一九二一年）

近現代

天心・波津・隆一の三角関係と美術行政の展開

千葉　功

一八九八年（明治三一）三月、「築地警醒会《つきじけいせいかい》」という団体名で、東京美術学校長の岡倉天心《おかくらてんしん》を攻撃する怪文書が各所へばらまかれた。その中に「強烈ナル獣慾《じゅうよく》ヲ発シ」とか「人ノ妻女ヲ強姦シ」という一節がある（『岡倉全集』）。後者は男爵九鬼隆一《くきりゅういち》夫人の波津《はつ》との情交を指しているのは明白だが、まったくの誹謗中傷とは言い切れないところがあった。天心は、帝国博物館理事兼美術部長のみならず、東京美術学校長の職からも追われることになる。世にいう「東京美術学校騒動」である。

一　美術行政のはじまり

明治期において伝統的な美術工芸は、重要な輸出産業品であった。いいかえると、古美術保護や美術教育制度が確立する明治二〇年頃までは、殖産《しょくさん》興業としての美術工芸の振興と輸出が唯一の「美術行政」であった（佐藤一九九六）。一八七三年のウィーン万国博覧会への出品物が好評だったことから、佐野常民《さのつねたみ》（ウィーン万博事務副総裁）などは、日本の美術工芸を有望な輸出産業と考えて日本的美術工芸教育を提唱するとともに、工芸品輸出販売の国策会社として起立《きりゅう》工商会社を設立させたりした。

さらに、佐野常民・河瀬秀治《かわせひでじ》ら大蔵省・内務省の官僚と、起立工商会社の社員たちは、日本の伝統美術の挽回・振興を目的として、一八七九年三月、「龍池会《りゅうちかい》」（のち「日本美術会」と改称）を発足させた。これは、政府の殖産興業政策を支える外郭団体であった（佐藤一九九六）。この「龍池会」には、九鬼隆一や岡倉天心といった文部官僚も参加するようになる。

隆一は一八五二年（嘉永五）生まれで、天心よりも一〇歳年長である。摂津国三田《さんだ》藩士の第二子として出生、のち綾部《あやべ》藩家老《かろう》九鬼隆周《たかちか》の養子となった。慶応義塾で学んだあと、一八七二年、二一歳で文部省に出仕した。文部省と福沢諭吉《ふくざわゆきち》との関係が密接であった明治初年、福沢と関係のある隆一は重宝された。出世も早く、一八八〇年、弱冠二九歳で文部少輔となる。それも、時の河野敏鎌《こうのとがま》文部卿が学事に興味なく、隆一が省務を切り回したため、「九鬼の文部省」とさえいわれるほどであった。右大臣の岩倉具視《いわくらともみ》に親近していたことも大きかった（高橋二〇〇八）。

かたや天心は、一八六三年（文久二）、もとは福井藩士で、藩の横浜商館「石川屋《いしかわや》」の手代となっていた岡倉覚右衛門《おかくらかくえもん》の次男として生まれた。八歳の時からジェームズ・バラの私塾で学んだため抜群の英語力に加えて、長延寺《ちょうえんじ》住職から学んだため漢学にも明るかった。一四歳で東京開成《かいせい》学校（のち東京大学となる）に入学、一八八〇年には弱冠一九歳で卒業して、文部省に入省した。一八八二年には専門学務局兼内記課勤務となり、本格的に美術行政を担当することとなる（木下二〇〇五）。

一八八二・八四年、天心が隆一の出張に随行したことで、両者の関係は親密化する。隆一自身、のち天心への追悼文で「美術の方面に於《おい》て君と相《あい》提携せり」と回顧するほどであった（『岡倉全集』）。

しかし、あれほど文部省内で権勢を誇った隆一も、後ろ盾であった岩倉が一八八三年七月に亡くなり、同年一二月に文部卿に就任した大木喬任《おおきたかとう》が隆一のことを信頼しなかったことから、勢力を落とした。さらに、伊藤博文《いとうひろぶみ》の推す森《もり》有礼《ありのり》の文部省御用掛《ごようがかり》就任に強く異議を唱えたこともあってか、隆一は一八八四年五月、駐米公使に任ぜられ、文部省を去ることになる（高橋二〇〇八）。

さて、一八八五年一月、アーネスト・フェノロサの意向により「鑑画会」が組織替えされ、名誉会長には在米中の隆一が、理事には天心が就任した。「龍池会」がたんなる伝統美術の復興・保存を唱えていたのに対して、「鑑画会」は伝統美術の「革新」を目指しており、現存作家の新作品を陳列し批評する研究会組織であった。「鑑画会」は「龍池会」に比べてフェノロサや隆一・天心の比重が高く、文部省に強いパイプをもっていたところに特徴がある（佐藤一九九六）。

文部省内で主導権を握った天心・フェノロサは、一八八四年一二月、図画《ずが》調査委員となった。工部美術学校出身で、鉛筆画を主張した小山正太郎《こやましょうたろう》以外の委員の賛成で、毛筆画による美術教育が採用された。さらに、一八八五年一二月には文部省内に「図画取調掛」が設置され、主幹天心のもと、フェノロサらが任命されるが、この「図画取調掛」は、設置申請時にみられるように、「美術学校」設立を企図したうえでの取り調べが任務であった（吉田二〇一一）。

一八八六〜八七年にかけて、フェノロサや天心は欧米出張を命じられる。これは、美術学校・帝国博物館設置準備のため、欧米の美術教育状況や博物館・美術館の視察を行うものであった。

一八八七年の帰朝講演で、天心は日本絵画の進むべき道について、①純粋の西洋論者、②純粋の日本論者、③東西並設論者すなわち折中論者、④自然発達論者の四つの選択肢をあげ、④の道を唱えた。すなわち、天心やフェノロサらがめざした「新たな伝統絵画」とは、画題と筆法で「日本」を、色彩と空間表現で「西洋」を、それぞれ表象しようとするものであった（佐藤一九九六）。

さらに天心は、のち東京美術学校における一八九〇～九二年の「美学及美術史」の講義で、「西洋画、よろしく参考すべし。しかれども、自ら主となり進歩せんことを」と述べている（岡倉天心二〇〇一）。すなわち、天心には西洋画を排斥《はいせき》するつもりはなく、ただ日本側が主体的な立場で、西洋画のよいところを吸収すべきであるといいたいのだろう。

二　隆一―天心コンビと美術行政

天心は欧米出張の際、帰国の途中でワシントンの日本公使館に立ち寄り、隆一に面会して敬意を表した。その時、隆一から、夫人で身重（お腹のなかにいた子が、のちの九鬼周造《しゅうぞう》である）の波津と子どもの三郎《さぶろう》のエスコートを頼まれ、一ヶ月強の船中をともにして、一八八七年一〇月、横浜港に帰着した。時に数えで天心二五歳、波津二七歳である。

波津は一八六〇年（万延元）正月、杉山弥右衛門《すぎやまやえもん》とくまの長女として生まれた。波津と隆一のなれそめは、九鬼家の「小間使《こまづかい》」であったからとも、京都祇園ないし東京新橋《しんばし》の花柳界の出で、隆一が身請けしたからともいわれる。隆一は長女光子《みつこ》出産まぎわの一八八三年、前妻農子《たみこ》を離縁して、波津を正式に後妻として入籍させた。しかし、翌一八八四年に隆一が駐米公使を命じられた際、波津は病気と性格不一致を理由に離縁を申し出ている。この時は隆一が離縁を受け入れなかったので、そのままアメリカへ行くことになったが、言葉の通じぬ異国に突然放り込まれての公使夫人生活の苦しさもあって、依然として健康状態がすぐれなかった。一八八六年には病気療養のため一時帰国する話もあったが、結局、一八八七年に隆一が駐米公使を免じられる直前に、一足先に帰国することになったのである（高橋二〇〇八）。

一八八七年一〇月に天心と波津・三郎が、翌一一月に隆一が帰国した。天心はちょうど一〇月に図画取調掛から改称された「東京美術学校」の幹事に任命された。一方、隆一は翌一八八八年二月、井上毅《いのうえこわし》の後任として宮内省図《ず》書《しょの》頭《かみ》に就任する。

ちなみに、美術行政において美術教育と両輪をなす古美術保護に関しては、一八八六年三月、博物館が農商務省から宮内省に移管されていた。これは、古美術保護が殖産興業路線から、皇室がらみの旧慣保存の文脈に転換したことを意味する。すなわち、隆一は図書頭として宮内省の古美術保護事業を掌握する立場に立ったのであり、天心も隆一と密接に提携することによって、自分たちの方針に沿ったかたちでカリキュラムの編成や教員の人選、教材の整備などの準備作業を進めることができたのである（吉田二〇一一）。

さらに、一八八八年九月には、宮内省に臨時全国宝物取調局が設置され、明治一〇年代から大蔵・内務・文部省などが共同で行っていた古社寺調査を本格的に行っていくことになる。もちろん、委員長の隆一と、掛の天心が中心であった（吉田二〇一一）。

このような、隆一―天心コンビによって進められた、美術教育・美術保護の両輪による美術行政が形となって表れたのが、東京美術学校の開校と帝国博物館の開館であった。

一八八九年二月に開校した東京美術学校は、普通科（二ヶ年）と専修科（三ヶ年、絵画科・彫刻科・美術工芸科）で構成されていたが、絵画科は日本画のみ、彫刻科は木彫のみ、美術工芸科は金工・漆工のみであって、西洋美術が教科に含まれていないところに特徴があった。

かたや、同年五月に開設された帝国博物館は、東京（上野公園内、東京美術学校と隣接）・京都・奈良の三館で構成され、総長は隆一がつとめた。前年の一八八八年に隆一が提出（ただし、実質的な発案者は、天心であると推測される）した構想では、歴史《ヒストリー》・美術《ファインアート》・工芸美術《アートインダストリー》（実際の開館時には上下がひっくり返って「美術工芸」となった）・工芸《インダストリー》の四部構成とされていて、それにもとづいて出発した。四部の部長にはそれぞれ、川田剛《かわたたけし》（歴史部）・岡倉天心（美術部）・山高信離《やまたかのぶつら》（美術工芸部・工芸部）が命ぜられた（東京国立博物館一九七三）。このように、天心ないし隆一にとって、美術と美術工芸と工芸とは地続きで、対等な関係にあったと考えられる。

天心は、フェノロサがアメリカへ帰ったあとの一八九〇〜九二年度の三年間、代わって「美学及美術史」の講義を担当するが、その筆記ノートによると、天心は、「支那美術」および中国を経由して日本にもたらされた「インド・ギリシア風」美術の多大な影響をあげ、「実にわが邦《くに》美術の原因は、その大部ほとんど外国より来《きた》れり」と断言した。日本美術を世界的な美術性のなかで発展させようと苦心し、また外国の文化を輸入したからといって恥じるべきではないと考える天心らしい発想であった。すなわち、天心は、中国・朝鮮だけでなく「中亜細亜」（おそらくインド）を視野に入れた「東洋」のなかに日本を位置づけるような「東洋美術史」を構想していたのである（塩出二〇一一）。

一方、帝国博物館で総長である隆一の声がかりで、一八九一年二月、館の事業として「日本美術史」編纂が決定された。美術史を完成させることは、明治日本の美術事業の重要な一環だと考えていた天心にとって、大きな比重を占めるものだった。この帝国博物館版日本美術史では、近隣の国との交流を日本美術の展開の要因として記述しようとしていた。天心は一八九三年七〜一一月に中国へ調査旅行に出かけたが、その結果、「我美術は凡《すべ》て支那から来て居《お》るやうだ、支那から来ないものはない」ことを確認した（一方で、「日本の美術の独立」をも確認することができて安堵している。木下二〇〇五）。

この中国旅行後に天心が書いた「生涯の予定表」の第一条には、「四十歳にして、九鬼内閣の文部大臣となる」と書いてあったという（岡倉一雄二〇一三）。天心が四〇歳、すなわち一九〇一年には隆一が総理大臣になると予想する政治的センスはさておき、天心が自らの理想とする美術行政実現の政治的庇護者として隆一を捉えていたことがうかがわれるエピソードである。

三　天心と波津の関係

天心と波津の関係がいつ一線をふみこえたものになったかは、実のところよくわからない。

アメリカから帰国後の波津は、ますます隆一との同居に耐えられず、離婚を切に求めた。波津が隆一との同居を嫌ったのは、高橋眞司氏が推測するところでは、一八七四〜八八年の一四年間で八回の妊娠と出産という、蒲柳《ほりゅう》の質《しつ》の女性にとっては尋常の苦痛ではない思いをしたことから、妊娠恐怖のごときほとんど生理的な恐怖と嫌悪感があったからではないかという。隆一が性的に放縦《ほうじゅう》（漁色家）であったことも大きかった。しかし、隆一は天皇や内外友人にあわせる顔がないとして、別居には応じても離婚には頑強に応じようとはしなかった（高橋二〇〇八）。

波津は帰国した翌年の一八八八年頃より隆一との同居を嫌って家出を繰り返したが、その理由もいつしか天心への会いたさのためとなっていた。一八九四年頃になって、波津は隆一と完全に別居することに成功、三郎と周造とを連れて、中根岸《なかねぎし》四番地の天心邸から近い中根岸御行《おぎょう》の松の近くに移ってきた。周造の記憶によれば、天心はたいてい夕方からやってきて、夕食を共にすることがよくあった。酒の徳利《とっくり》がいつも目についたというのも、大酒飲みの天心らしい。そして、周造はいつも母波津の膝にもたれながら天心の話を聞いたり、天心のことを「伯父さま」と呼んでいたという（『九鬼全集』）。

もちろん、波津は天心夫人の元子《もとこ》（基子）と「争闘」を繰り返し、ある時は「謝罪」のため、元子の面前でみずから髪を切り、尼のようになったこともあったという（松本二〇一二）。結局、波津と天心の関係に耐えかねた元子は子供を連れて家を出ていった。

長男の一雄《かずお》によると、中根岸四番地から谷中初音町《やなかはつねちょう》へ移る一八九七年冬直前の数ヶ月間、天心はだらしなく袴をうしろ下りにはいたまま、深夜、目的もなくさまよい歩き、酒家《しゅか》をたたいて枡酒《ますざけ》をあおいだり、宿酔《しゅくすい》醒めやらぬ面を美術学校の校長室にさらすことも一再ではなかったという。これも、波津との不倫関係による懊悩《おうのう》がなせるわざであっただろう（岡倉一雄二〇一三）。

また、当時日本に来ていて、天心の就職斡旋に期待したフェノロサの妻メアリーによると、天心を悩ますのが家庭問題であり、妻と別居していることを初めて知ったのが、一八九七年一〇月二〇日である。一一月上旬には天心が突然出奔《しゅっぽん》したり、睡眠薬（クロラール）に溺れる日が続いたりした。天心と親交のある写真家小川一真《おがわかずまさ》によると、天心と波津との不倫関係は天心と隆一を完全に失脚させるほどの経済的・政治的スキャンダルであり、解決方法としては、十分な慰謝料を用意して元子と離婚するか、離婚の意思をいっさい放棄するかの二択しかないという。谷中初音町の新居に移り、元子が帰ってきてからも事態はかわらず、元子はヒステリーを起こしていた（村形二〇一〇〜一二）。家庭的にはこのような状態で、天心は「東京美術学校騒動」を迎えることになる。

四　東京美術学校騒動の勃発

時期はさかのぼるが、一八九一年一二月、二年後に予定されていたシカゴ万博の事務副総裁に隆一が就任した。この時、工部美術学校系の西洋画家の団体「明治美術会」は、隆一が西洋画の保護に冷淡であるとして、博覧会への出品を拒否した。同会員の小山正太郎は、隆一が洋画の排斥・撲滅を唱えるフェノロサや、「攘夷《じょうい》ノ説」を論じる「九鬼氏ノ参謀長」天心を信任して、過去七〜八年間「洋法撲滅」を行ってきた証左であると強く非難した（高橋二〇〇八）。

一方、天心は中国美術調査によって、美術において日本は東洋の唯一の代表者であるとの認識を得るが、このことは転じて日本の現状への反省を呼び起こし、東京美術学校の規模を大拡張する計画を立てた。これは予算と教員数を三倍程度に増やすというもので、たとえば絵画科には第四教室（「図案」）・第五教室（「支那画派」）・第六教室（「泰西《たいせい》画派」）を増設するというように、そのなかに西洋美術担当の教員も含まれていた。つまり、天心にとって西洋美術はあくまで付け足しであって、西洋美術を日本美術と同等に奨励する意図はなかったのである。しかし、天心の拡張構想は帝国議会の審議を経るなかで、天心の意図とは異なる形となって、一八九五年三月、東京美術学校の拡張が議決された。一八九六年七月、東京美術学校に西洋画科・図案科が設置され、前者に黒田清輝《くろだせいき》や久米桂一郎《くめけいいちろう》が乗り込んできたために、天心が築いた東京美術学校は大きく動揺することとなった（吉田二〇一一）。

その後の一八九七年、帝国博物館は、農商務省に設置された臨時博覧会事務局から、パリ万博に出品するための日本美術史（仏文）の編纂を依頼された。前述の博物館で進めてきた「日本美術史」編纂が遅々として進んでいなかったため、そのきっかけとなると判断した博物館は同年九月、承諾した。そして、天心に編纂主任、執行弘道《しぎょうひろみち》・福地復一《ふくちふくいち》に編纂副主任、安村喜当に事務主任を委嘱し、編纂作業を進めることになった（東京国立博物館一九七三）。

美術行政としては以上のような状況のなか起こったのが、「東京美術学校騒動」である。騒動の内実はわかりづらいが、だいたい次のようなものであったと考えられる。一八九六年に彫刻科の大村西崖《おおむらせいがい》が、一八九七年に図案科の福地復一が、それぞれ天心と衝突して辞職、以後、盛んに天心ないし東京美術学校批判の言論活動を展開した。また、新聞においても、西洋画科設置以後、天心ないし東京美術学校に対する批判が高まっていた。そのようななかで、一八九八年三月、「築地警醒会」名義の檄文《げきぶん》がばらまかれるが、隆一・天心攻撃の背後には福地や洋画派がいると考えられた。攻撃を受けた隆一は、博覧会副総裁は辞職したが、帝国博物館総長の椅子に固執するあまり、福地をとって天心を切り捨てたということらしい。いずれにせよ、檄文の暴露もあって、天心は帝国博物館理事兼美術部長のみならず、いちばんの本拠地であるところの東京美術学校長をも辞任せざるをえなくなった（東京芸術大学百年史刊行委員会一九八七）。隆一は、地位へのしがみつきと官界遊泳のために、天心を切り捨てたのである。

ただし、天心の方は、女性問題への弁明を勧めるフェノロサへの三月二六日の返信では、美術学校長辞任の意向を伝えたうえで、「彼（引用者注：天心のこと）は中国へは行かず、田舎へ隠棲《いんせい》するかもしれない。また彼はとても幸せの由《よし》」というものであった（村形二〇一〇～一三）。天心からすれば、美術学校長を辞めて隠棲することで、火宅《かたく》状態から抜け出せると考えたのかもしれない。実際、東京美術学校長を非職となった天心は、いったん元子との和解もなり、娘高麗子《こまこ》を連れて千葉県の房総半島へ旅立った。

また、天心は古社寺保存会委員には留任したのであり、会長である隆一との関係が完全に断絶したわけではない。隆一の方も、息子周造によると、のち「父は岡倉氏に関して、公《おおや》けには非常に役に立つてもらつた人だが、家庭的には大《たい》へん迷惑をかけられたといふ風に云《い》つてゐた」というが、それでも「公け」の関係は続いたであろう（『九鬼全集』）。しかし、これまでのような天心と隆一の「蜜月」関係が終わったことは確かである。

天心が美術行政の中心から去ったことで、高等・初等中等教育のいずれにおいても、日本画と洋画、毛筆画と鉛筆画の併存が定着する。東京美術学校では、西洋画科に明治美術会から浅井忠《あさいちゅう》を新たに加えて新旧両派のバランスをはかり、日本画科は一時的に旧派系（日本美術協会）が占めるものの、やがて中間派が教官スタッフを占めることになる。初等中等の普通教育では、明治三〇年代後半以降、毛筆画と鉛筆画の図画教科書が併用されるようになる（佐藤一九九六）。

また、天心が辞職したことで、〈日本美術〉という枠組自体が天心の構想とは異なる形で定着したと考えられる。天心は最晩年の一九一〇年四〜六月、東京帝国大学で一〇回にわたって講義を行った。天心は「東洋美術史」の授業を頼まれたのに、わざわざそのタイトルを「泰東巧芸史」に変更した。これは、中国・朝鮮との深い関係のなかで「日本」美術をつかまえようとするものであった。また、「巧芸」という用語は、「工芸」をも含む「美術」を指すものとして使用している。天心の講義は、天心が編纂主任を辞めたあと、編纂副主任から主任へと昇格した福地が完成させた『稿本日本帝国美術略史』を意識したものとなっている。福地版の内容は、皇国日本の美術史とすべく、「万世一系の皇統を戴《いただ》く大和民族」の連綿たる美の営み、「日本」固有の美術を記述するもので、その時代区分も歴代天皇と幕府の支配者を冠して整理し、中国や朝鮮からの影響などはいっさい項目化されていない。天心が編集主任だった時の構想は完全に排除されてしまったのである（木下二〇〇五）。

天心が美術行政の中心にとどまっていたら、現在のような〈日本美術〉概念とは異なったものになったと考えられる。

五　その後の天心・波津・隆一

隆一がしがみついた帝国博物館総長の椅子も、ついに一九〇〇年三月、明け渡すことになった。官途を辞した隆一は、同年八月付で波津との離婚にふみ切った。それほど、波津多年の病気が進行していたとも考えられる。波津はより自由となり、天心との関係も継続したと思われる。一九〇一年四月には天心が出奔事件（ただし、すぐに連れ戻される）を起こすが、木下長宏氏は波津との関係が最大の要因であったと推測している（木下二〇〇五）。

とうとう天心は現実に嫌気がさして、一九〇一年一一月、不意にインドへの旅に出発してしまう。大岡信氏は、「自由の天地」を求める本能が、もはや抑えきれずに爆発したうえでの逃避行だったと推測する（大岡一九八五）が、泥沼の不倫関係からの逃避という側面も大きいだろう。

隆一との正式な離婚が成立したのもつかのま、肝心の天心が突然、長期のインド旅行へ旅立ったことは、波津が「突如狂《きよう》を発《はつ》」する大きな原因となったと思われる。すなわち天心不在中の一九〇二年一〇月二七日、波津は精神病院である東京府巣鴨病院へ収容されてしまった。波津がこの世を去るのは、一九三一年（昭和六）のことである（高橋二〇〇八）。

波津の入院後、天心が波津に対してどのような思いを抱いたのかは、史料的にはよくわからない。大岡信氏は、天心最晩年の戯曲『白狐《びやつこ》』に出てくる狐コルハには波津のイメージが仮託されていて、波津の暗い運命に対する天心のやり場のない慟哭《どうこく》がこめられているという（大岡一九八五）。それに対し、松本清張氏は、波津との恋愛が高潮する時期にダブるようにして異母系の姪貞《さだ》との愛欲交渉があることから、天心がいつまでも波津を想っていたことには懐疑的である（松本二〇一二）。天心の行動パターンを考えると、残念ながら、松本氏の見解の方が実像に近いと思われる。それだけ、波津の悲劇性が高まるといえるのである。

〈参考文献〉

天野貞祐ほか編『九鬼周造全集』第五巻（岩波書店、一九八一年）
大岡信『岡倉天心』（朝日新聞社、一九八五年）
岡倉一雄『父岡倉天心』（岩波現代文庫、岩波書店、二〇一三年、初版一九七一年）
岡倉天心『日本美術史』（平凡社ライブラリー、平凡社、二〇〇一年）
岡倉天心著／櫻庭信之・斎藤美洲・富原芳彰・岡倉古志郎訳『茶の本　日本の目覚め　東洋の理想　付『東洋の目覚め』―岡倉天心コレクション―』（ちくま学芸文庫、筑摩書房、二〇一二年）
木下長宏『岡倉天心―物ニ観ズレバ竟ニ吾無シ―』（ミネルヴァ日本評伝選、ミネルヴァ書房、二〇〇五年）
隈元謙次郎ほか編『岡倉天心全集』別巻（平凡社、一九八一年）
佐藤道信『〈日本美術〉誕生―近代日本の「ことば」と戦略―』（講談社、一九九六年）
塩出浩之『岡倉天心と大川周明―「アジア」を考えた知識人たち―』（山川出版社、二〇一一年）
高橋眞司『九鬼隆一の研究―隆一・波津子・周造―』（未来社、二〇〇八年）
東京芸術大学百年史刊行委員会編刊『東京芸術大学百年史―東京美術学校篇第一巻―』（一九八七年）
東京国立博物館編刊『東京国立博物館百年史』（一九七三年）
松本清張『岡倉天心―その内なる敵―』（河出文庫、河出書房新社、二〇一二年、初版一九八四年）
村形明子編訳「フェノロサ夫人の東京日記」『望星』四九九～五二六（二〇一〇～一三年）
吉田千鶴子『〈日本美術〉の発見―岡倉天心がめざしたもの―』（歴史文化ライブラリー、吉川弘文館、二〇一一年）

軍隊と恋愛

土田宏成

一　『寄生木』の主人公の場合

「軍隊と恋愛」がそのまま主題になっているのが、一九〇九年（明治四二）に発表され、ベストセラーとなった徳《とく》冨蘆花《とみろか》の長編小説『寄生木《やどりぎ》』である。この小説は、実在した小笠原善平《おがさわらぜんぺい》陸軍歩兵中尉《ほへいちゅうい》（一八八一～一九〇八）が遺した自伝的手記がもとになっている。小笠原は乃木希典《のぎまれすけ》の書生《しょせい》を経て陸軍中央幼年学校（一四期）・陸軍士官学校（一五期）に進み、陸軍軍人となった。小説中では、小笠原は「篠原良平《しのはらりょうへい》」、乃木は「大木祐麿《おおきすけまろ》」として登場する。以下、引用は徳冨健次郎『寄生木』全三巻（岩波文庫、岩波書店、一九五六～五七年）から行った。

主人公の篠原良平は一八八一年宮城県生まれ。小学校では成績優秀であったが、村長をしていた父親が公金費消の嫌疑をかけられ（のち無罪となるが）、一家は困窮、進学が困難になった。それでも立身出世の念は抑えがたかった。良平は軍人を志し、満一四歳の時、大木に頼み込んで書生にしてもらった。つまり、大木の「寄生木」になったのである。一八九八年には陸軍中央幼年学校に三番という好成績で合格する。

良平は「二個の理想」を抱いていた。それは「参謀官になつて、美しい妻を有《も》つ」というものであった。大木に頼まれて良平の監督・世話係となった憲兵中佐《けんぺいちゅうさ》（のち大佐《たいさ》）は、良平の将来性を見込み、その娘夏子《なつこ》を良平と結婚させようとした。良平はとまどったが、会ってみると夏子は良平の理想とする女性であった。良平は「十年の歳月を一日につめ、早く卒業し、早く任官し、早く陸軍大学の関門を終へ、早く理想の参謀官になつて、而《そ》して此《この》理想の花が手折《たお》りたい」と思った。だが、入学時には優等だった良平の成績は、この時すでに最劣等になっており、態度も悪くなっていたのだ。それを知った憲兵中佐は意見を翻《ひるがえ》し、婚約は「悉皆撤去《しっかいてっきょ》」とされてしまった。

一九〇一年、良平は落第《らくだい》することなく、なんとか最末席で幼年学校を卒業し、士官候補生として北海道旭川《あさひかわ》の歩兵連隊に配属された。しかし、痔病を患い、手術と療養を余儀なくされ、隊付勤務不十分のために陸軍士官学校への入校が一期遅れてしまった。その後、一九〇三年に陸軍士官学校を卒業し、一九〇四年に少尉《しょうい》に任官した。日露戦争が始まっていた。良平は、同年一一月に旅順《りょじゅん》に向けて出征した。奉天会戦《ほうてんかいせん》で負傷したが、中尉に昇進し生還することができた。

婚約を「悉皆撤去」された後も、良平は夏子への思いを抱き続けていた。夏子も良平の気持ちを受け入れてくれた。そして、良平が陸軍大学校へ入学したら結婚を許されることになった。努力の甲斐あって良平は、所属連隊における陸大受験者を選抜する予備試験で三位の成績をとることができた。しかし、連隊は良平よりも成績下位の古参者を優先させ、良平の受験機会は来年に先送りされた。もはや待つということができなかった良平は、失望のあまり軍職を去ることにした。結婚もだめになった。そして健康も損ない、衰弱し、ついに一九〇八年九月に郷里で死亡する。

以上が、「軍隊と恋愛」という視点からの『寄生木』の要約である。初版刊行後にわかったことだが、主人公のモデルとなった小笠原善平の死因は病気ではなく、ピストルによる自殺だった。このことは同書縮刷版（一九一四年）

の序で明らかにされている。善平（良平）の生きがいは、軍隊を通じた立身出世と、それによって成就する恋愛であった。その二つが失われたと感じた時、彼は生きる意味を見出せなくなってしまった。

一青年の悲劇の物語は、実在のモデルがいて、国民的英雄の乃木とはっきりわかる人物も登場することや、徳冨蘆花の名声ともあいまって、ベストセラーとなった。このことは「軍隊（軍人）と恋愛」というテーマが当時の人びとの関心を引くものだったこと、かつ否定されるのではなく、共感されうるものだったことを示している。

けれども、陸軍当局からすれば、陸軍の内情をさらし、理想の軍人像とはかけ離れた人物の生き方が記された本書は受け入れられるものではなかった。一九一五年（大正四）に大阪陸軍幼年学校に入学した西浦進《にしうらすすむ》によれば、幼年学校内では読書に厳しい規制があり、そもそも表向き小説なども読めないことになっていた。ところが、文官の国語の先生が『寄生木』について「あれはお前達のことを書いてあるんだから読め」といったので、こっそり誰かが買ってきて読んでいて、上級生に見つかって「ひどくひっぱたかれたこと」があったという（木戸日記研究会編一九六八）。

二　慰問雑誌『兵隊』にみる日中戦争・第二次世界大戦期の兵士の場合

次に戦時下の兵士の場合をみてみよう。「軍隊と恋愛」の特質として、命の危険にさらされた環境下での恋愛ということが指摘できるが、それが最もよく表れる状況である。具体的には、日中戦争・第二次世界大戦期の一九三九年（昭和一四）から一九四四年まで、南支派遣軍報道部によって編集・発行された雑誌『兵隊』（第七号までは『へいたい』）の記事から恋愛に関するものをとりあげる。刀水書房の復刻版（大濱徹也解題、復刻『兵隊』〈補遺を含む〉、刀水書房、二〇〇四年）を利用した。

兵士を対象とした慰問《いもん》雑誌には『兵隊』のほかに、海軍系の『戦線文庫』（一九三八年創刊）と陸軍系の『陣中倶楽部』（一九三九年創刊）などがあった。押田信子によれば、『戦線文庫』と『陣中倶楽部』は「大衆娯楽雑誌」であり、女優グラビアも充実していた。押田には「『戦線文庫』をメイン資料に、『陣中倶楽部』をサブ資料に使用し、誌面を飾る多くの女性たちの戦争協力の実態」を扱った著書『兵士のアイドル―幻の慰問雑誌に見るもうひとつの戦争―』がある。グラビアに掲載された女優らに対する兵士の恋愛感情については、同書が優れた分析を行っている。

また『陣中倶楽部』と『兵隊』を比較した中野綾子によれば、『陣中倶楽部』が視覚的に華やかな紙面で文章も総ルビであるのに対して、『兵隊』には『陣中倶楽部』ほどの華やかさはなく、兵士に多様な文章の投稿を求め、読むだけでなく書くことを推進した。中野は、大衆的な『陣中倶楽部』と文学的・教養的な『兵隊』という二誌の傾向の違いから、軍が兵士という読者を一面的に捉えるのではなく、リテラシーによって細分化して捉えていたことがうかがえるとし、『兵隊』には「インテリ層を中心とした読者層」がみえてくると指摘している。

以下では、兵士からの投稿を重視する『兵隊』に依拠して、兵士が「恋愛」についてどのようなことを考えていたのか（もちろん、軍当局が採用した範囲内だが）を検討したい。

第二号（一九三九年五月）の「兵隊談話室」欄（「極く短い文章で、色々なことに対し、自分の思つてゐることや希望」などを兵隊から募集した）に寄せられたある投稿（同号一八頁）では、慰問袋をめぐるエピソードが紹介されている。郷土から菓子や缶詰、タバコ、慰問文などが入った慰問袋が部隊に届き、兵士に分配された。戦友の一人が受け取った慰問袋には女学生からの慰問文が入っていた。やさしいペン書きで「戦地はさぞお辛いことでせう。銃後は及ばずながら吾々《われわれ》でしつかりお護り致しますから、安心して勇ましく戦つて下さい」というような「乙女の純情」を綴った文句が並んでいたが、最後に「女学校の四年生位になると名前は秘密なのよ」と書いてあった。折角返礼をしようと思っていたのに、戦友はがっかりして「すつかり萎《しお》れて」しまった。それから三、四日経ったある日、慰問袋の中のタバコを吸おうと取り出した戦友が、「全く驚喜して躍り上つた」。タバコの中箱の隅に女学生の住所氏名が小さく書かれていたからだ。このことが戦友間に知れわたって、一時は「蜂の巣をつついた様なさわぎ」だった。投稿者は「きっとその女学校では慰問文は住所や名前は書き入れられないことになつてゐるに違ひない」と推測し、女学生の行動を「一面から見れば不良にみえるかも知れないが、之が髭面《ひげづら》の勇士を心から喜ばせたのだから仕方がない。こんなのがほんとうの慰問文ではないだらうか?」と結んでいる。

第二一号(一九四一年七月)に掲載された「軍事郵便」というタイトルの投稿文(同号一七頁)では、「一体軍事郵便と銘打つと名前からして幾千里《いくせんり》の海山越えてと思はせるだけでも悲壮な気分の出るもの、それだけに純真な日本娘は殊更《ことさら》に赤インクでその四文字を馬鹿丁寧に熱情籠《こ》めて書いて来る」と述べている。兵士らはハガキや封筒に書かれた「軍事郵便」という若い女性の赤い手書き文字から「熱情」を感じ取っていたのである。この「熱情」には、戦争への協力という公的な思いだけでなく、私的な思いも含まれる。投稿文は「此の赤い四字の下には国家総力戦の美しい結晶があり逞《たくま》しい日本の力が裏付けされ、そして幾多のローマンスが秘められて居る事だらうか」とする。「軍事郵便に幸福を得た兵隊は必ず自分一人でほくそ笑んだり、便所の中で読む様な事はしない」という。

ニタリ〳〵と笑ひながら、「戦友ともあらう者が此の俺の嬉しさが分らんか」テナ顔をして色に出にけりを露骨に現はしながら傲然《ごうぜん》と構えて居る。

ここでいう「色に出にけり」は、いうまでもないが、百人一首にも選ばれている平 兼盛《たいらのかねもり》の和歌「忍《しの》ぶれど色に出でにけり我が恋は物や思ふと人の問ふまで」のことである。軍事郵便で恋しい人からのメッセージが届いたのだ。

第二八号（一九四三年三月）に掲載された「兵隊文芸賞」入賞作「どうぢやろうか大将」（同号二八～二九頁。目次では「兵隊コント」と分類されている）は、慰問袋を通じた恋愛がテーマである。主人公は、どうじゃろうかというのが口癖の東京在住、二七歳独身男性、「半年前南支から帰還したほまれの勇士」という設定である。縁談が降るほどあり、お見合い写真を見るが積極的になれない。妹からは「兄さん、冷淡ね、フツフツ、わたしみんな解つてるわ」「慰問袋の主と恋愛か、フツフツ、ロマンチックだわ」と冷やかされる。

主人公が戦地で受け取った慰問袋には人形がいくつもいくつも入っていた。「手紙の中にすみれの押花が二つ入れてあつたので美しい娘さんに違ひないと思つた」。そしてその娘さんをいろいろ想像して、「帰還―訪問―美人―恋愛―結婚―家庭と夢うつゝで青い空の中に」その姿を描いた。そんな思い出にふけっていると、「青白いお月さんの中に戦地で描いてゐた美しい姿」が浮かんだ。しかし、戦地に残した戦友たちのことが頭に浮かび、「よし、恋愛なんて糞くらへだ」とつぶやいて布団にもぐりこんだ。次の日思わぬ展開があった。会社から京都転勤を申し渡されたのである。京都は慰問袋の主が住んでいる地であった。主人公は「戦場を一緒に馳せ廻つた心の恋人」に会える喜びいっぱいで東京駅を出発する。

以上、恋愛に関わる三つの記事をとりあげた。最後の「どうぢやろうか大将」に詳しく描かれているが、慰問袋・慰問文をきっかけに始まった文通が恋愛に発展、帰還後、結婚するというのが、兵士の願望として読み取れる。偶然か、あるいは戦争の長期化で戦場に長くとどまったり、帰還したりする兵が増えてきたことに対応したものか、前掲の三つの記事は、慰問袋・慰問文の受け取り↓返礼から文通が始まり恋愛に発展↓帰還して結婚、という恋愛から結婚への発展段階にあてはまっている。

三　慰問袋を通じた恋愛と結婚に関する新聞報道

現実に慰問袋・慰問文がきっかけになって恋愛や結婚に至った事例は存在したから、兵士たちの願望は決して妄想などではない。たとえ身近でそうした例に接していなくても、新聞報道でとりあげられていた。時代を少し前、満《まん》洲《しゅう》事《じ》変《へん》期までさかのぼろう。

『読売新聞』一九三三年六月一一日朝刊に掲載された「慰問袋が取持つ恋　嬉し実を結ぶ　北満警備の巡査と女中さん」では、満洲事変で独立守備隊にいたころに慰問袋を受け取った男性（除隊後に満洲国の警官になった）と東京の家政婦の結婚を報じている。記事は「慰問袋に咲いたほのかな恋の花がめでたい結婚の実を結んだといふ「非常時日本」にふさはしい朗《ほが》らかな話」として、実名・顔写真付きで紹介している。その三ヶ月後の同じ『読売新聞』九月一一日夕刊では、上《しゃん》海《はい》事変に関わる海軍の事例が「慰問袋に結ばれた勇士と女訓導　上海事変を彩る愛の勝利　死に捷《か》ち得た難攻不落の恋」として、今度は仮名・顔写真なしで報じられた。海軍陸戦隊に属していた男性に届いた慰問袋をきっかけに始まった兵士と小学校教諭との恋は、男性が負傷し築《つき》地《じ》の海軍病院に送還され、さらに深まった。二人は退院後、結婚しようとした。ところが、女性の親族が身分の差を理由に反対する。二人は「カルモチン心中」を図って蘇生後、ようやく結婚を許された。劇的なラブストーリーである。

一九三四年一二月には、『東京朝日新聞』（五日朝刊）が、チチハル特派員から届いたニュースを「北満の勇士と女店員　心の琴線が奏でる師走《しわす》結婚行進曲　慰問袋が月下氷人となり　純情が結んだ機縁」として実名・写真付きで大きく報じている。男性はチチハル北地区防衛司令部宣撫《せんぶ》班員、女性は銚子《ちょうし》醤油（現・ヒゲタ醤油）東京出張所勤務で、慰問袋が送られた当時は、男性は第一六師団宣撫班員、女性は東京三越の「シヨツプ・ガール」であった。一年有半にわたって月に何回となく届く慰問文は男性を激励し、発奮させた。女性に対する「感激の念」はいつしか「思慕の情」に変わっていた。本人ももちろん僚友も結婚を応援している。男性は記者の取材を受け、次のように話す。

満洲建国史を彩《いろど》る私達の仕事を常に励まし、動《やや》もすれば殺伐になり勝《が》ちの生活を慰めて呉《く》れた愛国純情の女性に対する感謝で胸一ぱいです。この恩人ともいふべき文子《ふみこ》さんと結婚などとはいへた義理ではありませんが、先方さへ許して下さるならば何時でも喜んで結婚したいと思ひます。

朝日新聞は東京の女性のもとへも訪れ、男性の気持ちを伝えた。これはマスメディアを通じた公開プロポーズともいうべきものだろう。女性本人も家族も結婚に乗り気であった。その後も報道は続く。男性が正式に求婚状を送付したことで話は進み（同紙一二月二八日夕刊）、女性が満洲に渡り奉天で挙式することとなり（同紙一九三五年三月六日朝刊）、一九三五年四月一日に東京駅から出発した（同紙一九三五年四月二日朝刊）。このように慰問袋・慰問文が男女を結びつけ、恋愛に発展、結婚に至るという話は、国家のために戦う兵士を支えた美談、純粋な恋愛として望ましいものとされ、かつ人びとの関心を引く話題として、すでに満洲事変期から認識されていたのであった。

四　慰問文をもらった兵士が戦死してしまった場合

けれどもハッピーエンドは、兵士が生還できてこそ訪れる。もしも慰問文を受け取った兵士が戦死してしまったら。日中戦争以降の戦争の大規模化・長期化による戦死者の増加によってそうした例も否応なく増えていく。再び雑誌

『兵隊』にもどろう。第二九号（一九四三年五月）に掲載された広東《かんとん》女子青年会員による「手紙の兵隊さん」（同号三六～四一頁）は、兵士（のち戦死）からの手紙を受け取った日本国内の女子生徒の視点から書かれている。兵士は戦死してしまうわけだから、兵士の視点からは描けない。

ある日、高等女学校に慰問文の返事が届いた。生徒のうちの一人「あきちゃん」はちょっと変わった手紙を受け取った。「やあ、あき坊元気か?」と親しげに語りかけるような手紙だったのだ。しかし差出人の名前を見ても記憶にない。手紙は学校行事でのあきちゃんの活躍をほめたり、友達の大切さを述べたり、戦地の夜空に輝く星のことを書いたりしたものだった。まるで「優しい兄さんが妹に話す様《よう》」であった。あきちゃんと友人たちは、どんな人かと想像力を発揮させて、キャッキャと笑った。あきちゃんは「まとまりのつかない自分の生活の一端を書いて出した拙い慰問文」をこんなに喜んで読んでくれたのだと思うと、涙が出るほどうれしかった。その後、忘れるともなく忘れてしまっていたが、あきちゃんはその「愉快な兵隊さん」が戦死したことを知る。手紙を読み直し、我知らず悲しくなってきたあきちゃんだったが、正しく強く生きていくように自分を激励する、その兵隊の声を聞いたように感じる。

さらにその後、「凱旋《がいせん》」してきた同じ部隊にいた人が、その兵隊は部下にも慕われていたこと、あきちゃんからもらった慰問文を部下一同に読んで聞かせてみんなで大笑いしていたこと、暇な時はいつもあきちゃんからの手紙を読んでいたこと、「一ぺん会つてみたいなあ、きつと朗らかな元気のよい子でないかなあ」といろいろ想像していたこと、まるで妹のようにあきちゃんのことを思っていたこと、勇敢に戦い名誉の戦死を遂げたことなどを話してくれた。あきちゃんは「いひ知れぬ感慨に打たれ乍《なが》ら、その長いお話をだまつて聞いてゐたのだつた」。

記述を恋愛以前の淡い感情にとどめることで、戦死による残酷な別れをぎりぎりのところで、せつない物語にまとめている。

まとめにかえて

軍隊は日常生活から隔離されており、制約が多い。とくに戦時には兵士は戦地に赴かねばならず、命の危険にもさらされる。恋愛に適した環境ではない。それでも、いやだからこそ人は恋愛を求める。「軍隊と恋愛」と「戦争と恋愛」は重なる部分が多く、本稿もその両方を含んでいる。視点を工夫することにより、恋愛の歴史や軍隊の歴史、戦争の歴史の新たな側面を描くことができると考える。

〈参考文献〉
押田信子『兵士のアイドル—幻の慰問雑誌に見るもうひとつの戦争—』（旬報社、二〇一六年）
押田信子「日本陸軍・海軍の慰問雑誌『陣中倶楽部』『戦線文庫』研究序説」（『軍事史学』五三—一、二〇一七年）
木戸日記研究会編『西浦進氏談話速記録』(上)（日本近代史料研究会、一九六八年）
中野綾子「慰問雑誌にみる戦場の読書空間—『陣中倶楽部』と『兵隊』を中心に—」（『出版研究』四五、二〇一四年）
中野綾子「緩やかな動員のためのメディア—陸軍発行慰問雑誌『兵隊』をめぐって—」（『早稲田大学大学院教育学研究科紀要別冊』二四—一、二〇一六年）
秦郁彦編『日本陸海軍総合事典〔第二版〕』（東京大学出版会、二〇〇五年）
広田照幸『陸軍将校の教育社会史—立身出世と天皇制—』（世織書房、一九九七年）

純潔教育のゆくえ

――一九五〇年代前半における文部省の考え方――

小山静子

はじめに

「恋する日本史」を考えるにあたって、小論では「純潔教育」や「男女交際」という、今となっては古めかしい言葉に注目してみたいと思う。もちろん「恋」というのは、異性間だけでなく、同性間にも生まれるものであるから、恋する者たちのきっかけを作るものとしての交際にも、同性同士のものもあれば、異性同士のものもある。しかしここであえて男女交際に注目するのは、戦後初期に中高生に対して語られた男女交際という用語が独特の意味をもつ言葉であり、しかも文部省がそのあるべき姿を、純潔教育の文脈に位置づけて積極的に啓蒙したからにほかならない。

文部省社会教育審議会のもとにおかれた純潔教育分科審議会は、一九五〇年（昭和二五）一一月に『男女の交際と礼儀』という本を刊行し、翌月には、これに「「I正しい洋式食事と服装」「II「男女の交際と礼儀」を活用するために」をつけた『男女の交際と礼儀　純潔教育シリーズ4』と、『男女の交際と礼儀』の「はしがき」が削除された

『新礼法読本：男女の交際と礼儀』を出版した。

現代的な感覚からすれば、「結婚当事者間のみに性的交渉を認めそれまでは性を抑制するという、性への健全な態度（性道徳）を教える」（池谷二〇〇一）純潔教育には違和感を禁じえないし、文部省が推奨する男女交際のあり方も陳腐なもののように思える。ただ戦前から戦後にかけての、中等教育における男女別学から男女共学への移行（とはいえ、中学校の大部分を占める公立学校はすべて共学化したが、高等学校では私立を中心に国公立の学校にも別学校が存在したため、別学校が全体の三分の一ほどあった）という歴史的文脈において純潔教育や男女交際をとらえてみると、その新しさというものに気づく。というのは、それが異性との「正しい」つきあい方を教えようとする試みだったからである。このような試みを文部省がすること自体、はじめてのことであった。それはいったいどのようなものだったのだろうか。以下、純潔教育や男女交際はどのようなものとして成立し、社会的状況の変化とともに、文部省がどのように考えるようになったのかを、明らかにしていきたいと思う。

一　純潔教育がめざすもの

戦前においては、中等教育段階以降は男女別学が基本であったから、男女は分離され、いわば別々の世界を生きていた。また男女共学であった小学校でも、高学年になると男女別クラスになることが多かったため、一〇歳以降の男女は学校で生活を共にするという経験をあまりもっていなかった。そして男女分離の結果として、「sister」の「s」からとった「エス」と呼ばれる少女同士の非常に親密な関係性や、「ロマンティックな友情」あるいは「男の友情」

というキーワードで語られる、女同士や男同士の独特な親密性が存在していたことは、先行研究（赤枝二〇一一・今田二〇〇七・前川二〇一一など）がつとに指摘するところである。しかし戦後、共学化が実現したことで、授業のみならず、クラス会や生徒会活動、学校行事、クラブ活動などにおいて、男女の日常的な接触が生まれていくことになる。それゆえ文部省は、異性とどのようにつきあったらよいのかを示し、そのための教育を考えなければならなくなったのである。これこそが純潔教育であった。

純潔教育は、もともとは、敗戦後の社会的混乱のなかで生じていた、「闇の女」と呼ばれた街娼への対策の一環として登場してきたものである（斎藤二〇一四）。そして純潔教育の施策を検討すべく、一九四七年六月に文部省純潔教育委員会が設置され、一九四九年一月に発社四一号「純潔教育基本要項」が出されている。そこでは、「純潔教育上の諸問題」として五項目があげられており、その第一番目に書かれていたものが「男女の交際及び共学」であった。新しく実施されることとなった男女共学のもとでの男女交際のあり方に関心がもたれていたことがわかるが、その男女交際とは次のようなものであった。「男女の交際は、自由であるとともに、高い道徳心が培われてはじめて洗錬《（ママ）》され、明朗化されることを認識し、幼時から家庭生活において導くようにすること。男女共学は、相互の人格を尊重し、理解し、正しい交際をもつためによい方法であるが、同時にまた、いかなる場合でも礼儀と規律が必要とされている」（文部省純潔教育委員会『純潔教育基本要項　附　性教育のあり方』一六頁）。

興味深いのは、男女交際や男女共学を是認したうえで、それをいかに道徳心にもとづき、礼儀や規律に裏づけられたものとするのかという問題意識が開陳されていることである。男女交際を否定するのではなく、あるべき「正しい」男女交際をめざす、この文脈において、男女交際という言葉が用いられ、純潔教育が行われることとなった。純潔という価値自体は戦前から存在していたものであったが、戦前においては男女の接触を忌避しつつ純潔が追求されていたのに対して、戦後は「正しい」男女交際や男女共学を通して純潔を実現しようとしていたことがわかる。

そしてこのようなスタンスのゆえに、「性に対する旧式の隠蔽主義または隠密主義」を排して、「正しい認識と理解とをあたえ」、性欲を「人為的に統制」することがめざされていた（同、二六頁）。それというのも、性的な関係性は「性欲という精神的欲望そのものをみたす手段ではなくて、種族保存（生殖）という生物の重大責任をはたすための手段」（同、四二頁）だったからである。しかもその生殖は、「遺伝現象による純血（血統の純粋）と優生（形質の優良化）とを必須条件とすべきもので、この条件の実現は乱交では不可能」（同、四二〜四三頁）と考えられていた。純潔教育が性的関係を結婚している当事者にしか認めなかったのは、性を生殖の手段として捉え、純血と優生とを何よりも重視するゆえだったのである。ただ、このような考え方は戦前からみられるものであり、この時はじめて登場してきたものではない。

また、一九四九年七月に純潔教育委員会を引き継いだ社会教育審議会純潔教育分科審議会は、「純潔教育基本要項」の翌年に『男女の交際と礼儀』を刊行したが、そこでは文字どおり、事細かに男女交際の際の注意事項が書かれており、異性とのつきあい方が具体的に伝授されていた。というのも、男女共学は、「男尊女卑のもとに成立していた道徳を、男女平等を基礎とした新道徳に変革するという大きな使命を持ってい」（『男女の交際と礼儀　純潔教育シリーズ4』一四一頁）たからである。

しかし、このような当初の純潔教育の意図は、現実によって揺さぶられていくことになる。

二　青少年の「性の乱れ」

一九五〇年一一月の『男女の交際と礼儀』の刊行とほぼ時を同じくして、新聞や雑誌では、青少年の「性の乱れ」が盛んに言及されていくようになる（もちろん、「乱れ」を示す出来事があったということと報道が活発化したということとは、別の問題である）。メディアが盛んにとりあげたのは一九五〇年から一九五二年にかけてであったが、このことについてはすでに拙稿「純潔教育の登場―男女共学と男女交際―」において論じているので、それにもとづいて述べれば、子どもの成育環境に悪影響を与えるものとして、以下のことが指摘されていた。

すなわち、大人たちが日常的に用いる卑猥《ひわい》な言葉や動作、エロ写真やエロ・グロ雑誌（たとえば、一九四九年に創刊された『夫婦生活』などの性愛雑誌）、性典映画（その先駆けとなったのが、一九五〇年に上映された『乙女の性典』）、性的興味をそそるポスターや看板、特飲街や買売春の存在、基地の周辺に集まるパンパン（外国人相手の街娼）たち、公然たる逢い引き場所（有名なところとしては皇居前広場）、映画館内での性的犯罪、共同便所に書かれた性に関わる落書きなどである。また子どもの成育環境に問題があるだけでなく、子どもたち自身の行動も「問題」あるものとして報道されており、小学生のパンパンごっこ、中高生の桃色遊戯（いわゆる不純異性交遊）や人工妊娠中絶・出産などが、「性の乱れ」を示すものとして、新聞・雑誌上で語られていった。そして一九五二年になると、国会でも青少年の「性の乱れ」がとりあげられ、議員たちは男女共学の是非、青少年の不良化防止、人身売買や買売春の問題などと絡めて、純潔教育に関する質問をしていくことになる。

このような状況に対して、文部省はどのように考え、どう対処しようとしたのだろうか。

マスコミによって指摘された問題は、子どもだけでなく、大人の性意識に関わることでもあったし、赤線地域や基地の存在をはじめとして、一朝一夕に解決できない問題も多かったから、文部省が効果的な改善策を提示することは困難であったと思われる。したがって文部省の答弁はあたりさわりのない、なんとも歯切れが悪いものであった。しかしそれでも、国会会議録を読んでいくと、文部省の考え方が垣間見えてくる。

その一つは、文部省には積極的に純潔教育（性教育）をしようとする意思が感じられないことである。天野貞祐《あまのていゆう》文相は、「性教育ということもありますが、これは非常に慎重にやらないと却《かえ》つて弊害を生ずると考えます」（第一三回国会参議院会議録第七号、一九五二年一月二六日、八頁）という趣旨の発言を繰り返していたし、大達茂雄《おおだちしげお》文相は、「早急に効果を上げることは困難だと思つておるのであります（中略）一日も早く国民の良識が取り返されて、健全な社会が立ち戻つて来ることを希《ねが》つておる次第であります」（第一八回国会参議院会議録第三号、一九五三年一二月二日、六頁）と、なんとも第三者的な、やる気のない言い方をしていた。そして日高第四郎《ひだかだいしろう》文部事務次官は、「純潔教育につきましては、対象を一つに集めて性教育というようなことをするのは一利一害がありますので、おもに個人指導にゆだねられるべきものが多いと思つております」（第一三回国会衆議院行政監察特別委員会議録第一三号、一九五二年三月四日、一六頁）と述べ、純潔教育は個人指導で行うべきであり、学校として純潔教育に取り組むつもりがないと答弁している。これらの発言からは、純潔教育に対する文部省の消極性が伝わってくるが、「純潔教育基本要項」が述べていた、「正しい認識と理解」を与える純潔教育とは、かなり異なる地平に立っていたといわざるをえない。

そして事実、文部省初等中等教育局が一九五二年二月一三日に出した「中・高生徒の性教育の根本方針（案）」では、「中学校、高等学校における生徒に対する性教育の基本は、生徒に性に関する知識を与えるというよりは、おう盛な活力、精力（エネルギー）を健全な方向に向けてやるような興味深い経験（スポーツ、広はんなレクリエーション活動等）を与えるようにすること」「個別的指導が本体であること」などの方針が提示されていた。

さて、国会会議録を通してみえてくる二つ目の特徴は、文部省の男女共学に対する曖昧な態度である。すでに述べたように、男女共学化が「正しい」男女交際の必要性を生み出したのであるが、実は、男女共学が実施される以前から、社会には、共学になると風紀問題が惹起するのではないかという危惧の念が存在していた（小山二〇〇五・〇九参照）。そして事実、「性の乱れ」がマスコミにとりあげられるようになると、その原因は男女共学にあるとする声が起こり、男女共学の是非が議論の的になっていた。

国会でも、小林信一《こばやししんいち》（社会党）は、「一般父兄は、男女共学からしてこういう問題（引用者注：「性の乱れ」）が起きておるのだ、そういうことが言われておるのです。ぼくらは、かえつて男女共学がそういう弊害を除去することに大きな役割を持つておつて、そういうことはないと思いますが（中略）文部省としてはどういうふうにお考えになつておりますか」（第一三回国会衆議院文部委員会議録第一八号、一九五二年四月一八日、七頁）と質問している。これに対して天野文相は、「（引用者注：男女共学が）機縁をなしたという場合も、絶無とは言えないだろうと思います」（同）と、なんとも曖昧な答弁をしていた。また松村謙三《まつむらけんぞう》文相は、「男女共学などということは、これは純潔教育が完全に行われ得るということを前提としないならば危ないです」（第二二回国会参議院法務委員会会議録第二一号、一九五五年七月二七日、四頁）と述べている。純潔教育に積極的ではなかった文部省の姿勢と考え合わせると、彼が男女共学を懐疑的にとらえていたといってもいいだろう。男女共学や男女交際を通した純潔の実現という、当初のねらいをここにみることはできない。そしてこれらの発言の延長線上に、一九五六年七月の清瀬《きよせ》一郎《いちろう》文相による共学見直し発言が出てくることになるのである。ちなみにこの清瀬文相の発言は、石原慎太郎《いしはらしんたろう》の小説、『太陽の季節』に端を発した太陽族の出現が直接的な契機となったものであるが、反対意見が多く、すぐに撤回されている。

三つ目に指摘しておきたいことは、「性の乱れ」が女性の問題として捉えられていることである。これは議員たちも、さらにはマスコミも同様であったが、いみじくも、社会教育局長の寺中作雄《てらなかさくお》は、純潔教育は女性のためにあると次のように述べていた。「被害者になります弱い女性、幼い女性というものが、性あるいは貞操《ていそう》というものに関しまして、正しい知識を持っていないために、どたんばにおきまして、軽々しくその力に負けるというようなこともありますので、できるだけ学校の教育の中でも、正しい性の知識あるいは貞操の知識というものを教えて、そしていざという場合に、十分貞操のとうとさという意味から、軽々しくその力に負けないところの判断力を養うということが必要であると思いまして、純潔教育審議会（引用者注：純潔教育分科審議会のこと）というものを持っておるのであります」（第二二回国会衆議院文教委員会議録第一〇号、一九五五年五月二四日、一頁）。当時の青少年の「性の乱れ」は異性間の性の問題としてとりあげられていたが、寺中は、男性ではなく、誘惑に負けてしまう女性の「弱さ」が「問題」だと捉えているのであり、女性の貞操の確保こそが彼にとって重要だったことがわかる。男性に甘く、女性に厳しいという性の二重基準は現在も存在しているが、この当時、これはあからさまに公言されるものであり、このことは、何か起きればまず女性が指弾されることを意味していた。

おわりに

純潔教育委員会や純潔教育分科審議会が考える純潔教育とは、男女交際を通して男女平等にもとづいた道徳心を培《つちか》うこと、性に関する認識と理解を通して性欲をコントロールすること、性を生殖の手段として捉え、純血や優生の観点から、性的関係性を結婚している者のみに限定することを意味していた。それに対して文部省は、青少年の「性の乱れ」が社会問題化するなかで、純潔教育や男女共学、男女交際に対して消極的な態度に終始し、もっぱら女性にのみ貞操観念を保持させることで「性の乱れ」に対処しようとしていたことがわかる。そういう意味では、中等教育の男女共学化という文脈において登場してきた男女交際や純潔教育の新しさは後退したといわざるをえないし、女性に対してのみ純潔という価値が強調されていったのである。

今回検討したのは限られた史料であり、文部省の純潔教育政策の具体的な展開までは述べることができていない。一九五〇年代は、売春防止法（一九五六年成立、一九五八年完全施行）に象徴されるように、社会の性意識に大きな変容がもたらされた時期であるが、そういう時にあって、文部省は青少年の男女交際や性の問題にどのように取り組んでいくのか。明らかにすべき課題は多いといわざるをえない。

〈参考文献〉

赤枝香奈子『近代日本における女同士の親密な関係』（角川学芸出版、二〇一一年）
池谷壽夫「純潔教育に見る家族のセクシュアリティとジェンダー—純潔教育家族像から六〇年代家族像へ—」（『教育学研究』六八—三、二〇〇一年）
今田絵里香『「少女」の社会史』（勁草書房、二〇〇七年）
小山静子「男女共学制」（同ほか編『戦後公教育の成立—京都における中等教育—』世織書房、二〇〇五年）
小山静子『戦後教育のジェンダー秩序』（勁草書房、二〇〇九年）
小山静子「純潔教育の登場—男女共学と男女交際—」（同ほか編『セクシュアリティの戦後史』京都大学学術出版会、二〇一四年）
斎藤光「純潔教育委員会の起源とＧＨＱ」（小山静子ほか編『セクシュアリティの戦後史』京都大学学術出版会、二〇一四年）
前川直哉『男の絆—明治の学生からボーイズ・ラブまで—』（筑摩書房、二〇一一年）
国会会議録検索システム（http://kokkai.ndl.go.jp）

純潔教育分科審議会『男女の交際と礼儀　純潔教育シリーズ4』（印刷庁、一九五〇年）
文部省純潔教育委員会『純潔教育基本要項　附　性教育のあり方』（印刷局、一九四九年。『性と生殖の人権問題資料集成』第三四巻、不二出版、二〇〇二年）
文部省初等中等教育局「中・高生徒の性教育の根本方針（案）」（『時事通信　内外教育版』三一三、一九五二年三月二五日）

戦後皇室と恋愛

――天皇制「世論」と理想的結婚イメージとの関係性――

石田あゆう

はじめに

本稿では「戦後皇室と恋愛」をテーマに、皇室の恋愛や結婚についてのメディア報道に国民側の恋愛観がどのように投影されてきたかを振り返る。近代家族論の視点から皇室を論じた森暢平が指摘するように、日本におけるロマンティック・ラブ（恋愛結婚）は近代家族を考察するうえで重要な概念であったにもかかわらず、これまで天皇制研究、日本史研究では皇室と「恋愛」「家庭（ホーム）」、そしてその家族像についての研究が手つかずであった（森二〇二〇）。だが今や日本における恋愛観は、われわれが天皇制や皇室を考える時の参照点となりつつある。

一　「恋愛結婚」というメディア神話

「戦後皇室と恋愛」を考える時、まずは明仁《あきひと》皇太子（現上皇）と正田美智子《しょうだみちこ》（現上皇后）の一九五九年（昭和三四）四月一〇日の御成婚が想起される。前年の一一月二七日に二人の婚約が発表されると世は慶祝ムードに包まれた。二人は軽井沢のテニス・コートで出会い「恋愛結婚」したとされる。一九五九年二月六日、自民党の平井義一《ぎいち》衆議院議員は国会で皇太子の結婚に関し次のように質問した。「皇太子殿下が軽井沢のテニス・コートで見そめて、自分がいというようなことを言うたならば、（中略）私の子供と変わりない。これが果たして民族の象徴と言い得るかどうか私は知りませんが、あなたから進言をされたものか、皇太子殿下が自分で見そめられたものか、この点をお尋ねしたい」（平井）。それを受けて宮内庁の宇佐美毅《たけし》長官は「世上で一昨年あたりから軽井沢で恋愛が始まったというようなことが伝えられますが、その事実は全くございません。（中略）われわれも御推薦申し上げ、殿下も冷静な観察をなさって御決心になった」と、皇太子の「恋愛結婚」を否定した（第三一回国会衆議院内閣委員会）。

戦前の旧民法では、一般国民（天皇主権の帝国憲法下での臣民）は、家長である戸主の同意なしに結婚できず、二人の自由意志にもとづく「恋愛結婚」には困難がともなった。戦後は日本国憲法第二四条において「婚姻は、両性の合意のみに基いて成立する」と定められ、成人男女が結婚の意志を示せば、原則第三者が妨げることはできなくなった。社会党の鈴木茂三郎《もさぶろう》委員長が、皇太子の「ロマンス」を「平和憲法下の最初のよろこばしい出来事だ」（「〝恋愛至上〟の鈴木委員長喜ぶ」『読売新聞』一九五八年一一月二八日朝刊）と喜んだように、若い皇太子の恋愛結婚を歓迎するムードは、見合い結婚も多いなか、皇室の戦後的な姿が示され、戦前との違いを体現したように見えたためである。

とはいえ『皇室典範』第一〇条には「立后及び皇族男子の婚姻は、皇室会議の議を経ることを要する」とあり、男女の合意（自由意志）が優先される「結婚」は、少なくとも皇族男子（皇太子）においては成立しない。先の『読売新聞』において総理大臣の岸信介《のぶすけ》は、皇太子妃が民間人から選ばれたことをもって戦後的だとのみしているのもうなずける。皇太子の「恋愛結婚」に世の共感が寄せられても、国会での宮内庁長官の答弁にあるように、皇族男子（皇太子）の「恋愛結婚」はそもそも実現しないと考えられるからである。

世間の抱くイメージと実際の決定プロセスの落差が際立つが、皇太子の結婚は恋愛の結果ではないとすることで、日本国憲法と皇室典範の矛盾を回避したともいえる。一方で、なかったものが「ある」のだとすれば、その恋愛結婚イメージはメディアの報道を中心に、国民的に作られたものだろう。先の森が指摘しているように、メディア報道において「恋愛結婚」を否定する証言や記録は軽視され、そして今も一九五九年の皇太子の恋愛結婚神話は再生産されているからである（森二〇二〇）。

二　天皇制「輿論」と皇室「世論」

1　週刊誌皇室ジャーナリズムと「世論」

皇族男子の「恋愛結婚」をめぐるダブルスタンダードは、天皇制についての質的に異なる二つの「世論」の存在を示している。それが「輿論《よろん》」としての天皇制の存続をめぐる意見と、「世論《せろん》」としての皇室への漠然とした好意という国民感情である。「輿論」は public opinion の訳語であり、いわゆる社会の取り決めの根幹をなし、尊重すべき「多くの人たちの意見」を意味する。一方「世論」は、popular sentiments（国民感情）であり、世に出回る風説（噂）や雰囲気を指し、時に「根拠のない噂」として否定的にも捉えられるものである（佐藤二〇〇八）。戦前では字義的な違いもあり、理念として区別された。だが一九四六年に一八五〇字の当用漢字の決定において「輿」の字がもれると、「輿論」は「世論」と表記されるようになる。今日では両者の質的違いはみえにくいが、皇室「世論」でのその差はかなり明確である。

皇太子ご成婚を「恋愛結婚」として歓迎するのは、まさに皇室への好意としての世論とみなせる。国民感情を反映するメディアは、皇太子の結婚相手が旧華族ではなく「平民」の正田美智子であったことも含め、「テニス・コートの恋」の成就として報道し、戦後なる新しい時代の「開かれた」皇室イメージを創り出した。一九六〇年前後に相次いで創刊された女性週刊誌は、「ミッチー・ブーム」以後、とくに女性皇族ファッションを追いかける皇室ジャーナリズムを生み出し、女性読者を中心的受け手として、皇室への漠然とした好意という空気を醸成するのに貢献した（石田二〇〇六）。皇太子婚約、結婚へと至る祝賀ムードが、皇太子妃となる正田美智子の名から「ミッチー・ブーム」と呼ばれたように、それは女性らを中心とする参加しやすい皇室世論の公共圏（性）であった（吉見二〇〇二、河西二〇一八）。論壇誌や総合雑誌を中心に問題提起がなされる昭和天皇の戦争責任問題や、日本国憲法下の天皇制をめぐる社会的議論とは位相を異にし、そこでは皇室情報が娯楽として消費された。

政治学者の松下圭一「大衆天皇制論」（『中央公論』一九五九年四月号）ほか数少ない論考をのぞき、オピニオン雑誌である論壇雑誌の多くは「ミッチー・ブーム」に言及しなかった。日本の国民統合の象徴である未来の天皇（皇太子）の「恋愛結婚」は、宮内庁の明確な否定もあり、皇室典範の規定からもそもそも成立しない議論だった。女性週刊誌や芸能雑誌といったメディア報道の盛り上がりとの温度差がそこには存在した。

2　皇太子に恋愛は可能か

恋愛結婚は皇族男子に可能なのかとの議論は立ち現れなかったものの、皇太子が恋愛して結婚し、家庭を築くという「ファミリー」イメージがメディアを通じて流布することへの批判は存在した。「恋愛結婚」は、出会いから婚約、そして結婚によって完結するわけではない。恋愛をへて結婚した二人が「家庭（ホーム）」をもち、夫婦が協力しながら子育てに励み家族を築くという、新たな「恋愛結婚」物語が求められるようになるからである（井上一九七九）。

女性週刊誌が先導する皇太子妃のファッション情報や、親王、内親王誕生と子育てについての皇室ファミリー報道はともかく、未来の天皇である皇太子までが、若い世代が共有する「恋愛結婚」を理想とするニューファミリー像のなかで、庶民的なよき夫、父親イメージにおさまろうとする姿に、それはやがて皇室や天皇制についての無関心を引き起こすのではないか、きっかけがあれば「憎悪」の対象ともなるのではとの危惧を表明した児玉誉士夫《こだまよしお》のような人物もいる（児玉一九八三）。作家の三島由紀夫による皇太子イメージ批判も有名だろう。論壇雑誌『中央公論』一九六六年九月号「文化防衛論」において、三島は「いはゆる「週刊誌天皇制」の域にまでそのディグニティーを失墜せしめられた」と嘆いた。歴史学者の原武史《たけし》は、三島が期待したのは天皇が日本文化の女性性（たをやめぶり）ばかりか、男性性（ますらをぶり）をも兼ね備えた「美の総攬者」として復活することであったと指摘している（原二〇一八）。

逆に皇室の長い歴史をみれば、軍事や政治に関わる男性性（ますらをぶり）こそが近代日本の天皇像のありようとして問題だったと、一九〇七年生まれの評論家・亀井勝一郎《かついちろう》は御成婚ブームのなかで指摘している。坂西志保《さかにししほ》との対談「国民は皇室をこれからどう考えるだろうか？」（『婦人画報』一九五九年五月号）のなかで、亀井は「たをやめぶり」に代表される日本独自の伝統文化保持に関わる存在と天皇を位置づけ、皇太子の「恋愛結婚」を肯定的に語った。新しい時代の天皇制の脱政治化のためには、皇太子夫妻が恋愛したというだけでは十分ではなく、互いに詠んだ「恋愛の歌」が必要だと述べている。戦後民主主義の「恋愛」イメージに加え、文化的伝統としての「恋愛（和歌）」に基づく新たな天皇制像を亀井は示した。三島の嘆きが『中央公論』、亀井の対談が『婦人画報』に掲載されていることを考慮すると、両者の意見の受け手のジェンダーは明らかだろう。

三　昭和・平成の恋愛と皇室

1　内親王の皇籍離脱

皇太子や親王の「恋愛」は天皇制の是非や憲法問題に繋がる可能性もあった。その点、女性皇族にそうした懸念は不要だった。戦前の皇族女性の結婚には男子と同様に勅許（天皇による許可）が必要だった（旧『皇室典範』第四〇条「皇族ノ婚嫁ハ勅許ニ由ル」）が、内親王や女王が天皇および皇族以外の者との婚姻する場合、戦後は自動的に皇籍を離脱することになったからである（改訂後の『皇室典範』第一二条）。

皇太子（現上皇）の姉である孝宮《たかのみや》（鷹司和子《たかつかさかずこ》）の一九五〇年の結婚では、宮内庁は「一般と同じような交際をしている」ことを強調し、「恋愛」を明示的に使っていた。新憲法の精神にのっとり、結婚には両親である天皇・皇后も「本人の意思」を尊重するとの考えを示したとの報道もなされた（森二〇二〇）。妹の清宮貴子《すがのみやたかこ》内親王も「ミッチー・

ブーム」の余韻が残る一九六〇年三月一〇日に島津久永《しまづひさなが》と結婚し、皇籍を離脱した。清宮は成人に際しての記者会見で、「私の選んだ人を見ていただいて」と自身の結婚について語っていた。結婚にあたって相手を「選ぶ」という行為に、女性側の主体性が発揮された「恋愛結婚」を想起させただろう。

その後長らく皇室慶事としての「結婚」の空白期間が続く。再び話題となるのは、昭和天皇崩御の年、一九八九年（平成元）の礼宮《あやのみや》（現・秋篠宮《あきしののみや》）と学習院大学での後輩であった川島紀子《きこ》との婚約であった。一九八九年八月二六日『読売新聞』夕刊「街の声――礼宮さま、ご婚約へ」では、皇室の枠にとらわれない学生時代からの自由な交際や兄より先の婚約についてどう思うかなどをインタビューしている。「お似合いのカップル」（札幌市北区、主婦〈四〇歳〉）であるとか、「気の合った人とゴールインするのも庶民的でいいですね」（大阪市東淀川区、喫茶店店員〈二七歳〉）との人びとの感想が紹介された。

「皇太子さまも自由恋愛で相手を選ばれた方がいいと思う」（東京都新宿区、会社員〈二七歳〉）との意見では、「開かれた皇室という意味ではそれなりに評価できるが、最近は皇室への関心が相対的に低くなってきたので、現在の天皇（注：現上皇）が結婚した時に比べ、社会的インパクトはかなり小さいのではないか」と述べられている。後述するが、そのインパクトは一九五九年の御成婚以上のものとなる。

こうした街の声に対し、国会でそれに異議を唱えるような質問が宮内庁になされることはなかった。むしろ長幼の序に反して、次男である礼宮が長男の皇太子よりも先に結婚することに、「民主的な開かれた皇室」との見方が示され、皇太子の結婚問題の進捗についての質問が宮尾盤《いわお》宮内庁次長になされた（第一一五回国会衆議院内閣委員会、一九八九年八月二九日）。

2　平成の御成婚と皇室への親近感

一九九三年の皇太子の結婚も「恋愛結婚」の枠組みで報じられた。『朝日新聞』一九九三年一月七日朝刊の見出しは「皇太子妃に小和田雅子《おわだまさこ》さん――皇太子さま、「初恋」実る」となっている。とはいえ「一九日にも皇室会議で婚約決定」とあり、「恋愛結婚」とはやはりいいがたい。

一九九三年の御成婚が画期的であったのは、このイベントを通じて皇室への「親近感」が上昇した点である。朝日新聞社の調査を例にとってみれば、昭和の終わりが近づいた一九八九年一月の面接調査では、親しみを「持っている」は五四％であり、「持っていない」が三五％となっていた。一九九三年四月の面接調査では親しみを「持っている」が六七％へと上昇し、一九五九年の調査時の「（親しみを）持っている」とする六〇％との数字を超えた。女性においてその度合いは高くなっており（七五％）、二〇代、三〇代の若い女性の間で皇室への親近感が高まったことは明らかであった。

ミッチー・ブームの盛り上がり以後、二〇～三〇歳代の若い世代では六割から八割が親しみを「持っていない」と答え、皇室への関心は低下した。一九八二年の面接調査では、親しみを「持っている」（四一％）との回答を、「持っていない」（四六％）が上回った（一連の皇室への親近感の変化は、「世論調査のトリセツ　昭和～令和　皇室への親近感は」『朝日新聞』二〇二〇年〈令和二〉七月一七日夕刊）。

一九八〇年代には無関心層だった若い女性らが「親しみを持つ」層へと転じた背景には、結婚問題があったと考えられる。社会における晩婚化・未婚化が進んでいるが、いずれは結婚しようと考える未婚者の割合は一貫して高いことが知られる。国立社会保障・人口問題研究所の調査結果をみると、一九九二年時も一八～三四歳の男性では九〇％

女性では九〇・二%が「いずれ結婚するつもり」と回答している。しかし、一九九〇年代は「理想の結婚相手が見つかるまでは結婚しなくてもかまわない」との回答が、拮抗しているものの「ある程度の年齢までには結婚するつもり」との割合より高い傾向にあったことがわかる。外務省官僚の小和田雅子が、共働きという選択肢がない以上、そのキャリアから転じ皇太子との結婚に応じたのは、若い女性たちの結婚の理想が混迷するなかで、ひとつの恋愛結婚のありようとして注目されたのは間違いないだろう。

家族社会学者の山田昌弘は、今や価値として恋愛を求める欲求は強まり、結婚した夫婦間の感情をも「恋愛」として評価されるようになっていると指摘する。恋愛してもその延長に結婚を想定することは少なくなったが、結婚するなら恋愛に基づくべきだとの関係は強化されつつあるためである。恋愛は結婚のなかに「閉じ込め」られ、「他者を求める欲求は、結婚によってのみ恋愛として正当化される」と「恋愛」の厳格化が進んでいるという。しかし「恋愛」そのものが混迷し、結婚、家族、そして社会までもが不安定化するとの事態が今や出現しつつある（山田二〇〇二）。

そんな社会のゆらぎにあって理想的な恋愛結婚カップル像を具現化しているのが、平成以後の皇室イメージとなっている。山田が指摘したように恋愛を求める欲求が結婚後にも延長され、夫婦間の感情も「恋愛」として人びとは把握するようになりつつある。恋愛が結婚につながるとは考えないが、結婚するには恋愛感情が必要だと考える「ロマンティックマリッジ・イデオロギー」に賛同する割合は今日高まっている（谷本・渡邉二〇一九）。そんななか、二〇〇三年以後、妻（現皇后）が「適応障害」という病いにあってそれを支えようとする夫（現天皇）の姿は、健《すこ》やかでも病《や》めるときも互いに支え合う夫婦像であり、理想的な恋愛結婚カップルにもみえるだろう。

加えて平成の天皇イメージは、皇后と二人でめぐる日本の戦跡に関わる慰霊の旅や災害被災地訪問にある（原二〇一九)。その内容はさておき、形式（メディア・イメージ）としてみれば、かつての「恋愛結婚」した天皇皇后（平成）は、互いに信頼しあって結婚を続け、高齢となっても寄り添う姿が印象的な老夫婦像として繰り返しメディアに表れる。憲法第一条の国民統合の象徴としての規定に関わるのは天皇のみであり、女性である皇后の役割は明文化されていない。しかし皇后（上皇后）の婚姻は、離婚が想定されておらず「結婚」に閉じ込められているために、かえって世間の理想的な「恋愛結婚」を続ける象徴的存在ともなりうる。

おわりに

男系男子に皇位継承を限ってきた皇室の少子化、そして婚姻問題、ひいては女性宮家創設の是非、女性/女系天皇制をめぐる議論は、今日の一般国民が抱える恋愛をはじめ結婚や家族、ジェンダー平等につながるテーマである。憲法の「国民の総意に基づく」とする象徴天皇制をめぐる議論は、国民感情である「世論」をふまえつつも、その「輿論」化抜きには困難だと考えられる。「皇室と恋愛」をめぐる諸相は、今後の天皇制や皇室のあり方をめぐる議論に影響を与えることは間違いないだろう。

〈参考文献〉

石田あゆう『ミッチー・ブーム』（文春新書、文藝春秋、二〇〇六年）
井上輝子「マイホーム主義のシンボルとしての皇室」（加納実紀代編『女性と天皇制』思想の科学社、一九七九年、初出一九七八年）
河西秀哉『天皇制と民主主義の昭和史』（人文書院、二〇一八年）

国立社会保障・人口問題研究所「第一五回出生動向基本調査――第Ⅰ部　独身者調査の結果概要「1．結婚という選択」」http://www.ipss.go.jp/psdoukou/j/doukou15/gaiyou15html/NFS15G_gaiyo_mokuji.html（二〇二〇年九月一〇日確認）
児玉隆也「皇太子への憂鬱」（『この三十年の日本人』新潮文庫、新潮社、一九八三年、初出一九七三年）
佐藤信『日本婚活思想史序説―戦後日本の「幸せになりたい」―』（東洋経済新報社、二〇一九年）
佐藤卓己『輿論と世論―日本的民意の系譜学―』（新潮選書、新潮社、二〇〇八年）
谷本奈穂・渡邉大輔「ロマンティックラブ・イデオロギーとロマンティックマリッジ・イデオロギー――変容と誕生―」（小林盾・川端健嗣編『変貌する恋愛と結婚―データで読む平成―』新曜社、二〇一九年）
原武史『皇后考』（講談社学術文庫、講談社、二〇一八年）
原武史『平成の終焉―退位と天皇・皇后―』（岩波新書、岩波書店、二〇一九年）
右田裕規「皇室という「家庭」への眼差し―近代日本における天皇家の「脱政治化」過程―」（『京都社会学年報』一三、二〇〇五年）
村上信彦『近代日本の恋愛観―明治・大正・昭和の恋愛事件―』（理論社、一九七四年）
森暢平『近代皇室の社会史―側室・育児・恋愛―』（吉川弘文館、二〇二〇年）
山田昌弘「近代的恋愛の不安定性―恋愛現象の社会学的考察―」（比較家族史学会監修、服藤早苗・山田昌弘・吉野晃編『シリーズ比較家族第Ⅱ期五　恋愛と性愛』早稲田大学出版部、二〇〇二年）
吉見俊哉「メディア・イベントとしての「御成婚」」（津金澤聰廣編『戦後日本のメディア・イベント』世界思想社、二〇〇二年）

同性愛と近代

三成美保

はじめに

二〇一九年五月、台湾で同性間の婚姻が認められた。アジア初である。二〇二〇年五月までに四〇〇〇組以上のカップルが成立したという。世界で初めて同性婚が認められたのは、二〇〇一年、オランダであった。その後、EU諸国では性的指向による差別が明文をもって禁じられ、次々と同性婚が認められている。

日本は法制度上、同性間性行為を処罰した歴史をほとんど持たない。唯一の例外が、明治初期の鶏姦罪の導入である（一八七三年）。その後、日本最初の西洋型近代法である「旧刑法」（一八八〇年）では鶏姦罪が削除され、現行刑法（一九〇七年）でも復活しなかった。しかし、このことは同性愛者に対する社会的偏見や差別がなかったことを意味しない。なお、歴史的には性的指向と性自認が区別されなかったことに留意すべきである。ごく最近まで、同性愛（性的指向）はもっぱら身体的性別との関係で語られ、性自認に基づいて定義されたわけではない。以下では、近代という時代が同性愛に対してどのように向き合ってきたのかについて、ドイツとの比較から見取り図を描いてみたい。

一　「同性愛」の誕生

1　同性愛と異性愛

生殖を阻害しない限りで、生殖と無関係な性行為に寛容な社会は少なくない。しかし、キリスト教会は、生殖と性行為を結びつけ、性別を問わず、生殖を伴わない性行為すべてを罪とし、性愛を排除する独自の性規範を発展させた。

キリスト教的性規範とそれに依ってたつ刑法典への異議申し立てとして生み出されたのが、「同性愛（Homosexualität）」という語である。その意味で、「同性愛」はすぐれて近代的かつ西洋的な概念と言えよう。一八六九年、オーストリア＝ハンガリー人の作家ベンケルト（ケルトベニー）は、ギリシア語の形容詞「ὁμός（homós：等しい）」とラテン語の名詞「sexus（性）」を組み合わせた造語（Homosexualität〔同じ性〕）を案出した。やがて、ギリシア語の「homós（等しい）」は、ラテン語の「homo（人あるいは男）」に意味転換された。

法律家ウルリクスはドイツ法曹大会でこう演説した。「生来男性から男性へと愛情を持つ者が罰せられるのは、男性から女性へ愛情をもつ者が罰せられるのと、要件は同じでなければならない」（一八六七年）。しかし、ウルリクスの抗議も空しく、ドイツ帝国刑法典（一八七一年）は、男性間性行為を犯罪とした。「第一七五条　自然に反する淫行は、男性間でなされた場合でも、男性と獣の間でなされた場合でも、禁固刑に処せられる。またそれに加えて、公民権の剥奪を言い渡すこともできる」（一九六九年成人男性間性行為・獣姦の非処罰化、一九九四年完全廃止）。

やがて、「同性愛」の対概念として「異性愛」が登場し、「異性愛／同性愛」は、「自然／反自然」「合法／違法」

「正常／異常」として非対称に提示された。「同性愛」という造語とともに「同性愛者」も誕生した。同性愛者が可視化されるようになった結果、同性愛者の「治療」という社会的ニーズが高まる。「同性愛」の病理化に大きな役割を果たしたのが、ドイツ＝オーストリアの精神医学者クラフト＝エビングの『性の精神病理』（一八八六年）である。同は当時もっとも影響を与えた精神医学書であり、頻繁に増補改訂を重ね（一九二四年に第一七版）、七ヵ国語に翻訳された。同書第二版の英訳版（一八九二年）を通じて、英語に「ホモセクシュアリティ」という語が導入され、同書の抄訳である『変態性欲心理』（一九一三〈大正二〉年）が、日本に「同性愛」という概念をもたらした。

2　ヨーロッパのソドミー罪――生殖目的以外の性行為の禁止――

前近代キリスト教社会では、同性間性行為は宗教的犯罪とされた。それは、教会婚姻法と深い関係がある。一二世紀末のローマ帝国で、「性の抑圧」と「肉欲の放棄」という「西洋史の根本的な出来事」（ル＝ゴフ）が起こった。その後長い時間をかけて、教父たちは、原罪を「傲慢の罪」から「性的な罪」に転換させていく。一二世紀に確立された教会婚姻法は、一夫一婦婚を定め、性行為を夫婦内かつ生殖目的に限定した。一三世紀の神学者トマス・アクイナスは罪を体系化し、近親姦・姦通・買売春を含む「生殖に結びつかないすべての性行為」を「自然に反する性行為」としている。なかでも、生殖とまったく無関係な「肛門性交・口腔性交・獣姦・自慰・男色」を「自然に反する罪」と位置付け、もっとも重大な宗教的犯罪とみなした。これがソドミー罪である。

神聖ローマ帝国最初の刑事法典である「カール五世の刑事裁判令（カロリナ）」（一五三二年）は、こう定める。「第一一六条（自然に反してなされた淫行）ある者が畜類と、または男が男と、または女が女と淫行をなすときは、その者どもも生命を奪われるべく、しかして、一般慣習に従いて、火をもって生より死へと処刑されるべし」。同性間性行為は男女を問わず、火刑と定められていた。ただし、実際には女性がソドミー罪に問われたケースはほとんどない。獣姦は牧童にはありふれた行為であった。女性は本性的に性的衝動が強く、魔女に近いとされ、ソドミー罪ではなく、魔女罪として火刑に処せられた。危機の世紀とされた一七世紀には、魔女罪とともにソドミー罪による火刑が激増した。たとえばチューリヒ市では、死刑総数三三六件のうち、風俗犯罪での死刑が二〇五件（六一％）にも上り、姦通とソドミーがそれぞれ六〇件超と二大理由を占めた。ソドミー罪のうち、獣姦と男色はほぼ半々である。

啓蒙主義的刑法思想の寛刑化の影響を受けて、プロイセン一般ラント法（一七九四年）は、死刑から懲役刑へと大幅に刑罰を軽減したものの、ソドミー罪を残した。これが、ドイツ帝国刑法典につながっていく。

二　近代日本における同性愛とジェンダー規範

1　前近代日本における同性間の性的関係

日本には性行為の目的を生殖に限定するといった厳しい性規範はない。ソドミー罪のように同性間性行為を処罰する宗教的背景はなく、性愛を忌避する伝統もない。生殖と性行為が分離可能である一方、性行為と性愛は強いて区別されなかった。日本では、同性間の性的関係は「性行為を含む性愛（男色など）」としてゆるやかにとらえられる傾向が強かった。同性間性行為を断罪もしないが、同性愛者の権利保護にも無関心という風潮の淵源はここにある。

日本では、支配層における生殖管理は男女の空間分離を通じて行われた。男性空間では、男性間の性行為が「稚児愛／男色／衆道」として容認された。稚児や小姓として主君の寵愛を受けた者が長じてもなお寵愛を受け続けることが稀ではなく、成人男性間の性愛が「男性性（男としての名誉）」を損なわなかった点は、古代ギリシア（アテナイ）や近代ドイツと著しく異なる。男性性を毀損しない以上、男色はしばしば政治にも影響した。男色が役職任命や所領安堵などの表の政治に影響を及ぼす例は、院政期から江戸中期まで見られる。戦国期から江戸時代前期にかけて、武士の間で男色がほとんど習俗化し、「忠」と「恋」は不可分であった。

女性空間（後宮・大奥など）でも女性間の性行為は排除されていない。姻戚関係が政治を左右した摂関政治の時代（一〇世紀後半～一一世紀前半）には、後宮の主人たる「生む（べき）女性」に「生まない女性」が出仕し、女性文学が花開いた。『我身にたどる姫君』（一三世紀後半）など女性間の性的関係が描かれることはあったが、書き手が男性に限られた中世から江戸期にかけて、女性間の性的関係を描く文学作品はほとんどない。一方、江戸期春画には、女性同士が「張形」をつかって睦み合う姿を描くものが存在する。このように、表の男性空間で男色は政治と結びついたが、奥の女性空間における生殖の政治性が低下するとともに女性の性的関係は不可視化されていったのである。

2　鶏姦罪

明治政府は、法秩序の要として刑法編纂を急いだ。当初は、中国系の律系刑法典が目指された。最初の刑法典「仮刑律」（一八六八年）は不十分な内容であったため、これに代わるべき法案「新律提綱」（一八七〇年）を確定して公布されたのが「新律綱領」（一八七一年）である。「新律綱領」を補う法として、「改定律例」（一八七三年）が成立し、両者は平行して施行された。

「鶏姦」は肛門性交を意味する。まず「鶏姦条例」が定められ、「改定律例」巻二「犯姦律」（全九条）の第二六六条に「鶏姦罪」が設けられた。「凡鶏姦スル者ハ。各懲役九十日。華士族ハ。破廉恥甚ヲ以テ論ス。其姦セラル、ノ幼童。十五歳以下ノ者ハ。坐セス。若シ強姦スル者ハ。懲役十年。未夕成ラサル者ハ。一等ヲ減ス」。

鶏姦罪が適用された期間は一〇年足らずで、処罰も年間数件に過ぎない。新聞は鶏姦行為を「非文明的行為」と否定的に報道したが、必ずしも浸透しなかった。鶏姦罪廃止後も男性間の親密な関係を扱った文学作品が支持された。森鷗外『ヰタ・セクスアリス』(一九〇九年)では「硬派」の男色指向が描かれている。一八七〇~八〇年代には「学生男色」が流行したが、一九〇〇年頃に女学生が増えはじめると異性間恋愛が主流化し、学生男色は衰退していく。

3 『仏蘭西法律書』に見る西洋的ジェンダー規範

一八六九(明治二)年、明治政府は、蘭学者箕作麟祥にフランス諸法典(六法)の翻訳を命じた。当時のヨーロッパでもっとも体系的な近代法典だったからである。皇帝ナポレオンが編纂を命じたため、ナポレオン諸法典とも言われる。仏和辞書もないなかで、箕作は、一八七四年まで五年をかけて『仏蘭西法律書』を完成させた。この翻訳作業を通じて、「権利」などの新語が日本に導入される。

諸法典のうち、もっとも重要な民法典(コード・シヴィル、一八〇四年)は、フランス革命の精神を反映し、あるべき近代市民社会の基本原理として「ひと」の自由・平等を保障した。しかし、そこには強いジェンダー・バイアスがあった。「ひと」として想定されているのは男性である。妻の行為能力は否定され、妻の財産に対する夫の管理権が容認されるなど、夫による家父長制支配が法的に確立した(第二一三条「夫は妻を保護し、妻は夫に従うべきである」)。

フランス刑法典(一八一〇年)は、レイプ、強制わいせつ、姦通などの性犯罪を「風俗紊乱」の節にまとめている。そこには買売春もソドミーも含まれず、性犯罪に対する刑罰も総じて革命以前より軽減された。フランス刑法では、一三歳未満の男女児との性的接触は処罰されたが（一八六三年改正）、自由意思にもとづく男性間性行為に関する処罰規定（ソドミー罪）はない。ただし、フランスで男性間性行為が社会的承認を受けたわけではない。行為者を「公然わいせつ」（三三〇条）として逮捕することが可能であったし、精神病者として隔離することもできたからである。

一八七三年、フランスから招かれたお雇い外国人ボアソナードは、一八九五年までの二二年間、明治政府の法律顧問として日本に滞在した。ボアソナードは、旧刑法、治罪法、旧民法財産法を起草したほか、司法省明法寮等で自然法を教えるなど、法学教師としても重要な役割を果たす。旧刑法において鶏姦罪が削除されたのは、母法であるフランス刑法に同様の規定がなかったことにもよるが、人間理性を信奉する自然法学者ボアソナードの考え方が大きい。

三　一九世紀末〜二〇世紀初頭の日本とドイツ

1　女性の性的主体性の否定・強制的異性愛主義・男性同性愛嫌悪

明治期に知的エリートたちを通じて導入された制度や思想には、西洋近代的なジェンダー規範が組み込まれていた。ドイツのブロックハウス百科事典（一八四四年）における項目「女性」は、当時の性別役割規範をよく表している。「女性はおもに道徳、感情、愛、羞恥心を主要素とする家族生活を体現し、男性はおもに法律、思想、義務、名誉心を主要素とする国家生活を体現する」。ドイツ近代家族法の基本原理とされたフィヒテの「女性には性衝動はなく、ただ愛だけがある」（一七九六年）という考え方に基づき、女性は能動的な性的主体であることを否定された。同性愛をめぐる議論が男性同性愛に焦点化されたのは、このような近代的な女性本性論に基づく。

女性の性的主体性を否定する近代的ジェンダー規範は、市民家族（主婦のいる家庭＝近代家族）に適合的であった。多くの市民女性が、男性支配と男性同性愛者排除を積極的に受け入れた。貞淑・純潔・従順は、貴族女性にも大衆女性にも欠落した特性、すなわち、市民女性特有の美徳とされたからである。「女性的美徳（女らしさ）」は「男性的美徳（男らしさ）」との対比で価値付けられた。女性たちは、女らしくあろうとするほど、「女々しさ」という否定的イメージで語られる男性同性愛者に対して拒否的になった。

西洋近代のジェンダー秩序を成り立たせた三大原理は、公私分離・性別役割分担・近代的家父長制である。公的領域（市民社会＝政治・経済）では男性市民の自由・平等が尊重され、私的領域（家庭）では女性市民が良妻賢母として情愛（性愛ではない）を発揮することが期待された。公私領域を自由意思で往き来できる男性市民には、公的領域での対等性と私的領域での支配権（近代的家父長制）が法的に保障された。女性の性的主体性の否定、強制的異性愛主義、男性同性愛嫌悪（ホモフォビア）は、周縁的なエピソードではない。それは、公私分離にもとづいた性別役割分担と近代的家父長制の存立に不可欠の原則だったのである。ただし現実には、一九世紀ドイツは徹底的な階級社会であり、市民としての権利と名誉を享受できたのは一握りのエリート（教養市民）にすぎない。

日本でも、明治末〜大正期に創刊された婦人雑誌を通して、良妻賢母たる主婦のいる「家庭」モデルが流入した。同じ頃、同性愛という語も日本に入る。しかし、天皇制国家と家制度のもとで公私分離が徹底せず、市民社会も市民家族も未成熟のまま、臣民として男性の自律性と対等性が抑制された近代日本では、強制的異性愛主義も男性同性愛嫌悪も徹底される必要性が乏しかった。

2 「変態性欲」論と性欲学ブーム——一九二〇年代の日本——

クラフト＝エビング『変態性欲心理』は、精神医学の専門書である。訳語としての「変態性欲」は、治療対象としての性的逸脱を指しており、「変態」には現代のような卑猥なイメージはない。同性愛は「変態性欲」の一つとされたが、唯一のものではない。学術的な「変態性欲」の文脈で、日本にも「同性愛」という語がもたらされた。「同性愛」という語が社会に広まったのは、『変態性欲心理』に多くを負った通俗本『変態性欲論』（一九一五年）による。一九二〇年代には「性欲学」が一大ブームとなった。これらの文献では、「治療法」よりも、「変態性欲」の事例紹介に多くの頁が割かれ、読み物として流通した。また、性に関する雑誌も多数登場し、『変態性欲』全三六号（一九二二〜二五年）には、「同性愛者」「男性同性愛」といった語をタイトルに含む一二件の読者投稿記事が掲載されている。「女性的男子」や人形遊びなど、トランス女性と考えた方がよい事例もあるが、「同性愛者」が自称として用いられはじめていることがわかる。ただし、この投稿に女性同性愛の事例はない。

厨川白村『近代の恋愛観』（一九二二年）で唱えられた恋愛至上主義は、大正期知識人に広く受け入れられ、ベストセラーとなった。欧米の著名な文学作品を引き合いに出し、「恋愛・結婚・生殖」がセットになった市民家族を理想化している。同書のような強制的異性愛主義が広まるほどに、『変態性欲』誌上の記事のように、男性同性愛者はカミングアウトできないことに悩み、女性に性的関心をもてないにもかかわらず結婚しなければならないことに深く悩んだ。しかし、大正の恋愛至上主義は長くは続かず、『変態性欲』廃刊以降、男性同性愛を現実の悩みとして語る場もなくなった。その後四半世紀の沈黙（不可視化期）を経て、一九五〇年代に「変態雑誌」がふたたびブームとなる。一九六〇年代後半に「レズビアン」という語が雑誌にはじめて登場し、「肉枠的なレズビアン」表象が強まった。

3　大正期の女学校における親密な関係

日本で女性同性愛が独自の特徴をもつ親密関係として認識されるようになるのは、大正期である。ヨーロッパのように、一九世紀の「ロマンチックな友情」から二〇世紀初頭の「性的倒錯」へという継起がなく、「性的倒錯」と「友情」が同時に出現し、併存した。一九一〇年代には、「男女《おめ》」や sister の頭文字をとった「S《エス》」と呼ばれた。

女性同士の親密な関係が世間の関心を集めた背景には、女学校の拡大がある。一八九九年の高等女学校令の公布以降、高等女学校は急速に増えた。一九一〇年には一九三校、五万六千人以上の女学生が存在した。とくに一九一一年の女学生心中事件は、女性同性愛が「発見」されるきっかけとなる。事件は「恐るべき同性愛」（読売新聞）と報道され、両名は「男女」の関係にあり、「近時女学校にて盛に行はるる一種厭うべき同性の愛」と記された。やがて、女性同士の親密な関係を「性愛」よりも、「友情」や「同情」の文脈で語る傾向が強まる。女学生の親密な関係は、結婚に至るまでの疑似恋愛（一過性の同性愛）であり、男性との接触を伴わないため純潔を守るにはむしろ有益とみなされた。女性同士の親密な関係は「精神的なもの」であって肉体的な接触は伴わないとか、「真性の同性愛は異性化を伴う」といった言説も流布した。他方、女工同士の心中はほとんど美化されず、心中の動機はしばしば「同情」に求められた。一九一〇～二〇年代の欧米では、フェミニズムの第一の波のなかで女性参政権が獲得され、「新しい女」が流行し、生殖コントロール（避妊）が活発になっていた。大正期日本にもそれらの影響が及ぶ。しかし、性科学の影響で女性たち自身が女性同性愛者を悪役に見立てるようになった欧米に比べ、妻妾制をとる日本では、男系継承に資する生殖を脅かさない性愛は男女とも必ずしも抑制されなかった。女性同性愛は性行為と切り離され「無害化」された状態で、少女小説の格好のテーマとなった。

4　男性同性愛者の排除と抵抗

近代ドイツでは男性間の性的関係の注目点が性行為から性愛へと移るにつれ、ある重大な変化が生じた。公的領域からの男性同性愛者の排除と、私的領域における性愛の自由を求める動き（刑法一七五条の撤廃）である。

西洋近代市民社会は、家長たる男性市民の連帯による徹底したホモソーシャル社会を志向した。あるべき市民とは、財産と教養をもち、異性愛者として結婚し、家長として妻子を養う男性であり、それが「市民的名誉」の基本的条件をなした。政治・経済の公的な意思決定から女性が排除されたが、市民としての資格を持たない男性も排除された。犯罪者・障がい者・他者の支配を受けている者などである。これらの男性たちは、覇権をもつ男性たちに対して従属的存在とみなされた。こうした「従属的マスキュリニティ」の典型が、男性同性愛者である。実際には、男子寮や男性クラブ、軍隊など男性のみの生活空間はあふれており、男性間の親密な関係が生じる機会はいくらでもあった。皇帝ヴィルヘルム二世の同性愛事件（一九〇七年オイレンブルク事件）、鉄鋼財閥クルップ家三代目当主フリードリヒ・アルフレートの自死（一九〇二年）など、男性同性愛スキャンダルは政治・経済を大きく動かした。

一九世紀末から二〇世紀初頭にかけて、男性同性愛者の権利運動も高まっていく。社会民主党員で同性愛者でもあるユダヤ人の精神科医ヒルシュフェルトは一七五条撤廃のための委員会を立ち上げ（一八九七年）、「性科学」を提唱して、同性愛者を「第三の性」と呼んだ。注目すべきは、ドイツでは同性愛者解放運動が社会全体への異議申し立ての一環をなしたことである。異性愛主義に対する同性愛者の抵抗は、男性支配に対する女性の抵抗（フェミニズムの第一の波）、教養市民の支配に対する大衆の抵抗（社会民主主義）と連動していた。これに対抗して、社会民主主義や共産主義の弾圧、フェミニズムに対するミソジニー（女性嫌悪）、男性同性愛嫌悪もまた強まっていく。結果的に、ドイツではナチス国家で刑法一七五条が強化され、数万人の男性同性愛者が強制収容所に送致された。

ドイツと比べると、近代日本の「同性愛」は、男女の同性愛者もろともほぼ文学と雑誌・新聞の言説のなかに閉ざされたと言ってよい。軍隊や学校、政治・経済の世界で男性同性愛はスキャンダルにならずに異性愛と併存していた。女性同性愛は女学校と少女文学にとどめられて、男系継承の生殖を脅かさないようコントロールされた。同性カップルの多くが望む共同生活は、成人間の養子縁組という欧米にはない制度によって保護された。同性愛者の権利運動が社会への異議申し立てと広くつながることはごく最近までほとんどなかったのである。

おわりに

西洋近代は、「同性愛」を発見し、「同性愛者」というカテゴリーを生み出した。男性同性愛者は、近代市民社会のジェンダー規範や近代家族の異性愛主義にとって大きな脅威となりえたため、刑罰・医療化によって排除されたが、権利運動も高まった。一方、日本近代は、「同性愛」概念を西洋から流用したものの、同性愛者の抑圧は西洋ほど顕著でない。その理由に宗教的背景を読むだけでは不十分である。むしろ、近代という時代のジェンダー秩序の差が性愛の位相を変えたとみるべきであろう。二一世紀のいまも、ジェンダー平等の程度が性愛の自由に強く影響している。二〇一五年、渋谷区で日本初の同性パートナーシップ条例が成立した。その後、同性パートナーシップ宣誓制度が急速に広がっている。現在、同性パートナーシップ宣誓制度を採用している自治体の人口は、すでに日本人口の三分の一を上回っている。しかし、今の日本では、同性カップルには法的権利はない。カトリック国フランスでは、同性婚をめぐって世論は二分されていた。しかし、世論への配慮よりも人権尊重が優越するとして、二〇一三年、民法に同性婚規定が新設された（第一四三条「婚姻は、異性者又は同性者の二人の間で締結するものとする」）。

日本国憲法二四条は、婚姻は「両性の合意」に基づくと明記している。これを同性婚否定の根拠とする議論も一部に存在する。しかしながら、憲法が成立した一九四六年には、同性間の婚姻を認めていた国は存在しない。つまり、「両性の合意」は、「同性の婚姻」を否定した文言ではなく、明治民法に定める「戸主の同意」を否定した文言である。その意味で、二四条の「両性の合意」が同性婚を排除すると解釈することはできない。パートナーとの共同生活のすべてが婚姻である必要はない。しかし、婚姻を含む選択肢はすべての個人に等しく保障されねばならない。

〈主要参考文献〉

赤枝香奈子『近代日本における女同士の親密な関係』（角川学芸出版、二〇一一年）
伊藤氏貴『同性愛文学の系譜―日本近現代文学におけるＬＧＢＴ以前／以後―』（勉誠出版、二〇二〇年）
氏家幹人『武士道とエロス』（講談社、一九九五年）
菅野聡美『消費される恋愛論―大正知識人と性―』（青弓社、二〇〇一年）
竹内瑞穂『「変態」という文化―近代日本の〈小さな革命〉―』（ひつじ書房、二〇一四年）
田中裕「明治期の新聞言説における鶏姦罪―批判的言説分析を方法論として―」（『早稲田大学大学院教育学研究科紀要』別冊二四―一、二〇一六年）
星乃治彦『男たちの帝国―ヴィルヘルム2世からナチスへ―』（岩波書店、二〇〇六年）
堀江有里『レズビアン・アイデンティティーズ』（洛北出版、二〇一五年）
古川誠・赤枝香奈子編『戦前期同性愛関連文献集成』全三巻（不二出版、二〇〇六年）
前川直哉『男の絆―明治の学生からボーイズ・ラブまで―』（筑摩書房、二〇一一年）
前川直哉『〈男性同性愛者〉の社会史―アイデンティティの受容／クローゼットへの解放』（作品社、二〇一七年）
三成美保編『同性愛をめぐる歴史と法―尊厳としてのセクシュアリティ―』（明石書店、二〇一五年）
矢島正見編『戦後日本女装・同性愛研究』（中央大学出版部、二〇〇六年）
リリアン・フェダマン（富岡明美・原美奈子訳）『レズビアンの歴史』（筑摩書房、一九九六年）

編者紹介（『日本歴史』編集委員・五十音順）

小倉慈司（おぐら・しげじ）　1967年生まれ　国立歴史民俗博物館准教授
金子　拓（かねこ・ひらく）　1967年生まれ　東京大学史料編纂所准教授
佐藤雄介（さとう・ゆうすけ）　1980年生まれ　学習院大学文学部准教授
千葉　功（ちば・いさお）　1969年生まれ　学習院大学文学部教授
西田友広（にしだ・ともひろ）　1977年生まれ　東京大学史料編纂所准教授
松澤克行（まつざわ・よしゆき）　1966年生まれ　東京大学史料編纂所准教授
松田　忍（まつだ・しのぶ）　1976年生まれ　昭和女子大学人間文化学部准教授
三谷芳幸（みたに・よしゆき）　1967年生まれ　筑波大学人文社会系准教授
清水克行（しみず・かつゆき）　1971年生まれ　明治大学商学部教授
＊2019年まで編集委員

執筆者紹介（五十音順）

石田あゆう（いしだ・あゆう）　1973年生まれ　桃山学院大学社会学部教授
岩田真由子（いわた・まゆこ）　1973年生まれ　同志社大学嘱託講師
遠藤珠紀（えんどう・たまき）　1977年生まれ　東京大学史料編纂所准教授
大谷　歩（おおたに・あゆみ）　1986年生まれ　追手門学院大学基盤教育機構特任助教
大藤　修（おおとう・おさむ）　1948年生まれ　東北大学名誉教授
小川剛生（おがわ・たけお）　1971年生まれ　慶應義塾大学文学部教授
小山静子（こやま・しずこ）　1953年生まれ　京都大学名誉教授
高橋秀樹（たかはし・ひでき）　1964年生まれ　國學院大學文学部教授
高松百香（たかまつ・ももか）　1973年生まれ　東京学芸大学教育学部特任准教授
告井幸男（つげい・ゆきお）　1967年生まれ　京都女子大学文学部教授
土田宏成（つちだ・ひろしげ）　1970年生まれ　聖心女子大学教授
中野渡俊治（なかのわたり・しゅんじ）　1972年生まれ　清泉女子大学文学部教授
野口華世（のぐち・はなよ）　1972年生まれ　共愛学園前橋国際大学教授
箱石　大（はこいし・ひろし）　1965年生まれ　東京大学史料編纂所教授
畑　尚子（はた・ひさこ）　1961年生まれ　國學院大学非常勤講師
三上喜孝（みかみ・よしたか）　1969年生まれ　国立歴史民俗博物館教授
三成美保（みつなり・みほ）　1956年生まれ　奈良女子大学副学長・教授
綿抜豊昭（わたぬき・とよあき）　1958年生まれ　筑波大学図書館情報メディア系教授

恋する日本史

二〇二一年(令和三)三月十日　第一刷発行

編　者　『日本歴史』編集委員会

発行者　吉川道郎

発行所　株式会社　吉川弘文館
郵便番号一一三―〇〇三三
東京都文京区本郷七丁目二番八号
電話〇三―三八一三―九一五一(代)
振替口座〇〇一〇〇―五―二四四番
http://www.yoshikawa-k.co.jp/

印刷＝株式会社 ディグ
製本＝ナショナル製本協同組合
装幀＝清水良洋

ISBN978-4-642-08394-2